Rommell.
zur Schüren
Siegestat
Slahell
Cünert.
Windeck.
Culsbich
Gauchell.
Im Broich
Datteueldt.
Die Drenbich
Ober Salzmck.

Frieder Döring

Wind aus allen Ecken

Geschichte & Geschichten aus Windeck und von einer Kindheit dort

Roland Reischl Verlag

Gewidmet meiner Frau,
meinen Eltern und Geschwistern,
unseren Kindern, Enkeln und Urenkeln

Bibliografische Information der Deutschen Nationalbibliothek. Die Deutsche Nationalbibliothek verzeichnet diese Publikation in der Deutschen Nationalbibliografie; detaillierte bibliografische Daten sind im Internet über www.dnb.de abrufbar.

Bildnachweis: Umschlag: Ruine der Burg Windeck, Foto: Frieder Döring; Innenteil S. 1: Ausschnitt aus der Mercator-Karte von 1575, Archiv F. Döring; Innentitel S. 3: Zeichnung vom Bahnhof Schladern von Jakob Scheiner (1820–1911), Archiv K. Höffer; S. 12: Ausschnitt aus der Waye-Karte von 1607, Archiv F. Döring; S. 220/221: Frieder vor Kloster Ehrenstein an der Wied, Archiv F. Döring.

Lektorat, Satz, Layout & Umschlaggestaltung: Roland Reischl

Roland Reischl Verlag, Herthastr. 56, 50969 Köln, www.rr-verlag.de

Zugleich ist dieser Titel 2022 im Selbstverlag des Autors erschienen:
Dr. Frieder Döring, Auf der Teichhardt 15, 51570 Windeck,
E-Mail: frieder.doering@freenet.de

Herstellung: BoD – Books on Demand, Norderstedt

ISBN: 978-3-943580-41-9

Inhalt

„Eine Erinnerung ist noch keine Erzählung.
Soll sie das werden, beginnt die Fiktion.“
Edgar Selge

Frieder bastelt mal eine Art *Einleitung* mit allerlei skurrilen Ideen und der Beschwörung einer vergangenen Tradition, dem Klönen vor der Haustür:

Aus was besteht meine Welt eigentlich? Das wollte ich schon als Kind und Jugendlicher immer wissen und habe darum allerhand Experimente gemacht mit Pflanzen, Tieren, Menschen, Chemikalien, Astrologischem und Spirituellem. Nach einigen Jahrzehnten des Suchens mit der klassischen Versuch-und-Irrtum-Technik, die ich für das Hauptwerkzeug der Evolution halte, fand ich heraus, dass meine Welt eigentlich nichts anderes darstellte und enthielt, als was ich als Kind und Jugendlicher erlebt, erträumt und fantasievoll zu einer geschlossenen Sphäre oder Legende oder Geschichte zusammengebaut hatte – unter Zuhilfenahme von tausenden von Geschichten der Eltern, Geschwister, aller übrigen Verwandten, Lehrer, Freunden, Freundinnen, den geliebten Büchern, später auch Filmen und vielen Kunstwerken. Die eindrucksvollsten waren für mich die Höhlenmalereien im Perigord, die genau das wiedergaben, was ich selbst schon früh herausgefunden hatte: die wunderbarsten Geschichten erzählt die Natur, die belebte wie unbelebte, die ich ohnehin als einen zusammengehörigen Organismus verstand und beobachtete!

Es kamen später noch jede Menge Details hinzu: im Studium, im Beruf, auf Reisen, in der Familie – und es kamen Menschen hinzu: wichtige und unwichtige, geliebte und weniger geliebte, vorbildhafte und abschreckende. Substanziell war aber alles schon da gewesen, und mein Garten Eden war ganz hübsch, bis zur Vertreibung daraus durch die Konsensus-Realität der herrschenden Ideologie des Naturwissenschaftlichen Materialismus, den ich anfangs begeistert aufgenommen hatte und nach dem ich lange arbeitete und funktionierte. Erst die Dritte-Welt-Arbeit bei den German Doctors auf der Philippinen-Insel Mindanao und in Paraguay sowie die literarische Transformation der beruflichen und privaten Eindrücke hat mir wieder die ganzheitlichen Sichtweisen meiner Kindheit zurückgegeben.

Jetzt, gegen Ende, will ich doch noch mal versuchen, allerhand Einzelteile, die von meinen Experimenten übrig geblieben sind und die verstreut herumliegen, wieder wie ein Puzzle zusammenzufügen – soweit das noch möglich ist –, um damit so zufrieden mit mir und meiner Welt zu werden, wie ich es einmal war. Und dazu am gleichen Platz wie damals. Wenn es mir nicht mehr gelingen sollte, das so schön und komplett hinzukriegen, wie es mir vor 70 Jahren gelang, so verzeiht mir bitte – ich bin leider kein Kind mehr.

Aber eines hab' ich gelernt seitdem: Geschichte besteht aus Geschichten – und nur aus Geschichten! Und Geschichten erzählen ist eine alte Familientradition. Ich bin dankbar, sie noch intensiv erlebt zu haben mit all den fantasievollen Ausschmückungen, die dazugehören, und die man, wenn sie oft gewaltig und bizarr wurden, bei uns den „Schloadoner Wönkt" (Schladerner Wind) nannte, für den der Ort berühmt-berüchtigt war!

Christa Wolf hat diese Form der Berichterstattung einmal so definiert: *„Erzählen (ist): wahrheitsgetreu zu erfinden auf Grund eigener Erfahrung."* Dem schließe ich mich voll und ganz an! Ebenso wie der Erkenntnis eines modernen Historikers: *„Es sind unsere eigenen menschlichen Finger, die die Bibel, den Koran und die Veden [im Hinduismus] schrieben, und es ist unser Geist, der diesen Geschichten erfahren. Für sich genommen ist das Universum nur ein sinnloses Sammelsurium von Atomen. Nichts ist schön, heilig oder sexy – erst die Gefühle der Menschen machen es dazu. Es sind einzig und allein menschliche Gefühle, die einen roten Apfel verführerisch und einen Scheißhaufen widerlich machen. Nimmt man die menschlichen Gefühle weg, bleibt nur ein Haufen Moleküle übrig."* (Aus: „21 Lektionen für das 21. Jahrhundert" von Yuval Noah Harari, 2018.)

Einige der folgenden Geschichten mögen einigen von euch bekannt vorkommen, sei es aus Sagensammlungen, sei es aus den drei vom Verein „Windeck im Wandel" (WiWa) herausgegebenen Büchern –

„Schladerner Kindheitserinnerungen“ (2019) und zwei Bände „Windecker Heimatgeschichten“ (2020 und 2021) –, den Büchern von Emil Hundhausen und anderen Heimatdichtern oder vom Erzählen im Dorf.

Das sollte kein Nachteil sein, denn die Geschichten, die Geschichte machen, können das nur, wenn sie immer wieder neu und weitererzählt werden, wie das früher in der oralen Dorfkultur selbstverständlich und auch nötig war, da man sonst die verwickelten Verwandtschafts- und Beziehungsverhältnisse nicht überblicken konnte. Das werdet ihr auch noch merken! Außerdem sind nicht alle Angaben immer übereinstimmend, zum Beispiel zu der Zahl der Kinder und bei dem einen oder anderen Vetter dritten Grades. Es handelt sich nun mal um erzählte Geschichten und nicht um Lehrbuchgeschichte! Und die Überschneidungen sind auch keine Konkurrenz zu den vorhandenen Büchern über das gleiche Thema, sondern Ergänzungen und teilweise gewollte Wiederholungen, um zu unterstreichen und manches Wichtige hervorzuheben.

Etwas Wesentliches guckt für mich noch aus diesen Schladerner Geschichten hervor: Geografie prägt menschliches Verhalten und menschlichen Charakter! Der Ort Schladern war einerseits gekennzeichnet durch Geschlossenheit, da er von fünf Hügeln fast kreisförmig eingekesselt erscheint, andererseits durch Weltoffenheit, weil ein interessanter Fluss und eine stark befahrene Eisenbahnstrecke ihn quer durchschneidet und er mit dem größten Bahnhof der Umgebung ausgestattet ist. Außerdem verfügt er seit Mitte des 19. Jahrhunderts über eindrucksvolle Schauplätze wie den Wasserfall mit Siegbadestrand, die Ruinen der Alten sowie der Neuen Burg und des Schlosses Windeck. Nicht zu vergessen die über mehrere Generationen hindurch sehr bedeutende und aktive Industrie, an die heute an einem ihrer Standorte ein lebendiges Kulturzentrum erinnert. Schließlich die geheimnisvolle Villa Schöneck mit dem Hof Gauchel und dem Mausoleum Rive, die fünf „Türmchensvillen“ und einiges mehr. Das alles trug und trägt dazu bei, dass hier abenteuerlustige und innovative Menschen gediehen und sich sammelten, die man früher die Schladerner Originale nannte und die es auch heute noch gibt. Wind aus allen Ecken!

Ich rufe jetzt wie damals in den fünfziger Jahren die Tanten, Onkels, Großeltern, Eltern, Basen, Vettern, Nachbarn, Freunde und Bekannten aus der Umgebung zusammen zum Klönen vor der Haustür am Pickhardts-Haus in der ehemaligen Schulstraße an einem und gerne auch mehreren lauen Sommerabenden im Juni. Mitbringen von Klampfen, Mandolinen, Flöten, Mundharmonikas, Maultrommeln ist erlaubt und erwünscht! Dass sich manches wiederholt, ist Stilmittel. Alle reden gern dazwischen, machen sich wichtig, versuchen, ihre Geschichte in den Vordergrund zu bringen, und übertreiben, um zu verdeutlichen! Schladerner Wind eben! Und ich mach dann mal den Anfang mit dem Strunksen, wie man es hier früher nannte. Dazwischenquatschen gehört auch dazu!

Archiv K. Höffer.

Damals wie heute eindrucksvoll: der Schladerner Wasserfall, hier auf einer Postkarte von 1916.

TEIL I

Geschichte & Geschichten aus Windeck

Ausschnitt der Karte von Jonas van der Waye, die 1607 angefertigt wurde, um das Ergebnis des Siegburger Vergleiches zwischen dem Herzogtum Berg und der Grafschaft Sayn-Witgenstein über ihre Grenzregelungen im Gebiet von Sayn-Homburg, Sayn Altenkirchen, Sayn Hachenburg, der Herrschaft Wildenburg einerseits und dem Bergischen Amt Windeck andererseits zu dokumentieren. Dabei ging es neben der Vogtei Wiehl um die endgültige Zugehörigkeit von Eckenhagen, Waldbröl, Morsbach und des östlichen Windecker Ländchens zum Herzogtum Berg. Von daher stammt auch die Teilung von Operzau in Operzau und Opertsau, zwischen denen bis heute die Landesgrenze von Nordrhein-Westfalen und Rheinland-Pfalz verläuft.

Im Folgenden wird Regional- und Mikro-Regionalgeschichte mit Familiengeschichte und Familiengeschichten in einen gleichzeitig informativen und spannenden Zusammenhang gebracht von einem Schladerner „Ureinwohner“, der vieles selbst erlebt, vieles von seinen Familienangehörigen, Nachbarn und Bekannten aufgesammelt – und so manches von den „Heimatdichter*innen“ miteingebracht hat, um es uns im Stil der sommerlichen Klönabende vor den Klöntüren im Dorf seiner Kindheit zu präsentieren.

Und jetzt geht's los – mit der *Burg Windeck* natürlich – und dem vielen historischem Durcheinander aus diversen Heimatbüchern:

Da waren die Schloss- und die Burgruine Windeck, deren äußeres und inneres Bild und deren Sagen und Geschichten mich von der Kindheit an begleitet hatten, zum einen durch die vielen Geschichten unserer Tante Guste, der Heimatdichterin Auguste Peters, zum anderen durch meine eigenen „Forschungen", denn ich sammelte Geschichten, machte daraus kleine Theaterstücke, die mein Bruder und ich der Familie zu Weihnachten präsentierten. Zudem hatte ich in der Mittelstufe des Hollenberg-Gymnasiums in Waldbröl eine lange Hausarbeit geschrieben mit dem Titel: „Die Burg Windeck und ihre Sagen". Daraus will ich versuchen, einiges zu rekonstruieren. Aber zunächst ein bisschen Historie.

> *„Wie sehr Windeck eine windige Ecke in der Territorialpolitik wurde, beweist die Tatsache, dass man das alte Castrum der Karolinger durch ein neues Wehrgelände vergrößerte (Castrum novum = Burg Windeck)."*
> Otto-Ernst Löttgen, Festschrift zur 700-Jahrfeier der Gemeinde Rosbach/Sieg, 1950.

Windig war die Ecke allemal da oberhalb des Einschnitts oder der Slade (germanisch für Taleinschnitt), wovon der Hof und der Ort dahinter später ihren Namen Slader bekamen. Schon tausende von Jahren, bevor Karl der Große dort seine Grenzfeste gegen die Sachsen errichtete, war der Felssporn über der Siegschleife ein wichtiger Steinzeitjäger-Ausguck Richtung Siegmündung gewesen, von wo die Rentier- und Wildpferdeherden im Frühjahr das Flusstal hochzogen, damit sie es den Jagdgruppen an den Seitentälern für die Kesseljagd frühzeitig mit Feuer und Rauch melden konnten. In der Eisenzeit, als die Keltenvölker aus dem Südosten zur Sieg drängten, um an das für sie so wichtige Eisenerz zu gelangen, brauchten sie ebenfalls einen gut gelegenen und geschützten Beobachtungsposten gegen ihre germanischen Konkurrenten, die, von Nordosten kommend, das gleiche Ziel anstrebten. Und wie mögen es nun die Frankenreiter genutzt haben, die am Ende des achten Jahrhunderts dorthin zogen, um die frechen Sachsenhorden zurückzudrängen, die sich 778 unter ihrem Anführer, Herzog Widukind, bis zur Festung Deutz vorgewagt und die Region verwüstet hatten? Und wie mag ihr König Charlemagne (Karl der Große) die Grenzburg genannt haben, die er da auf diesem Felssporn mit weitem Blick nach Osten und Westen erbauen ließ? Fränkisch-ripuarisch: Wönkteck? Oder altfranzösisch: Ventcon? Oder in Mischform: Ventecke? Letzteres ist sehr leicht möglich, denn im ganzen Mittelalter tauchen Burg und Umland vorwiegend als Windecke in Dokumenten auf.

Nach dem, was heute an Fundamenten übrig geblieben ist, und nach Vergleichen mit anderen Burgen aus der Zeit, wie zum Beispiel der alten Burg Ehrenbreitstein, die auf einem ähnlichem Bergsporn gegenüber Koblenz liegt, kann man sich die karolingische Anlage so vorstellen: auf der südlichsten und höchsten Kuppe des heutigen Schlossberges steht zentral ein Bergfried von zehn Metern Höhe und knapp fünf Metern im Durchmesser. An seiner nördlichen und südlichen Flanke sind wie Schultern angebaut zwei Kasematten, Unterkünfte für die Wachmannschaften: die nördliche sechs mal vier Meter einstöckig, die südliche zwölf mal vier Meter und im äußeren Teil doppelstöckig, was am stufenförmig abfallenden Gelände liegt.

Von diesem Burghügel führen im Westen zwei schmale Fußgängertreppen mit rundbehauenen Grauwacke-Stufen etwa zehn Meter abwärts auf ein hufeisenförmiges Plateau, von acht Metern Breite, das den Burgberg bis auf seine steil abfallende Ostseite umschließt und auf dem die Pferdeställe standen. Umgeben war dieses Plateau von einer Holzpalisade. Von ihr aus fiel der Berg nach Osten fast senkrecht ab zur Sieg und nach Westen terrassenförmig, aber ebenfalls steil, zur Burgwiese in Talwindeck, auf der die Pferde in friedlichen Zeiten weideten und wo die Blockhütten der Pferdeknechte und ihrer Familien standen. Im Norden und Süden des Höhenrückens war der Burgberg von je zwei Gräben und zwei Wällen geschützt, an deren Ostseite ein in den Hang gehauener schmaler, nur von einem Reiter gleichzeitig passierbarer Pfad verlief, der im Norden von der Nutscheid-Höhenstraße kam, unterhalb der Burg Anschluss an den Palisadenumlauf hatte und sich nach Süden über das Aussichtsplateau am Einschnitt in Serpentinen zur Burgwiese hinunterwand.

Im nördlichen Teil wurde der Reiterweg am Burgbergsattel von einem anderen gekreuzt, der von Westen nach Osten führte, also von Talwindeck über den hier eingesenkten Bergsattel durch eine Scharte ins Siegtal – und am Prallhang der Sieg vorbei zum Sattelgut Slader (später Schladern). Das war eines von zwölf weiteren Sattelgütern und Rittersitzen, die um die Grenzfeste Windeck herum von den Franken eingerichtet worden waren, und in denen Kaiser Karl der Große nach römischem Vorbild seine Veteranen angesiedelt hatte mit der Verpflichtung, bei kriegerischen Auseinandersetzungen die Burgmannschaft mit Reitern und Fußvolk zu unterstützen. Zur Burg gehörten neben den Höfen Slade und Scheuren noch die Sattelgüter Höhnrath und Spurkenbach, sowie die Rittersitze Hof, Mauel, Stein, Broich, Niedeck, Spitzenburg, Wilbringhoven und Hoppengarten, sowie später Benzekausen. So war diese wichtige westlichste, also der Rhein-Handelsstadt Köln und der Festung Deutz nahe liegende Grenzbefestigung des Frankenreiches recht gut abgesichert gegen die weiteren Sachsen-Attacken, die auch nach der Kapitulation und Taufe Widukinds noch lange anhielten.

Nach dem Tode Karls des Großen konnte sein Sohn Ludwig der Fromme das Reich noch knapp 30 Jahre mühsam zusammenhalten. Dann zerfiel es unter seinen zerstrittenen Söhnen zunächst in drei Teile und die Karolinger-Dynastie wurde im zehnten Jahrhundert in Deutschland und im Heiligen Römischen Reich Deutscher Nation ausgerechnet durch die sächsische Herrscherfamilie der Liudolfinger oder Ottonen abgelöst. Im elften Jahrhundert beendete der Erzbischof Anno von Köln die Herrschaft der Ezzonen, der Pfalzgrafen von Lothringen, deren Wurzeln noch auf die Karolinger zurückreichten, im Auelgau (dem heutigen Rhein-Sieg-Kreis) gewaltsam. Er baute deren Festung Siegburg zum Kloster um und dehnte damit seinen Herrschaftsbereich weit nach Osten ins Bergische Land aus (im frühen Mittelalter auch Osnikengewälde genannt). Einer seiner Nachfolger, Erzbischof Philipp von Heinsberg, kaufte die Neue Burg Windeck um 1189/90 vom Landgrafen Ludwig III. von Thüringen, nachdem 1174 Graf Heinrich Raspe III. von Hessen-Thüringen sie an Engelbert I. von Berg als Lehen vergeben hatte, das nach seinem Tod auf dem Kreuzzug des Kaisers Barbarossa in Serbien wieder an Thüringen zurückfiel. Der Nachfolger Philipps als Erzbischof von Köln, Bruno III. von Berg, sorgte dafür, dass die Burg unter Adolf I. von Berg wieder ans Haus Berg zurückkam. In den Besitz des Thüringer Grafen war die Burg durch Heirat mit einer Tochter des Grafen von Bilstein gekommen.

Die Alte Burg Windeck, die mit den zugehörigen Höfen um Rosbach, Benzekausen und Au im Besitz Ludwigs III. blieb, erbte seine Tochter Jutta von Landsberg, die sie an ihre Tochter Mechthild von Sayn weitergab. Sie übertrug diesen Besitz um 1250 ans Erzstift und Erzbistum Köln, hatte es aber vorher als Lehen an den Grafen Gerhard von Wildenburg vergeben, der seine Rechte an Adolf V. von Berg verkaufte, ohne dass dieser den Lehnsvertrag mit Mechthild anerkannte, sondern sie sich endgültig einverleibte. Beide Burgen blieben daraufhin im Besitz der Grafen und späteren Herzöge von Berg, bis diese 1806 von Napoleon abgesetzt wurden – und nach dessen Niedergang sowie dem Wiener Kongress 1815 alles in preußischen Besitz gelangte.

Der Ort Schladern bestand seit dem 14. Jahrhundert aus dem Hof Schladern am Krummauel und den Höfen Scheuren und Siegesthal, die alle 1488 von Bertram von Nesselrode dem Kloster Ehrenstein an der Wied übertragen worden waren. So fielen sie nach der Säkularisation dem Fürsten von Wied-Runkel zu, der sie ab 1815 mittels zweier Koblenzer Geschäftsleute verkaufte: den Hof Schladern an Ernestus Schwellenbach, der um 1840 nach Amerika auswanderte und ihn an den katholischen Baron von Kurtzrock-Wellingbüttel aus der Burg Dattenfeld veräußerte. Das Schladerner Feld mit den beiden übrigen Höfen kauften 1820 die miteinander verwandten lutherischen Familien Schneider, Öttershagen und Werner aus Rommen, Öttershagen und Morsbach, die auf den Fundamenten der mittelalterlichen Siedlungen den Oberen und Unteren Hof aufbauten. In Schladern herrscht seitdem eine gute Zusammenarbeit zwischen Protestanten und Katholiken, zum Beispiel mit gegenseitiger Hilfe beim Bau ihrer Kirchen, die bis heute gepflegt wird.

Dattenfeld, eine Siedlung des Cassiusstiftes Bonn mit einer karolingischen Kapelle aus dem neunten Jahrhundert (heute auch „Siegtaldom" genannt), gehörte nach Beendigung der Ezzonenherrschaft über den Auelgau zum Herrschaftsgebiet von Blankenberg und der Grafen von Sayn. Diese verloren Burg und Amt Blankenberg nach Verpfändung endgültig 1363 an die Herzöge von Berg. Um 1560 war das Amt Blankenberg kurz in der Hand der Täuferbewegung und bekam ab 1565 einen reformierten Prediger. 1583 wurden Blankenberg und das Amt im Truchsessischen Krieg von den kaiserlichen Gegnern des Gebhard Truchseß von Waldburg-Trauchburg, des protestantisch gewordenen Erzbischofs von Köln, erobert, dem Erzbistum Köln einverleibt und durch die Gegenreformation wieder zum Katholizismus konvertiert.

Anschließend wurden Dattenfeld und Much dem Amt Windeck zugeordnet und blieben katholisch, während Rosbach nach der Reformation 1571 lutherisch blieb.

Im Dreißigjährigen Krieg wurde die Burg Windeck mehrfach belagert und erstürmt abwechselnd von protestantischen schwedischen, hessischen und nassauischen sowie von katholischen kaiserlichen, kurpfälzischen, kurkölnischen und spanischen Truppen, bevor sie von den Kaiserlichen 1648 erstmals teilweise, dann von französischen Truppen 1672 im Niederländischen Krieg endgültig gesprengt wurde. Danach musste die Verwaltung des Amtes Windeck in die Burg Denklingen verlegt werden, wo sie bis 1815 verblieb. Nach dem Wiener Kongress fiel das Herzogtum und Großherzogtum Berg an das protestantische Preußen. Das Amt Windeck wurde dem neuen Landratsamt Waldbröl zugeordnet. Der letzte Amtmann von Windeck Heinrich Josef Joisten aus Dattenfeld wurde erster preußischer Landrat in Waldbröl.

Archiv K. Höffer.

Schloss und Burgruine Windeck, Postkarte von 1913.

Lest nun einen Auszug aus einem Vortrag, den Frieder und sein Bruder Ernst-Joachim, genannt Jochen, im Lutherjahr 2017 in der evangelischen Friedenskirche über *Die Reformation im Amt Windeck* gehalten haben, was diese Angelegenheit zwar etwas spannender macht, aber noch verwirrender:

„Die komplizierte Herrschaftsgeschichte des alten Amtes Windeck begann mit der Belehnung des Grafen Engelbert von Berg 1174 durch den Thüringer Grafen Heinrich Raspe mit der Neuen Burg Windeck. Bis 1250 waren jedoch die Alte Burg Windeck und das östliche Hinterland noch im Besitz der Mechthild von Sayn. Den handelte Adolf von Berg deren Lehnsmann, dem Grafen Gerhard von Wildenburg, 1267 bis zur Eisenstraße ab, wobei Benzekausen, Au, Holpe, Morsbach und Waldbröl noch bis zum Siegburger Vergleich 1604 umstritten Saynisch blieben. Nach 1604 gehörten nur noch Homburg, Nümbrecht, Wiehl, Drabenderhöhe, Marienberghausen und Marienhagen zu Sayn-Wittgenstein. Die Saynschen Gebiete, also auch die älteren von Groß-Homburg, wurden in der ersten Reformation 1555 durch Wilhelm und Sebastian von Sayn lutherisch. In einer sogenannten zweiten Reformation ab 1580 setzten dann zunächst Ludwig I. von Sayn-Wittgenstein und ab 1605 sein Sohn Georg V. von Sayn-Wittgenstein die calvinische Kirchenordnung in ihrer verbliebenen Homburger Herrschaft durch.

Über die Reformation in Rosbach hat Pfarrer Julius Garschhagen in seiner Gemeindegeschichte von 1883 ausführlicher berichtet: Zur Zeit der Reformation in Wittenberg (1517) und des Augsburger Religionsfriedens (1555, cujus regio, ejus religio) war die Gemeinde Rosbach katholisch unter den katholischen Windecker Amtmännern Mauritius und Johann von Nesselrode, der keine männlichen Nachkommen hatte. Von 1561 bis 1586 wurde dann Johann von Lützenrode (heute Burg Leuscherath bei Drabenderhöhe) Amtmann. Sein Vater, Bertram IV. von Gebhardshain genannt Lützenrode war von 1530 bis 1555 Amtmann von Blankenberg, als dieses reformiert war, bevor es im Truchsessischen Krieg zum Erzbistum Köln kam und wieder katholisch gegenreformiert wurde samt Much und Dattenfeld. Johann war Lutheraner und erwirkte bei Herzog Wilhelm von Berg, der mit den Lutherischen sympathisierte, die Erlaubnis, auch die östlichen, ehemals Saynischen Gebiete des Amtes Windeck lutherisch werden zu lassen. So schickte er den berühmten reitenden Boten mit dem Konvertierungsbefehl zu der Fronleichnamsprozession 1571 am Hilligen Kamp in Hurst (ursprünglich ein keltisches Heiligtum kurz hinter dem Alten Stuhl, der in vorchristlicher Zeit ein Druidentempel und im Mittelalter ein Femegericht war).

Pfarrer Johann Mittler soll dann mit der ganzen Prozessionsgemeinde umgekehrt sein und in der Salvatorkirche einen ersten lutherischen Dankgottesdienst abgehalten haben. Davon zeugt neben dem Gedenkkreuz in Hurst noch die mittlere Glocke von 1572 im Rosbacher Geläut, auf der ein Spruch erstmals in deutscher Sprache und die Namen der Stifter „Johann van Luitzenraidt Amptmann des Ampts Windecken, Wilhelm und Johann van Etzbach tzo Mauwel" und des Pfarrers Johann Mittler nebst seinen Kirchenältesten eingegossen sind. Ein noch früheres Zeugnis der Reformation ist die Bellinger Lutherbibel von 1555. Damals gehörte Bellingen mit Au und Umgebung noch zum Saynschen Hamm und war 1555 von Wilhelm I. von Sayn-Wittgenstein lutherisch reformiert worden.

Nach dem Ende der Amtszeit des Johann von Lützenrode kamen wieder die Amtmänner von Nesselrode aus der Seitenlinie an die Reihe und versuchten, die Gegenreformation zu fördern. Sie sandten katholische Visitoren auch in die Rosbacher Kirche und Johannes Mittler musste sehr flexibel mal nach katholischem, mal nach lutherischem Ritus den Gottesdienst halten. Es besserte sich für die Protestanten nach dem Erbfolgestreit im Hause Berg, als die Brandenburger und Pfalz-Neuburger 1609 ein erstes provisorisches Abkommen über die Toleranz der Konfessionen in ihren Gebieten abschlossen. Pfarrer Mittler hielt seinen Schleuderkurs bis zu seinem Tod 1614 durch. Danach kam der lutherische Pfarrer Johann Montanus bis 1636, dann gab es acht Jahre Vakanz durch die Wirren des Dreißigjährigen Krieges. In dieser Zeit soll der Dattenfelder katholische Pfarrer Robens (der auch die Burg Dattenfeld als Pfarrhaus erbaute) in Rosbach Vertretungen gemacht haben und zwar nach lutherischem Ritus. Ab 1644 kam dann der lutherische Pfarrer Dörrhoff, in dessen Amtszeit 1673 auch der endgültige Dortmunder Vertrag der beiden Herrschaftshäuser zur gegenseitigen Konfessionstoleranz fiel.

Wie kompliziert die Verhältnisse damals waren, zeigt eine Geschichte aus Nümbrecht: 1583 hatte der inzwischen calvinisch konvertierte Ludwig von Sayn-Wittgenstein einen ersten calvinischen Pfarrer an die Kirche von Nümbrecht gesandt. Das wurde dem Amtmann Johann von Lützenrode zugetragen, der Nümbrecht vor dem Siegburger Vergleich für sein Herrschaftsgebiet hielt und den Augsburger Frieden verteidigen wollte, denn der anerkannte nur Katholiken und Lutherische. Also marschierte er mit den Burgmannen von Windeck nach Nümbrecht, nahm diesen calvinischen Ketzer auf der Kanzel fest, ließ ihn acht Jahre im Bergfried von Windeck schmoren und setzte in der Zeit wieder einen lutherischen Pfarrer in Nümbrecht ein.

Aus den Büchern der alten Heimatforscher und Heimatdichter haben wir noch mehr herausgeklaubt über Haus und Ort *Schladern*:

Der Ortsname ist abgeleitet vom germanischen „slade“ = Taleinschnitt, dem markanten Westportal (Porta Rhenania) zum oberen Siegtal. Und so, wie auf dem Felssporn des Schlossberges in vorchristlicher Zeit bereits ein Beobachtungsplatz etabliert war und Ende des neunten Jahrhunderts dann die Alte Burg Windeck als Grenzburg der Franken erbaut wurde, war von den letzteren an der Krummaueler Siegschleife auch schon eine Mühle und ein landwirtschaftlicher Versorgungsbetrieb für die Wachmannschaft der Burg eingerichtet worden. Dokumentiert wurde dieser Hof Slader (Schladern) erstmals, als er zusammen mit dem Hof Helfensteyn (Helpenstell) von dem Windecker Amtmann Ludwig von Lülstorp 1420 an seinen Sohn Johann von Lülstorp vererbt wurde.

Sein Nachfolge-Amtmann von Windeck war Wilhelm von Nesselrode, Landdrost von Burg Nesselroth an der Wupper, der dem Herzog von Berg ein Darlehen zur Renovierung der Burg Windeck gewährt hatte und deshalb den Amtmanns-Titel als Erbprivileg erhielt.

Foto: R. Bornemann.

Haus Schladern, um 1980.

Er heiratete in zweiter Ehe Eva von Uetgenbach, die Schwester des kinderlosen Adam von Uetgenbach, des Burgherrn von Ehrenstein an der Wied, wodurch er nach dessen Tod in den Besitz der Burg Ehrenstein gelangte. Seinen drei Söhnen aus erster Ehe vererbte er seine drei Burgen Herrnstein an der Bröl, Ehreshoven an der Agger und dem Jüngsten, Bertram, die Burg Ehrenstein an der Wied.

Dieser übernahm auch den Amtmanns-Titel, wurde Erbmarschall von Berg und kaufte 1461 das Haus Schladern mit seinen Pachthöfen Hönrath, Scheuren und Helpenstell von Johann von Lülstorp. Dann stiftete er zusammen mit seiner Frau Margarete von Bourscheid neben der Burg Ehrenstein das Kreuzherrn-Kloster Liebfrauenthal zu Ehrenstein, dem er in den Jahren 1477 bis 1488 das Haus Schladern mit den Pachthöfen und einem Bergfried zuwidmete als Versorgungsgrundlage.

So blieb Schladern Klosterhof bis zur napoleonischen Säkularisation 1803 durch den Reichshauptschluss in Regensburg. Nach der endgültigen Auflösung des Klosters Ehrenstein fielen der Hof und das Schladerner Feld zunächst an das Großherzogtum Berg und nach dem Wiener Kongress 1815 an den Fürst zu Wied-Runkel, der es zwei Koblenzer Kaufleuten in Kommission gab.

Diese verkauften das Haus Schladern mit dem Krummauler Feld an Ernestus Schwellenbach, der um 1840 in die USA auswanderte und den Hof an den Freiherrn von Kurtzrock-Wellingsbüttel, den Besitzer der Burg Dattenfeld, veräußerte. Von diesem erbte ihn sein Schwiegersohn Baron von Leonhart, der auch eine besondere Geschichte hatte. Er war der Sohn eines leitenden Ingenieurs beim Eisenbahnbau durchs Siegtal zwischen 1855 und 1860, der sich hoffnungslos in die Tochter des Grafen von Kurtzrock-Wellingsbüttel verliebt hatte, aber von ihrem Vater nur harsch abgewiesen wurde, da er keinen Adelstitel vorwies.

Aber das Schicksal kam den Liebenden zu Hilfe durch einen Brand der Burg Dattenfeld, dem Wohnsitz der Grafen, und der junge

Leonhart, der dort, wann immer er konnte, auf seine Geliebte wartete, sprang beherzt hinzu und rettete die Familie aus den Flammen. Nun willigte der alte Graf in die Verbindung ein, besorgte dem zukünftigen Schwiegersohn auch noch einen Adelstitel aufgrund seiner Heldentat und durch seine finanzielle Unterstützung. 1921 verkaufte dieser dann aus Geldnöten den Schladerner Hof an Andrea Caminneci, den Schwiegersohn des Landrates Danziger, der um 1860 das Schloss Windeck in der alten Burgruine erbaut hatte.

Das Schladerner Feld mit den verfallenen Resten der Höfe Scheuren, der im Mittelalter ein steinerner Rittersitz mit Turm gewesen war, und Siegesthal wurde den Koblenzern um 1820 abgekauft von den drei miteinander verschwägerten Familien Schneider aus Rommen, Öttershagen aus Öttershagen und Werner aus Morsbach, die auf den Fundamenten der mittelalterlichen Höfe den Unteren Hof mit fünf Häusern und den Oberen Hof mit vier Häusern errichteten, die alle heute noch bewohnt sind. Der Förster, Landwirt und Schulvorsteher Johann Bertram Schneider hatte mit seiner Frau Anna Katharina Öttershagen zwei Söhne Wilhelm und Heinrich, die die Töchter seines Mitsiedlers und Schwagers Johann Martin Öttershagen, Catharina und Wilhelmine heirateten. Ein Sohn von Heinrich, Fritz Schneider, der erste Gastwirt im „Deutschen Haus" am Bahnhof, heiratete auch noch eine Tochter des Mitgründers Wilhelm Werner, dessen Großmutter Anna Clara Öttershagen war.

In den ersten drei Generationen der Gründerzeit war die Kinderzahl hoch. Johann Bertram Schneider: sieben Kinder; sein ältester Sohn Wilhelm: achtzehn Kinder; dessen Bruder Heinrich: zwölf Kinder; dessen Sohn Christian: dreizehn Kinder. Aber auch die Kindersterblichkeit war hoch, und etwa die Hälfte der überlebenden Kinder blieb ledig, da die Mitgift nicht reichte und familiäre Hilfskräfte auf den Höfen gebraucht wurden. Denn die ersten beiden Generationen blieben der Landwirtschaft treu und heirateten vorzugsweise innerhalb der Großfamilie, um das Land zusammenzuhalten.

Die große Wende kam mit dem Eisenbahnbau durch das Siegtal von Köln bis Siegen und Gießen, der in Schladern etwa 1855 begann und 1860 mit Eröffnung des großen Bahnhofs einschließlich eines Güterbahnhofs beendet war. Dadurch wurde die kleine landwirtschaftliche Siedlung zum größten Personen- und Warenumschlagplatz der Region. Die Schneiders-Familien, besonders der Sohn Heinrich, verkauften große Landgebiete für den Eisenbahnbau, den Straßenbau, die Ansiedlung von Industrie und den vielen Arbeitskräften, die von dieser gebraucht wurden.

Von den Einnahmen baute Heinrich Schneider mehrere Häuser in Bahnhofsnähe: die Gastwirtschaft „Deutsches Haus“ für seinen Sohn Fritz; die Schmiede gegenüber, die später zur Gastwirtschaft Peter Müller wurde, für den Sohn Christian; das spätere Pickhardts-Haus zunächst für die Tochter Katharina, dann für deren Tochter Wilhelmine Peters, die den Tiefbau-Unternehmer Friedrich Wilhelm Pickhardt heiratete; das jetzige Haus Zimmermann für die Tochter Wilhelmine, verheiratete Gottlob – und das Haus Baldus, in dem jetzt seine Ur-Ur-Enkelin mit Kindern und Enkeln lebt. Während des Bahnbaus war es zur Einsparung von zwei Siegbrücken, zum Durchbruch der Siegschleife am Steinerberg und zur Entstehung des Schladerner Wasserfalles durch Sprengung gekommen. Mit den an das neue Gefälle angeschlossenen Turbinen konnte elektrische Energie gewonnen werden zum Aufbau einer Papierfabrik, die 1891 durch die englische Firma Elmore's aufgekauft und in eine Kupferrohrproduktion umgewandelt wurde.

Die Firma Elmores, wie sie nun hieß, hatte ein Patent auf die galvanische Herstellung nahtloser Kupferrohre von 2 bis 250 Zentimeter Durchmesser, war damit auf der Weltausstellung von Paris 1900 vertreten und exportierte ihre Produkte in aller Herren Länder. Sie schaffte dadurch ständig Arbeit für 200 bis 500 Menschen der Umgebung. In der gleichen Zeit, der Gründerzeit Ende des 19. Jahrhunderts, ließen sich im Ort wegen des Zulieferbedarfs für Elmores und wegen des Güterbahnhofs eine Reihe weiterer Industriefirmen nieder: das Eisenwalzwerk Kammerich, an dessen Platz später u. a. die Leiterwagenfabrik Langen trat, die Ziegelei Schroeder und Jäger, die Baufirma Poppel, Wagenschmiede Kaiser, Kupferschmiede Fuhrmann, Sargfabrik Diembeck, Krause-Industrieöfen, Kaffeerösterei Peter, Zigarrenfabrik Vogel und Abresch, Landproduktehandel Höffer, Machetenfabrik Messerschmidt, Krautpatsche Klein, Steinbruch- und Tiefbauunternehmen Pickhardt, viele Handwerker aller Sparten, fünf Lebensmittelgeschäfte und fünf Gastwirtschaften, zum Teil mit Hotel.

In dieser Zeit der Industrialisierung und der dritten Generation nach der Dorfgründung um 1820 waren nur noch wenige Mitglieder der Gründerfamilien in der Landwirtschaft tätig, darunter ein Enkel des Heinrich Schneider, Wilhelm, und danach dessen Sohn Wilhelm, der seinen Betrieb im Oberen Hof bis an sein Lebensende 1983 fortführte.

Der landwirtschaftliche Betrieb im Haus Schladern wurde ebenso lange weitergeführt, von der Familie Caminneci – bis etwa 1980 verpachtet an die Landwirtsfamilien Becker, Busch, Richartz, Euwens, Fredebeils und Lütjens –, um dann von Manfred Caminneci renoviert und zu einer internationalen Jagdschule umgebaut zu werden. Von diesem Enkel des Andrea Caminneci kaufte 2002 Helmut Schulz den Hof und machte ihn zu einem Kulturtreffpunkt in Schladern.

Erst 1905 waren die evangelische und die Katholische Volksschule, dann 1928 die katholische Kirche St. Elisabeth und 1951 die Evangelische Friedenskirche eingeweiht worden. Bei der Finanzierung und dem Aufbau der Kirchen beteiligten sich die Bürger beider Konfessionen, sodass gelebte Ökumene in Schladern zur Tradition wurde.

Tante Guste (Auguste Peters, geb. Schneider, 1880–1969) hat viel und oft erzählt über *Johann Bertram Schneider und die Gründerfamilien*. Frieder berichtet es euch aus der Erinnerung weiter:

Nach dem Ende der Franzosenherrschaft im Großherzogtum Berg war auf dem Wiener Kongress 1815 das ehemalige Klostergut Schladern mit allen seinen Ländereien dem Fürst zu Wied-Runkel zugefallen als Lehnsherr des Klosters Ehrenstein. Dieser brauchte dringend Bares, da ihm die Zuerkennung des Fürstentitels, die er zwanzig Jahre vorher von Friedrich III. von Preußen erhalten hatte, viel Geld kostete. Also verkaufte er das neu erworbene Land an die Koblenzer Immobilien-Mogule Andernächer und Delmonte. Die schrieben es ab 1817 im Westerwälder Amtsblatt aus und verteilten ihre Annoncen an alle Bürgermeistereien im Westerwald und im Siegerland. So kam das Angebot zum Kauf des Schladerner Feldes auch in die Hände von Johann Bertram Schneider, Förster, Lehrer und Schöffe aus Rommen, der durch seine Ämter häufig im Rathaus von Rosbach zu tun hatte.

Johann Bertram, oder Hans-Bert, wie ihn seine Familie und die engsten Freunde nannten, war zunächst skeptisch, was dieses Kaufangebot betraf. Er kannte das Schladerner Feld und die darauf anstehenden Hintersassenhöfe Scheuren und Siegenthal ganz gut, war er doch oft genug mit auf Treibjagd in den Bodenberg-Wäldern gewesen. Zudem hatten sie die Wildsauen oft genug aufs Schladerner Feld verfolgt, wo sie dann prompt Ärger mit den Pächtern des Klosterhofes bekamen wegen des Wildschadens.

Er hatte sich schon immer gewundert, wie die Pächter es über Jahrhunderte an diesem sumpfigen und mindestens zweimal jährlich von der Sieg überschwemmten Hof im Krummauel ausgehalten hatten. Hans-Bert hätte sich längst auf den früheren Rittersitz Scheuren oder das Höfchen Siegesthal mit den Fundamenten eines Bergfrieds zurückgezogen und diese ausgebaut und renoviert, statt sie den Tagelöhnern zu überlassen. Aber der Klosterhof Schladern stand ja bei dem Angebot nicht zur Debatte, der hatte wohl samt dem Krummaueler

Feld schon einen Abnehmer gefunden. Ein Schwellenbach aus Dattenfeld soll den Zuschlag gekriegt haben, hieß es. Und für das Schladerner Feld würden sich auch schnell Interessenten finden. Man müsste sich also bald drum kümmern.

Das Schladerner Feld war wohl fruchtbar mit der hervorragenden Bewässerung durch die vielen Quellen aus dem Bodenberg, der früher Quellberg geheißen hatte, und aus den heruntergekommenen Resthöfchen darauf würde man was machen können, grübelte er.

Aber es sprachen auch verschiedene Argumente gegen ein solches Abenteuer. Zum einen die schwere Zugänglichkeit. Es gab nur drei mit Ochsenkarren befahrbare Wege dahin: von Dattenfeld und Talwindeck aus über die Burgruine zum Scheurenfeld. Von Spurkenbach durch den Euelsiefen über Höhnrath zum Bodenberg, den die Spurkenbacher Katholiken als Leichenweg bezeichneten, weil sie zur Pfarre Dattenfeld gehörten und ihre Toten zur Beerdigung dorthin bringen mussten. Oder den Rommerweg durchs Westerttal und über den Bodenberg zum Hof Scheuren. Alle drei bei Regen und Schnee kaum befahrbar. Zum zweiten der hohe Gesamtpreis. Die Koblenzer Kaufleute hatten sich schon kundig gemacht und wegen der idealen Bewässerung und der Vorarbeiten der Klosterhofpächter den Ackerbodenpreis etwa 50 Prozent über dem sonst hier üblichen angesetzt. Dann war es ein riesiges Gelände, das jede Menge Arbeit und Arbeitskräfte erforderte, für eine Familie sicher zu viel. Hans-Bert seufzte. Er würde sich ohnehin mal mit seinem Schwager Hans Martin unterhalten müssen. Sie hatten beide schon öfters Pläne gewälzt, wie sie ihre großen Familien mit dem bisschen Weideland hier oben in Öttershagen und Rommen noch unterhalten könnten. Er hatte nicht ohne Grund seine Nebentätigkeiten als Revierförster beim Grafen, als Schulinspektor in Rommen und als zeitweiliger Schöffe in Rosbach zusätzlich zu seiner Landwirtschaft aufgenommen.

Am nächsten Sonntag wanderte er mit seiner Frau Anna-Katharina zu ihrem elterlichen Hof der Öttershagens nach Öttershagen und von dort zusammen mit seinem Schwager Hans Martin und dessen Frau

Lisbeth nach Rosbach zum Gottesdienst. Dabei erklärte er ihnen die Vor- und Nachteile eines solchen Großprojektes, und je mehr er sich in die Details des Planes vertiefte, desto faszinierter wurde er selber davon. Dadurch übertrug er die Begeisterung auch auf den Schwager. Der hatte zwar nur zwei Töchter zu versorgen – und nicht sieben Kinder wie er und die Annekatrin –, aber diese beiden waren schon so gut wie versprochen an seine ältesten Söhne Heinrich und Wilhelm, um mit der Zusammenlegung ihrer verstreuten Ländereien einen synergistischen Effekt zu erzielen.

Ob das dann aber für vier Familien reichen würde, war mehr als fraglich. Deshalb imponierte dem Hans Martin die Idee von einem großen zusammenhängenden Gebiet für ihre und ihrer Kinder Familien sehr. Er war allerdings skeptisch in der Frage der Finanzierung. Für die mageren Weiden bei ihren Höhendörfern würden sie nicht viel rausbekommen, wenn sich überhaupt Käufer finden würden. Und neue Häuser musste man auch bauen, denn die verbliebenen Hütten der Klosterhofknechte reichten allenfalls als Notunterkünfte für kurze Zeit. Leihen konnten sie sich auch kaum etwas, denn die potenziellen Verleiher, die Grafen Nesselrode und die von Velbrück oder die Ritter von Hove, von Etzbach, von der Lippe, von Isengarten oder von Wellingsbüttel waren alle eher daran interessiert, sich das Schladerner Feld anzueignen, als Konkurrenten zu finanzieren. Und gespart hatten sie zwar auch etwas, vor allem die jährlichen Tantiemen, die von der Beteiligung an der Grubenrechten, den Kuxen, des Silberhardt-Bergbaus heraussprangen sowie auch die Haubergpfennige, aber das reichte alles bei Weitem nicht. Irgendwoher müsste man noch einen Finanzier für mindestens die Hälfte des Kaufpreises finden.

Sie waren kurz vor der Rosbacher Kirche angekommen, da schlug sich Hans Martin vor die Stirn. Dass er das hatte vergessen können! Seine Schwester Anna Clara war doch in Rosbach mit dem Hofbesitzer Bertram Eschmann verheiratet. Die hatten zwar auch nicht viel über, da sie das Haus nach einem Brand neu aufbauen mussten, aber sie hatten vor drei Jahren ihre Tochter Maria Katharina sehr vorteilhaft an den Gruben- und Hütten-Teilhaber Hans-Heinrich Werner aus Morsbach-Kömpel verheiratet. Und der war wohl sehr solvent, soweit man hörte! Die hatten auch gerade ein Söhnchen bekommen und könnten an Veränderung interessiert sein.

Klar, mit diesem Schwiegerneffen mussten sie unbedingt mal sprechen, ob er sich nicht an dem Projekt beteiligen möchte! Das wäre doch die Lösung, oder? Das wurde mit Handschlag zwischen den Schwägern vereinbart – und so konnten sie den Gottesdienst und den Sonntag genießen. Zwei Wochen später trafen sie sich mit dem Hans-Heinrich in Morsbach im Wissertal auf der Hütte, wo er schwer schuftete, da seine Niederschachtöfen allerhand Probleme machten. Zurzeit war nämlich wegen klirrenden Frostes der Wasserstand der Wisser mal wieder sehr niedrig, sodass das Mühlrad für die Blasebälge und die Erzpoche nur auf Viertelkraft lief und er jetzt eine schnell montierte Göpelmühle mit Eselantrieb zuschalten musste. Schließlich kamen die Erzfuhrwerke aus den Gruben Kömpel und Magdalena unaufhörlich an und mussten verarbeitet werden. Der Graf Hatzfeld in Schönstein wartete dringend auf die Luppe-Lieferungen für seine Schmieden. Er hatte also eigentlich keine Zeit für ihr Anliegen.

„Aber wenn ihr mir helft, das Göpelwerk hier gleich noch fertig zu montieren, sodass wir heute Abend meine beiden Mulis einspannen können, dann könnt ihr mir während der Arbeit schon mal euern Plan erzählen und wir setzen uns anschließen auf ein Maß Hausmarke beim Ochels Jupp hier gegenüber in die Hüttenstube und beratschlagen die Sache."

So wurden sie sich einig. Der Hans-Heinrich hatte ohnehin vorgehabt, seine guten Gewinne aus dem Erzgeschäft mit dem Fürsten in den letzten Jahren neu zu investieren für sein gerade zwei Jahre altes Söhnchen Wilhelm, und da kam ihm dieses interessante Geschäft nicht ungelegen.

„Also ich beteilige mich an dem Kauf namentlich zu einem Drittel, strecke euch aber die Hälfte von euren beiden Dritteln vor zur jährlichen Ratenrückzahlung an meinen Sohn über 30 Jahre und zwar zinsfrei unter der Bedingung, dass mindestens eines seiner Kinder mit einem von euren Nachkommen verheiratet wird. Falls das nicht klappt, müssen die Zinsen nachentrichtet werden. Außerdem baue ich für den Jungen ein Haus da auf den alten Fundamenten des Scheurenhofes, das ihr mitnutzen könnt, solange ihr noch keine eigenen Höfe habt und der Wilhelm noch nicht da einzieht. Wenn ihr einverstanden seid, dann schlagt ein! Einer links, einer rechts!

Also übernahm der Hans-Bert es, einen Termin zu machen mit Andernächer und Delmonte, die bereit waren, nach Rosbach in die ehemalige Mairie, jetzt Bürgermeisteramt, zu kommen, um mit ihnen den Kaufvertrag zu fertigen. Die Immobilienhändler waren froh, das Land an eine geschlossene Käufergemeinschaft im Ganzen verkaufen zu können, statt es stückeln zu müssen, wie die übrigen Angebote es vorsahen. Also waren sie auch bereit, beim Preis ein paar Prozente nachzulassen. So kam man zügig zum gewünschten Ergebnis, und der Bürgermeister Eschmann, ein Schwippschwager vom Hans Martin, konnte kraft seines Amtes direkt vor Ort die notarielle Beglaubigung des Vertrages vornehmen, am 28. Februar 1819!

Von da ab konnten sie zügig loslegen, die beiden Schwäger Hans-Bert Schneider und Hans Martin Öttershagen. Doch das war schwierig genug. Sie brauchten eine Mannschaft vor Ort im Schladerner Feld zum Holzfällen und für die Zimmermannsarbeiten – wobei sie die vorhandenen Fundamente der mittelalterlichen Kotten Scheuren und Siegenthal nutzen konnten, die sie in Oberen und Unteren Hof umbenannten –, und eine Mannschaft für die mühsamen Ochsenkarren-Transporte von Öttershagen und Rommen durchs Westerttal über den Bodenberg nach Schladern. Schließlich mussten alle entbehrlichen landwirtschaftlichen Geräte, Werkzeuge, Tiere und Vorräte aus ihren alten Höfen der Höhendörfer rübergeschafft werden: von Öttershagen runter ins Pochetal, den Gierzhagener Weg hoch zum Friedhof, dann zum kleinen und großen Rommer Weg und den letzteren runter ins Westerttal, durch die Westertfurt zum Bodenberg und an der Grube

Napoleon, die da am Hang erst vor ein paar Jahren in der glorreichen Kaiserzeit eröffnet worden war, vorbei, zwischen dem Griesen und dem Schwarzen Siefen aufs Schladerner Feld zum Oberen Hof.

Das alles konnten sie nur dank der Mithilfe ihrer großen und weit verzweigten Familien bewältigen, zumal sowohl an den alten Höfen wie jetzt auch noch an den beiden neuen die Landwirtschaft weitergehen musste! Es war ja Frühjahr, die alten Höfe wurden innerhalb der Familie weiterverkauft und sollten ertragreich sein, und die neuen mussten sie und ihre Familien schon ab dem Herbst ernähren können.

Mit dem Bau ihrer neuen Häuser und Scheunen konnten sie sich zum Glück etwas Zeit lassen, weil der Hans-Heinrich Werner wie versprochen mit seinem großen Zweifamilienfachwerkhaus im Oberen Hof viel rascher vorankam als sie beide. Denn er hatte es auch leichter. Er ließ das gesamte Gebälk in Kömpel bei der Grube von seiner Hauer-Mannschaft vorfertigen und schaffte es mit seinen schnellen Pferdefuhrwerken über den Boxberg, die Freiheit und die Nutscheid-Römerstraße bis zu den Drei Eichen und dann die Höhnrather Straße runter über den Bodenberg nach Schladern. Das ging zügig ab und er hatte praktisch keine Anstiege zu überwinden. Sie hofften, dass sie bereits Anfang nächsten Jahres einziehen konnten! Bis dahin mussten sie mit den noch vorhandenen Scheunen und Ställen der alten Restgebäude Vorlieb nehmen. Aber das würde schon gehen für kurze Zeit. Sie waren alle streng und genügsam erzogen worden.

Und obwohl ihm vier Kinder früh vom Herrgott wieder weggenommen wurden, war seine älteste Tochter eine prächtige Maid, die der Mutter zur Hand ging, und die beiden Stammhalter waren schon zu kräftigen Kerlen herangewachsen, die ihm überall helfen konnten, freute sich Johann Bertram. Sie würden in ein paar Jahren gut zu den beiden Töchtern vom Schwager Hans Martin passen. Dann würde das Land in einer Familie bleiben, vor allem. wenn sie ihre Kinder noch mit denen vom Wilhelm Werner verbänden, wie es ihr Vertrag ja vorsah.

Es sollte aber noch ein bisschen länger dauern, bis sich sein Traum endlich erfüllte. Denn auf einmal konnte ein freier Bauer auf seinem Land nicht mehr machen, was er wollte. Ihr schönes Herzogtum Berg, für ein paar Jahre sogar Großherzogtum, war zu Preußen gekommen, und das bedeutete ein ständig zunehmendes Maß an Bürokratie. Mit dem alten gemütlichen Windecker Landrecht war es vorbei! Selbst der Kauf musste auf dem Landratsamt Waldbröl von dem neuen Landrat und ehemals letztem Amtmann von Windeck, [Heinrich Josef] Joisten aus Dattenfeld, genehmigt werden.

Dann der Häuserbau natürlich, mit Bauantrag und allem Drum und Dran. Zum Glück hatte der Hans-Heinrich, der mit seiner Grube und Hütte als Großunternehmer galt, sehr gute Beziehungen zum Landratsamt, weshalb seine Anträge mehr oder weniger durchgewunken wurden. Aber dann ging's auch um die Wasseranschlüsse aus den eigenen Quellen am Börnchen und aus dem Schwarzen Siefen, alles genehmigungspflichtig! Ja, selbst die Aufteilung der Felder und Wiesen für Gartenland, Kartoffeläcker, Kornsaat, Futterbau oder Weideflächen – das musste jetzt neuerdings alles angegeben und genehmigt werden. Es war wahrhaftig ein Kreuz!

Manchmal sehnte sich Hans-Bert nach der in dieser Hinsicht lässigeren Franzosen-Herrschaft zurück, in der ein genießerischer Schlendrian im Rathaus herrschte und man mit kleinen Naturalien-Zuwendungen wie Eier, Speck und Butter beim Maire, dem Bürgermeister und seinen Adjutanten fast alles regeln konnte. Das gab's fortan nicht mehr. Die Preußen waren zwar, Gott sei Dank, auch Lutherische, aber für einen Rheinländer so unbegreiflich pingelige, unnachgiebige und unbeeinflussbare Korinthenkacker, dass einem manchmal die Haare zu Berge standen.

Tante Guste erzählt als Augenzeugin über das Verkehrsleben im alten Schladern nach dem Bahnbau (Auszüge aus Auguste Peters: *Oberbergisches Verkehrsleben im alten Schladern*, 1952):

„Als 1860 die Deutz-Gießener Eisenbahnlinie dem Verkehr übergeben wurde, ward das kaum ein Dutzend Häuser zählende Schladern als Bahnstation mit einem Schlage ein Hauptverkehrspunkt des Oberbergischen. Um diese Zeit wurde gegenüber dem Bahnhof das „Gasthaus zum Deutschen Haus" gebaut. Damals begann jenes rege Leben des Handels und des Verkehrs. Da waren zunächst die Kärrner, wie die Fuhrleute genannt wurden. Gewöhnlich nahmen sie die „Kiehr" (Fahrt) an einem Tage. Wenn die Güterabfertigung der Bahn ihnen Ungelegenheiten machte, übernachteten sie im Gasthause und stellten ihre Pferde in den geräumigen Stallungen unter.

Die Fuhrleute bildeten einen streng einheitlichen Typus. In Sitten, Gewohnheiten, Kleidung unterschieden sie sich kaum wesentlich. Sie trugen durchweg derbe, hohe Schnürstiefel, eine Hose aus englischem Leder, die halblang den Schuhschaft nicht berührte, so dass der farbige Strumpf ein paar Fingerbreit sichtbar blieb. Unter dem blauen Kittel trugen die Kärrner einen braunen oder schwarzen Samtrock, der unter dem Kittel hervorsah. Typisch war auch das bunt gewürfelte wollene Halstuch, welches in weitem Abstand über dem Kittel getragen und vorne in einen großen losen Knoten geschlungen wurde. Als Kopfbedeckung diente eine hohe Tuchkappe mit großem Lederschirm. Der Fuhrmannskittel war kurz und weit und wurde vorne in einen wuchtigen Knoten geschlungen.

So schritt der Kärrner in leicht hüpfender Gangart, dem Fuhrmannsschritt, seinem Gefährt voraus, in der rechten Hand die Peitsche und in der linken die Pfeife in gleichem Takt mitschwingend. Den Tabakbeutel trugen die Fuhrleute in der Rocktasche, aus ihr heraus baumelte an einem Kettchen der Pfeifenstocher und Feuerschwamm. Das Gefährt war meist ein breiträdriger Karren, bei den Kolonialwaren- und Ballenkärrnern mit grauem Plantuch überspannt. Unter dem Karren hing das Rosstuch, welches zur Aufnahme kleinerer Futter- und Mundvorräte diente, daneben baumelten die Schmierkanne und die Laterne. Die Pferdedecken waren aus blauer Leinwand und rundherum mit roter Litze eingefasst, die Geschirre der Pferde mit Messingscheiben und Ringen, den „Nürnberger Rosen" reich verziert. An dem hoch stehenden Kummet hingen die blank geputzten Schellen. Mancher Wirt an der Landstraße verstand sich auf deren Klang so vorzüglich, dass er danach für den Fuhrmann jeweils den „Klaren" oder den „Münsterländer" zurechtsetzte. Das unaufhörliche Räderknarren, Pferdewiehern, Hufestampfen, Kettenrasseln, Peitschenknallen und Hü-Hott der Fuhrleute, das wie eine Flutwelle über die Landstraße zwischen Schladern und Waldbröl auf und ab wogte, war für die Aufzählung aller damit Beschäftigten zu mannigfaltig.

Da waren die Eisenstein- und Kohlefuhrwerke der Grube Kömpel bei Morsbach. Sie brachten Erze an die Bahn und nahmen Kohlen mit zurück. Für die Grube Silberhardt in Öttershagen fuhren jahrzehntelang der alte Immanuel Gelhausen, der uns verwandte Thomas Öttershagen und der originelle Hannes Becher, von dem noch mancher derbe Spaß in guter Erinnerung ist. Die Eisenhammer- und Achsenschmiede Oberwiehl schickte Achsen und holte Kohle. Ferner seien noch genannt die Gebrüder Albrecht, Marienberghausen, deren Kärrner den schwierigen Transport von Stellsteinen hatten – für den Bau von Hochöfen – und die Eisenwerke Zapp, Ründerroth. Dann der Spediteur Kaufmann, Nümbrecht, Treibholz Wiehl, Breiderhoff, Widbergerhütte und die Waldbröler Häuser Ispert, Steiniger, Huland und Bertram. Die Spinnerei Kind und Kattwinkel Bilstein entsandte unter anderen den ollen Ballenschmedt, der ein Fuhrmann alten Schlages war. Wenn er in Schladern übernachtet hatte und in aller Morgenfrühe seine Zeche beglich, was meist ohne Beisein des Wirtes geschah, so zog er mit Kreide einen Kreis auf den Tisch, in welchen er einen Groschen legte, den „Lachgroschen", den die Magd für das Stiefelschmieren bekam. Zuletzt wollen wir noch die Gebrüder Spieß Nümbrecht erwähnen, die die Pulvertransporte von der Pulvermühle Elisental bei

Dattenfeld Vorm Berg nach Breitscheid im Westerwald führten und deren Kärrner in Schladern regelmäßig Quartier machten. Außer den Spieß'chen Pulverfuhren kamen noch die „Renschen". Das waren riesige Pulverkarren, gewöhnlich mit zwei schweren bergischen Hengsten bespannt. Sie kamen von Schlebusch bei Köln und fuhren nach Passau in Bayern. Die Fuhrleute übernachteten stets in Schladern und stellten die gefährlichen Fuhrwerke unterhalb des Ortes am Krummauel unter. Während der Nacht mussten diese bewacht werden, zu welchem Dienst sich mancher gerne einfand, denn die Pulverwachen wurden gut bezahlt.

Besonders lebhaft und reizvoll wurde der Verkehr in Schladern durch den Viehhandel; denn es trafen sich hier die Viehhändler, Handelsleute genannt, aus dem Ober- und Niederbergischen, dem Sauerlande, dem Hessischen, dem Westerwald und von der unteren Sieg, da Schladern nach Hennef und Gießen den größten Viehverladebahnhof der Strecke hatte. So war es kein Wunder, dass der Ort, besonders während der Markttage, einem argentinischen Viehhof glich, und das Brüllen der Ochsen, das Blärren und Blöken der Stierken und Kälber, das „Hoi-hoi!" der Treiber, erfüllte alles mit ununterbrochenem Lärm von früh bis spät. Auch an anderen Tagen war der Viehantrieb rege. Einmal war es der Ochsenwirt aus Burscheid, der einen Transport Ochsen zu

Viehhändler in Schladern, Zeichnung von Karl Christian Peters, 1934.

Archiv F. Döring.

verladen hatte, ein andermal waren es Stern und Rüben, Wetzlar, Gebrüder Marx aus Altenkirchen, Gebrüder Cürten, Opladen, Isaak und Salomon Bähr aus Nümbrecht. Einmal kamen Milchkühe zum Verladen, ein andermal Schlachtvieh, an manchen Tagen wurden Kälber verladen oder Jungvieh. Immer war es ein neues, stets belebtes Bild, das der Viehantrieb bot, und nur selten war der Platz vor der Rampe still und leer. Aufsehen machte es, wenn die Gebrüder Weber aus Schladern Bullen zum Verladen antreiben ließen. Der Transport der Tiere aus entlegenen Gehöften an die Bahnstation gestaltete sich schwierig.

Die Bullen, welche damals nie auf die Weide gingen, waren halbwild und besonders, wenn sie der Vogelsberger Rasse angehörten, sehr bösartig. Sie wurden an einem Nasenring und starkem Kettenzaum geführt. Hinter dem Tier ging ein Mann, der eine Leine hielt, die kreuzweise um Vorder- und Hinterbeine geschlungen war; wurde an der Leine gezogen, so hob sich ein Vorderbein, und das Tier stand auf drei Beinen. Es kam auch vor, dass besonders wilden Tieren ein Pfahl über beide Hörner gebunden wurde, an dessen Ende ein starker Mann, der sich darauf warf und so das Tier fügsam machte. Eine Selbstverständlichkeit war das Blindbinden der Stiere.

Es gab auch eine qualvolle Art, Bullen zu transportieren. Dem Tier wurde ein Hanfstrick mit einer Schlinge ums Vorderbein gebunden, das andere Ende fest um die Hörner gewickelt, so dass das Tier den Kopf tief halten musste. Es kam dann aber meist durch das fortwährende Reiben des Strickes dazu, dass das Vorderbein bis auf die Knochen wundgescheuert wurde. Da kamen schöne mittelschwere Ochsen und Bullen der bergischen Rasse, bleichrot mit weißer Blesse und langen gebogenen Hörnern, oder fuchsrote Ochsen und Kühe des Vogelsberger Schlages mit breiter Wamme, kleinen, nach innen gebogenen Hörnern und schwarzer Nase. Schön war auch das Wällervieh aus dem Westerwald, mittelgroß, von dunkelbrauner Farbe mit weißer Blesse und langen, leierartig gebogenen Hörnern, die in schwarzen Spitzen endeten. Halbe Tage standen oft ganze Viehherden auf dem Verladeplatz; die Tiere, vom weiten Marsch ermüdet, träge kauend, geifernd mit vorgestrecktem Kopf. Gab es dann Friedensstörer unter ihnen, so fuhr ihnen ein schwarzzottiger Treiberhund kläffend zwischen die Beine, oder es ließ mit Wettern und Fluchen der Treiber seinen Knüppel auf sie niedersausen. Dazwischen die blauen Wanderkittel der Handelsleute. Diese gingen hin und her, feilschend, Pfeife rauchend, den Ochsenziemer an einem Lederriemen um das Handgelenk geschlungen. Nicht minder rege wie hier draußen war das Leben und Treiben in den Gaststuben.

An den Holztischen der Gastwirtschaft „Deutsches Haus“ saßen Juden und Christen aller Herren Länder, zankten, disputierten oder spielten Sechsundsechzig, tranken Schnaps aus dicken Gläsern und stippten die vorzüglichen Brezeln und Wecken in den Bohnenkaffee. Hier müssen wir aber auch noch die Schweinehändler erwähnen, die eine besondere Rolle spielten. Man kann sie sich nicht anders denken als klein, breitschultrig, dickbäuchig, mit einem runden bartlosen und stets heiteren Gesicht. Sie trugen einen fast immer neuen Kittel, eine hohe schwarze Seidenkappe, rauchten nie und hatten ihren Lederbeutel mit blanken Silbertalern gefüllt. Schweine wurden nur am Sonnabend- und Sonntagnachmittag verladen.

Es ging dabei besonders geräuschvoll zu und der sachkundige originelle Halscheid-Wellem leistete bei diesen Geschäften Großes. Das Liefern einer fetten Sau gestaltete sich mitunter zu einem Idyll. Der Bauersmann, den Strick haltend, ging hinter dem Tier, vorsichtig, bedächtig, sittsam im blauen Leinenkittel und Seidenhalstuch. Etwas zaghaft schritt das Weiblein voraus, den guten Wollrock aufgerafft, das zweihenkelige Deckelkörbchen in der einen Hand, in der anderen einen Knift Brot, den sie dem Tier in Riechweite vorhielt. War dann der sauer erworbene Erlös eingebracht, so trank man beim Schneidersch Fritz einen süßen Schnaps und aß einen Wecken dazu. Aber das Weiblein kam noch auf seine besondere Rechnung, denn „Hä“ war heute bei guter Laune und kaufte für ein paar Groschen Gebäck. Sie hatte das Körbchen nicht umsonst mitgebracht.

Archiv F. Döring.

Im „Deutschen Haus", Zeichnung von Karl Christian Peters, 1934.

Es gab auch noch Reisende anderer Art und für den Personenverkehr war wiederum Schladern Ausgangs- und Zielpunkt des Oberbergischen. Wenn die Postkutsche in aller Morgenfrühe den Bahnhof verließ und im Mai unter blühenden Kastanienbäumen dahinrollte, dann erklang das Horn silberhell in den Ort zurück. Aber nicht immer verliefen die Postfahrten angenehm. Postillion und Reisende hatten oft mit Schwierigkeiten zu rechnen. Sehr häufig geschah es, dass zur Winterzeit besonders in der Nutscheid-Gegend die Postkutsche einschneite. Auch Glatteis bot unüberwindliche Hindernisse und oft musste der Schmied mitten in der Nacht hinaus, um die Postpferde zu schärfen. Der Sturm hatte schon mal einen Baum über die Straße geworfen und der Postillion musste die Axt zur Hand nehmen und mit Hilfe einiger Reisender das Verkehrshindernis beseitigen.

Auch räuberische Überfälle blieben nicht unversucht, denn das Postsäckel war mitunter gut gefüllt. Bei länger anhaltenden Eis- und Schneeperioden fuhr die Schlittenpost. An Festtagen sah man auch die dickbäuchigen, blank geputzten Bauernlandauer und andere altmodische Staatskarossen der oberbergischen Gutsbesitzer auf dem

Bahnhofsvorplatz halten. Es wurde allerlei Festbesuch, meist Familienangehörige, von der Bahn abgeholt.

Da waren auch noch die Kiepenträger, die einst eine bedeutende Rolle im oberbergischen Handel spielten und durch die Eisenbahn noch nicht ganz vertrieben waren. Sie unterhielten einen schwunghaften Handel mit Speck, Bohnen, Dörrobst, Wachs, Honig, Hanf, Wolle und mit Kolonialwaren, Tabak, Spirituosen, sogar mit Büchern, Stoffen und Töpferwaren. Einheimische Produkte brachten sie zu Fuß auf die Kölner, Bonner und Neuwieder Märkte. Die Kolonial- oder Importwaren brachten sie von dort in die Heimat mit und tauschen sie wieder in die Landesprodukte um. Die letzten der alten bergischen Träger waren der hünenhafte Hekeschpetter und der schwerhörige Schnorrtommes.

In Schladern waren sie gern gesehene Originale, die im blauen Leinenkittel und hoher Tuchkappe, die dreistöckige Kiepe auf dem Rücken, fast täglich dort zu finden waren. Zweimal in der Woche waren auch die Besenleute zur Stelle. Sie kamen von der Nutscheid runter, Männer und Frauen, jeweils ein mannshohes Bündel Heidebesen auf dem Kopfe tragend, fuhren mit der Bahn in ihr Absatzgebiet im Siegerland und kamen abends zurück. Auf den nördlichen Ausläufern des Bodenberges gedeiht eine vorzügliche Besenheide, der die Nutscheid-Bewohner ihren Broterwerb verdanken. Hier sollte man noch jener meist bekümmert wirkenden Eisenbahnreisenden gedenken, die nach Bonn fuhren. Denn davon hieß es in Schladern: Alles, wat no Bonn kütt, os verspielt: entwedder et cheht en dä Kleneck, odder an et Gericht, no dönn Soldaten, odder in de Bläch (Alles, was nach Bonn kommt, ist verloren: entweder es geht in die Klinik, oder ans Gericht, zu den Soldaten oder ins Gefängnis)."

Was Tante Dore (Dorothea Peters-Brökelschen, 1912–2004) über die beiden Rosbacher Schultheißen *Öttershagen* und ihre komplizierten Lebensgeschichten zu berichten wusste, die sie in alten Papieren ihrer Ur-Ur-Oma Anna Clara Wilhelmine, geb. Öttershagen, über deren Ahnen gelesen hatte – nacherzählt von mir:

Das war ja so mit den Namen im ausgehenden Mittelalter zur Zeit der Reformation: Lediglich die Herrschaften von den Rittersitzen und Sattelgütern oder die Freiherrn, Grafen oder Fürsten hatten Familiennamen, nämlich die Orte ihrer Stammburgen, wie die von Nesselrode, von Etzbach, von oder zum Hofe, oder noch komplizierter: von der Lippe genannt Hohn.

Die Normalsterblichen hatten nur Vornamen. Um die zu unterscheiden, weil sie alle häufig verwendet wurden – wie Friedrich, Johannes, Wilhelm, Peter, Thomas oder Katharina, Anna, Maria, Clara, Wilhelmine – wurden sie entweder noch mit dem Elternnamen versehen wie Thomas Thomassohn, oder mit Spitznamen wie Willem der Lahme, die Ühmen-Anna oder noch häufiger mit Verniedlichungen wie Entgen statt Anna usw., wie wir das heute bei Vornamen auch gerne tun.

Als dann die reformierten Pfarrer, die im Gegensatz zu vielen katholischen Priestern davor alle Lesen und Schreiben können und Theologie studiert haben mussten, die Kirchengeschäfte wie hier im Kirchspiel Rosbach übernahmen, legten sie Wert auf korrekte Eintragungen der Amtshandlungen wie Taufe, Konfirmation, Trauung, Geburten, Sterbefälle, im Kirchenbuch. Und da half die beschränkte Zahl an Vornamen nicht weiter, auch die ebenfalls beschränkte Zahl der Vaternamen nicht, sondern es mussten Familiennamen her!

Die, die schon nach Vatersnamen benannt wurden, die Thomassohns, Thomassens oder gleich Thomas (oder Werner) behielten den als Familiennamen. Die überwiegende Mehrzahl hier in der Region wurde nach dem Geburtsort genannt, wie die Öttershagens, Wardenbachs, Geilhausens usw., aber das reichte auch nicht aus, also mussten als nächstes die Berufe herhalten, wie die Schneiders (von Schnitter), die Försters, die Müllers, Meiers, Steinhauers usw.

Die am stärksten vertretene Familie in Öttershagen, das waren also die Öttershagens. Die waren schon seit Jahrhunderten dort ansässig, unterhielten ihre Landwirtschaft und waren auch mit Anteilen (sog. Kuxen) am Erzbergbau beteiligt, der dort ebenfalls seit Jahrhunderten am, im und um den Eisenberg herum betrieben wurde, am intensivsten und tiefsten in der Grube Silberhardt, weil dort neben Eisen auch Blei, Kupfer und Silber gehauen werden konnte.

Da aber die Jahresausbeute sehr unterschiedlich ausfiel und es viele Unglücke sowie kostenintensive Störfälle im Bergbau gab, da die Fürsten, ehemals die Grafen von Sayn, später die Herzöge von Berg, immer mit dem Zehnten am Ertrag beteiligt waren und ihren Anteil streng kontrollierten – und da sich die Kuxen auf fast zwanzig Familien verteilten, waren die Bergbau-Einnahmen meist recht mager. In manchen Jahren musste für Investitionen und Anlagebau sogar zugeschossen werden.

Aus dem Rosbacher Familienbuch kann man ermitteln: als Sippenältesten den Johann Öttershagen genannt Schneider, geboren 1580. Er wurde auch genannt Johann Snider zu Öttersen und hatte fünf Kinder. Ein Sohn war der Wilhelm Öttershagen genannt Schneider, Landwirt und Schöffe. Der heiratete die Agnes zum Hoff, deren Ahnenreihe bis ins 14. Jahrhundert zurück verfolgbar ist, da sie adlig war. Sie hatten acht Kinder. Ein Sohn war der Hermann genannt Schneider geändert zu Öttershagen, der Schultheiß von Rosbach war von 1672 bis 1677. Sein Bruder Wilhelm Öttershagen genannt Schneider war nach ihm Schultheiß von Rosbach. Er hatte drei Frauen, zuletzt die Clara zu Homburg, auch eine Adelige. Mit ihnen hatte er zusammen 16 Kinder, die fortan alle nur noch Öttershagen hießen. Ein Sohn Wilhelm war Kellner (= Hausmeier) in der Burg Mauel. Der hatte einen Sohn Johann Wilhelm, dessen Tochter den ersten der Schladerner Gründerväter heiratete, den Johann Bertram Schneider, und einen Sohn, den Johann Martin Öttershagen, den zweiten der Gründerväter, dessen beide Töchter die beiden Söhne des Johann Bertram Schneider in Schladern heirateten!

Unser Ur-Ur-Ur-Ur-Ur-Ur-Opa, der Schultheiß Wilhelm Öttershagen genannt Schneider, hatte in seinen ursprünglich wohl geheimen Aufzeichnungen erst mal lang und breit notiert, wer alles aus der Familie schon vor ihm in Amt und Würden gewesen war. Sein Vorgänger war also sein Bruder Hermann Schneider genannt Wilhelms Sohn geändert zu Öttershagen, so die offizielle Schreibweise. Der hatte die Tochter seines Vorgängers im Amt geheiratet, eine Margarete Reuter. Der Vater, Wilhelm Reuter, war Schultheiß in Rosbach gewesen von 1648, also dem Ende des Dreißigjährigen Krieges, bis 1672, dem Beginn der Belagerung von Windeck durch die Truppen des Sonnenkönigs im Rahmen seines sogenannten Holländischen Krieges. Wilhelm Reuter war verheiratet mit Dorothea Saur, der Tochter des Dattenfelder Schultheißen, und sein Vater, Otto Reuter, war Schultheiß in Leuscheid gewesen. Der hatte eine Elisabeth von Hatzfeld geheiratet, deren Vorfahren aus den drei wichtigsten Adelshäusern der Region kamen, dem von Hatzfeld, dem von Nesselrode und dem von Sayn-Wittgenstein. Außerdem war der Vater der beiden Schultheißen-Brüder, Wilhelm Öttershagen genannt Schneider, schon Geschworener in Rosbach gewesen. Die Mutter aus dem Rittergeschlecht derer vom Hofe und ein weiterer Vorfahre, Hannes von Oeterßhain, war Schöffe in Windeck.

In allem wird klar, dass die Familien Saur, Reuter und Öttershagen als Amtspersonen – durch Heirat untereinander und mit den wichtigsten Adelshäusern fest verbunden – für etwa ein Jahrhundert das Sagen hatten im Windecker Ländchen.

Dann geht er [der Chronist] ziemlich genau ein auf die Umstände, die zur Ablösung des vorvorigen Schultheißen, Wilhelm Reuter, durch seinen Bruder Hermann genannt Schneider geändert zu Öttershagen, und zu dessen Ablösung nach nur fünf Jahren durch ihn selbst geführt hatten. Da das eine sehr verwickelte Sache ist, holt er weit aus mit einem Abriss der Ereignisse im Dreißigjährigen Krieg. Bis zu seinem Tode 1625 war Walramus Scheiffardt von Merode vom Schloss Allner Amtmann in Windeck, danach wurde Adolf von Nesselrode vom Herzog in das Amt eingesetzt – und unter ihm von 1635 bis1637 Wilhelm von Hillesheim als Amtsverwalter – und nach ihm Bertram von Nesselrode, dem letzten aus seinem Geschlecht und dem letzten, der auf der Burg Windeck Amtmann war. 1672 dann wurde die Verwaltung des Amtes Windeck in die Burg Denklingen verlegt.

1630 begann der Kriegsreigen im Windecker Land mit plünderndem Durchzug der Kaiserlichen. Im Jahr drauf eroberten die schwedischen Truppen nacheinander Siegburg, Blankenberg und Windeck. Sie stellten bis 1635 die Kommandanten der Burg und Umgebung und hoben die bürgerliche Verwaltung auf. 1633 kamen nochmals Mannsfelder Kaiserliche durchgezogen und hausten wie die Bestien. 1635 nach Abzug der Schweden kamen erst Nassauische Schwedenverbündete, die aber nach einem Seitenwechsel des Ludwig von Nassau-Dillenburg zu Kaiserlichen wurden. 1636 zogen die Kurkölner in die Burg und das Land ein, gefolgt von kaiserlichen und venezianischen Truppen.

1640 wurden sie alle vom protestantischen Landgrafen Wilhelm V. von Hessen in Gemeinschaft mit schwedischen Truppen vertrieben, die Schutzkompanien auf Burg Windeck und Burg Blankenberg einrichteten. Dann wurden von 1644 bis 1647 die hessisch-schwedischen Truppen noch zweimal von den Pfalz-Neuenburgern und den Bergischen von der Burg vertrieben und schließlich endgültig vom kaiserlichen General Lamboy. 1648, nach dem Westfälischen Frieden, zogen auch die Kaiserlichen endlich ab, zerstörten alle äußeren Festungsanlagen der Burg und überließen die Verwaltung wieder dem herzoglichen (katholischen) Amtmann Bertram von Nesselrode, der die Burg notdürftig reparieren konnte. Von diesem wurde dann auch ein ziviler Schultheiß eingesetzt, nämlich der protestantische Wilhelm Reuter, dessen Tochter seinen Nachfolger, Hermann Schneider genannt Wilhelms Sohn, geändert in Öttershagen heiratete.

Nun waren die Herzöge von Berg und auch ihre Amtmänner von Windeck tolerante Katholiken von der rheinischen Art und hatten auch keine Lust mehr, nach den langen Kriegsjahren, die Fehden fortzusetzen. Also bestimmte Bertram von Nesselrode für die protestantische Region einen protestantischen Schultheiß. Und den hatte er schon bald in dem Sohn des Schultheißen von Leuscheid, Otto Reuter, gefunden, einem Sayn-Wittgensteiner Vasallen, der mit der Tochter eines Grafensohnes von Hatzfeld verheiratet war. Somit hatte sein Kandidat blaues Blut, war protestantisch und über die Mutter sogar mit den Saynern verwandt, hatte also ideale Voraussetzungen für eine vorteilhafte Verbindung mit den ehemals verfeindeten Nachbarn.

Als dann allerdings 1672 die Heere des Sonnenkönigs über das Land hereinbrachen und alle Protestanten für verhasste Niederländer hielten, war der beliebte, aber streng calvinistische Wilhelm Reuter nicht mehr opportun. Die Franzosen waren überzeugte Katholiken, hatten sie doch ihre Hugenotten noch vor einigen Jahren aus dem Land vertrieben oder massakriert und kämpften jetzt gegen die bösen Holländer, deren Territorium ja bis an die Dill und die Lahn ging, und sie waren überall die Stärkeren! Dagegen war keine radikale Gegenwehr, sondern geschmeidige Diplomatie erforderlich. Und das war Reuters Gabe nicht.

Also musste er abgelöst werden, nachdem er schon ein paar Male beim französischen Kommandanten De Boudelet als renitenter Protestant bei dessen Forderungen zur Proviant-Requirierung und Truppen-Unterkunft aufgefallen war. Das hatte er selber schnell eingesehen. Denn De Boudelet wollte ihn einfach absetzen und einen seiner Lieutenants zum Maire bestimmen. Das musste er verhindern. Also schlug er ihm seinen Schwiegersohn Hermann Schneider-Öttershagen als Kandidaten für die Mairie vor. Der war jung und ehrgeizig, seine Familie hatte ein gutes Renommee, war doch der Vater schon Geschworener, die Mutter aus altem Rittergeschlecht stammend und sein Onkel Schöffe im Amt Windeck gewesen, und er hatte sich beim Einzug der französischen Truppen als glühender Anhänger von Louis Quatorze hervorgetan mit Fahnenschwenken und Überreichung von Brot und Salz als Willkommensgruß. De Boudelet brauchte die Mithilfe der Bevölkerung, da er nicht wusste, wie lange die Belagerung der Burg dauern würde, denn die Bergische Besatzung der Burgmannen aus den umliegenden Rittersitzen, vor allem der Ritter-Huhn-Familie, hatte alle seine Übergabe-Angebote höhnisch abgelehnt.

Also musste er sich mit seinen Offizieren in den Dörfern um die Burg einrichten, und also war er schließlich mit dem Vorschlag des alten Reuter einverstanden, zumal er den jungen Hermann als forschen und frankophilen Verhandlungspartner kennengelernt hatte und ihm traute. Der wurde also ins Schultheißenamt eingesetzt, und unter seiner Aufsicht und Autorität klappte es mit der Unterbringung und Versorgung der welschen Besatzung zunächst recht gut. Die französische Artillerie und ihre Mineure bauten rings um die gut bestückte Burg einen Kranz von Feldschlangen-Batterien auf und gruben oder sprengten in die Flanken des Schlossberges Tunnels zur Anbringung von Minen. Dank der Vorarbeit ihres Landsmannes General Lamboy, der zum Ende des Dreißigjährigen Krieges den äußeren Festungsring schon drastisch verkleinert hatte, konnten sie sich nämlich ziemlich nah an den Fuß der Burg heranwagen. Eine der Geschützstellungen richteten sie auf den Fundamenten der Alten Burg im Westen ein, deren Donjon sie dazu weggesprengt hatten; eine weitere, noch nähere Mörserbatterie sogar auf dem Fundament des alten karolingischen Wachturmes in der Sattelpassage des mittleren Schlossberges, den sie dazu ebenfalls sprengten.

Und jetzt, nachdem sie gerade ihre Geschütze alle in Stellung gebracht hatten, wurde auf einmal der Proviant knapp. Der neue Schultheiß entschuldigte sich tausendmal und tief betroffen dafür, dass er vorübergehend nur die halben Rationen liefern könne, weil die Vorräte vom Vorjahr verbraucht worden seien und durch den ewig langen und bitterkalten Winter hätten die Bauern selber kaum mehr was zum Leben und die neue Ernte würde dauern. Aber bis dahin könne er nicht mehr liefern.

Dem Commandeur war es egal, was dieser Hinterwäldler für Ausflüchte hatte, er brauchte die volle Proviantmenge, um seine Leute bei Laune zu halten, sonst würden sie massenhaft desertieren, und wenn dieser Ketzer-Maire nicht pünktlich die Rationen liefere, werde er sie sich selber bei den Bauern requirieren und seiner Soldateska notfalls das Plündern freigeben. Schultheiß Hermann befand sich in einer Zwickmühle. Von den Plündereien im großen Krieg hatten die Bauern sich noch kaum erholt, als diese neue Plage über sie hereingebrochen war. Er beriet sich mit seinem Bruder Wilhelm, mit dem er in allen Dingen gut zusammenarbeitete – und mit seiner Mutter Agnes zum Hoff, mit der er in deren Familienstammsitz, der Burg Hof in Rosbach, lebte und die noch gute Kontakte zu seiner angeheirateten Großtante Margarete von Hatzfeld unterhielt. Sie kamen nach gründlichen und sehr ernsthaften Gesprächen und Gebeten schließlich auf einen langfristig angelegten Schlachtplan, den sie mit Hilfe der ebenfalls protestantischen und unermesslich reichen von Hatzfeldchen Sippe durchzuziehen gedachten. Eins war sicher, die Franzosen sollten von hier verschwinden, auch für Hermann hatte das inzwischen oberste Priorität. Und die lokalen Machtverhältnisse, also die Positionen ihrer Familien, sollten möglichst so erhalten bleiben, wie sie nach ihrer Ansicht von Gott gefügt waren!

Über die Tante Margarete boten sie dem Grafen von Hatzfeld im Schloss Schönstein an, dass er für eine auf maximal fünf Jahre befristete Fouragierung der Franzosentruppe erstens die Nutzungsrechte der im Besitz der Familien Öttershagen und vom Hofe befindlichen Eisenerzgrube an der Silberhardt im Ort Öttershagen und des dazugehörigen Hammerwerkes Poche bei Rosbach erhielte und zweitens die verbindliche Zusage, dass die ihm und seinem Lehnsherrn verhasste Besatzung der französischen Irrgläubigen dann spätestens beendet sei, andernfalls er die Rechte an dieser wichtigen Eisenerzquelle lebenslang behalten dürfe. Die Brüder hatten sich mit ihrer Mutter schon einen geeigneten Plan gemacht, den schwierigen zweiten Teil der Abmachung in ihrem Sinne durchzusetzen. Der Baron konnte erwartungsgemäß sich diesem lukrativen Vorschlag nicht verschließen, und so durfte der Schultheiß Hermann am nächsten Tag seinem Commandeur die gute Botschaft überbringen, dass die Versorgung wie vereinbart weiterlaufe.

Der Bruder Wilhelm, unser Chronist, dagegen sorgte bei den Bauern der Region, wie bei dem niederen Adel dafür, dass er als heimlicher Gegner seines Schultheißen-Bruders und als Franzosenhasser galt. Und er schürte, wo er konnte, den Boykott der Geschäfte und Unternehmungen des Feindes, war dadurch sehr beliebt, während gegen den Schultheiß Hermann viel Murren aufkam. Aber alle heimlichen Sabotage-Akte der Bevölkerung hinderten die französische Artillerie nicht daran, die Burg nach und nach in Trümmer zu schießen und die wenigen Überlebenden der Besatzung am dritten Advent des Jahres 1672 schließlich zur Aufgabe zu zwingen. Das erbrachte der Bevölkerung zwar das erfreuliche Weihnachtsgeschenk, dass die Hauptstreitmacht Richtung Maastricht abzog, dass sie sich aber mit einem Riesenfeuerwerk verabschiedete, indem die Mineure die ganzen Minen in den Schlossbergtunnels und -gängen zündeten und so den halben Berg und eine dreiviertel Burg in die Luft jagten, die sie vorher natürlich noch gründlich geplündert hatten. Außerdem ließen sie eine kleine aber gut ausgerüstete Kompanie von 100 Infanteristen unter Lieutenant Ricard zurück, die die Burg Broich der Ritter von der Lippe genannt Hoen in Talwindeck als Quartier beschlagnahmten, weil diese wohl die führenden Burgmannen bei der Verteidigung der Burg Windeck gewesen waren.

Diese Besatzung, deren Dauer nicht abzusehen war, musste natürlich auch noch versorgt werden, und die beiden Öttershagen-Brüder konnten sich den Kopf zerbrechen, wie sie die in den nächsten zwei Jahren loswerden würden. Dazu bedienten sie sich wieder eines Familienangehörigen. Hermanns Schwager Johannes Reuter war Apotheker und Physikus in Rosbach und Herr über allerhand Kräutchen-Tinkturen und Pülverchen gegen diverse Leiden, aber auch gegen diverses Ungeziefer. Und von diesen seinen Rezepturen gegen

Parasiten, wie er betonte, mischten sie mithilfe ihrer tüchtigen Hausfrauen nach und nach immer mehr in die frischen Bratwürste, die sie aus den Schlachtsäuen des Barons von Hatzfeld produzierten, und von denen sie wussten, dass die Franzosen sie besonders gerne scharf gewürzt und roh futterten. Und das sollten sie ganz gewiss auch haben: sehr scharf gewürzt mit getrockneten Fliegenpilzen, Tollkirschen, Nieswurzblättern und ähnlichen Spezereien. Die übrigen Lebensmittel waren naturbelassen und wurden von den Regimentsköchen selber zubereitet, aber bei den Bratwürsten legten sie Wert auf deutsche Machart, weil es die in Frankreich nicht gab. Da die so gewürzten Würste wirklich sehr gut schmeckten, denn Fliegenpilze sind ein hervorragender Geschmacksverstärker, wurden sie Hauptbestandteil der Diners in der Burg Broich, und bald konnte man abends und nachts in Talwindeck verwirrte und singende Rotröcke herumgeistern sehen, die einen zugedröhnten Eindruck machten und ins Lazarett verlegt werden mussten.

Zum Glück von De Boudelet hatte sein oberster Dienstherr, der Sonnenkönig, seine Ziele in den Niederlanden schon weitgehend erreicht und machte sich jetzt daran, noch einige linksrheinische Regionen zu akquirieren, und das Rechtsrheinische interessierte ihn nicht mehr so sehr. Also wurde seinem Gesuch stattgegeben, und zu Weihnachten 1676 zogen die letzten Franzosen aus Windeck ab, ein nur noch kümmerliches Häuflein ausgemergelter und desorientierter Gestalten mit vier Planwagen, zwei Geschützen und einem kleinen Tross von Köchen, Feldscherern und Marketenderinnen. Kein Vergleich mehr zu dem stattlichen Einzug des frischen, bestens ausgestatteten Regimentes mit eigenem Musikcorp vor fünf Jahren, dem zumindest die westlichen, katholischen Gebiete des Windecker Landes noch zugejubelt hatten.

Jetzt wurden sie mit Schmährufen und Spottliedern verabschiedet und es fehlte nicht viel, dass die Jungbauern und Knechte noch mit Mistgabeln auf sie losgegangen wären. Hatten sie doch ein ziemlich verwüstetes und ausgehungertes Land hinterlassen – und die ganze

Amtsverwaltung der Burg und des Amtes Windeck war wegen der Sprengungen notgedrungenerweise in die Burg Denklingen verlagert worden bis auf Windecks Gericht, das jetzt in der Burg Hof tagte, wo auch der Schultheiß Quartier bezog.

Trotz allem Ungemach waren die Öttershagen-Brüder sehr zufrieden. Sie hatten den Familienbesitz gerettet, waren den Druck der Besatzer los, und auch die Verlagerung der Amtsgeschäfte nach Denklingen kam ihnen nicht unrecht. Zwar mussten sie nun öfters mal von Rosbach nach Denklingen reiten oder Boten dorthin schicken, aber dafür hatten sie jetzt nicht mehr den Amtmann selbst oder seine Vertreter und Schergen in unmittelbarer Nähe, also sozusagen im Nacken. Das passte ihnen auch ganz gut. Denn jetzt hatten sie in Absprache mit der Muttersippe derer vom oder zum Hoff, mit der Reuterfamilie und den Hatzfelds vor, eine Art Rochade zu machen. Der bisherige Schultheiß Hermann, in der ganzen Region als Franzosenfreund bekannt und verschrien, sollte sein Amt nach Abzug der Besatzung niederlegen, und sein Bruder Wilhelm, der sich erfolgreich als heimlicher Widerstandskämpfer und Franzosenhasser einen Namen gemacht hatte, sollte es im Neuen Jahr übernehmen. Da zugleich der Posten des Amtmannes von Windeck verwaist war und nur ein fremder Amtsverweser aus Stolberg die Geschäfte desinteressiert versah, war es leicht, ihren Plan mithilfe der adeligen Verwandtschaft umzusetzen. Nach außen hielten sie ihre angebliche politische Gegnerschaft noch eine Weile aufrecht, nach innen arbeiteten sie weiterhin prächtig zusammen

Wilhelm Öttershagen genannt Schneider [unser Chronist] war jetzt Schultheiß, residierte auch in der Burg Hof, heiratete nacheinander drei Frauen, hatte mit ihnen 16 Kinder und seine dritte Frau war eine Clara zu Homburg aus dem Geschlecht der Ritter von Homburg, die Ableger der Grafen von Sayn-Wittgenstein waren. Er arbeitete eng mit seinem Bruder Hermann zusammen, mit der Reuter-Familie, den Saurs, den Pantels, den Steinhauers, Fuchsens und natürlich den Adelsgeschlechtern vom Hofe, von Etzbach, von der Lippe, von Velbrück, von Merode, von Hatzfeld, von Nesselrode und von Sayn, mit all denen er nun mehr oder weniger verwandtschaftlich verbandelt war. Offensichtlich war er auch ein guter Diplomat, da sein oberster Dienstherr, der Herzog von Berg, ihn auch gerne zu Verhandlungen bei den immer wieder aufflackernden Grenz- und Nutzungsstreitigkeiten mit den Sayn-Wittgensteinern einsetzte, wobei es meist um Waldrechte und Eisenerzgruben ging. Er war beliebt, weil er zwar streng, aber auch gerecht war und sich um seine Schäfchen meist persönlich kümmerte. Er starb 1735.

Jochen und Frieder treffen sich um das Jahr 2010 herum als Pensionäre mit Ernst Otto Fehn in Schladern wieder – und plaudern über *die Werners* und ihre Nachkommenschaft:

„Ernst Otto, du wolltest ein bisschen was über deine direkten Vorfahren, die Werners wissen, von denen du der letzte in Schladern vorhandene Nachkomme bist."

„Ja, ich hab nämlich bei uns im Stranghöhners-Haus keine brauchbaren Dokumente über deren Leben und Treiben gefunden und von der Oma Adele nicht mehr viel in Erinnerung."

Das ist eher typisch. Während in der Schneiders-Öttershagens-Sippe das Erzählen und Klönen und später auch Aufschreiben von Familiengeschichten sehr beliebt und verbreitet war, wurde es bei den Werners und ihren Nachkommen anders gehalten. Aber einiges haben wir doch herausgefunden:

Also, der Johann Heinrich Werner war Landwirt und Leiter einer Eisenhütte in Morsbach und einer Grube im Erzbergbaugebiet von Kömpel, hatte einiges erspart und auch geerbt und wurde der Hauptgeldgeber des Familien-Trios Schneider-Öttershagen-Werner, das das Schladerner Feld 1820 kaufte, um sich dort anzusiedeln. Seine Oma mütterlicherseits war eine Öttershagen, daher die Beziehung zu den anderen beiden Familien, die zudem verschwägert waren. Er selbst nahm eine Maria Katarina Eschmann zur Frau, deren Mutter die Schwester vom Hans Martin Öttershagen war. Und der wiederum war der Schwager von dem Johann Bertram – genannt Hans-Bert – Schneider, dem Initiator des ganzen Siedlungsprojektes. Johann Heinrich Werner baute auch um 1830 im Oberen Hof das sogenannte Ühmenhaus, das später nach einem Schwieger-Enkelsohn auch Jägershaus genannt wurde und noch später nach einer weiteren Nachfahrin Gustchens-Haus. Mit seiner Frau Maria hatte er den Sohn Wilhelm, für den er die ganze Investition tätigte. Dieser zog kurz nach Fertigstellung in das Ühmenhaus ein, heiratete die Wilhelmine Wirths und bekam mit ihr die Töchter Auguste und Rosalie. Auguste heiratete hoch hinaus den Bahnobersekretär Wilhelm Stranghöhner, der bei der Eisenbahnverwaltung in Köln tätig war, an der Entwicklung und Funktion des Mittelpunktbahnhofs Schladern mitarbeitete und später auch das Gebäude des Hauptpostamtes errichtete.

Vermutlich hatten sich die beiden im „Deutschen Haus", dem Stammlokal der Eisenbahner, kennengelernt, in dem sie zusammen mit ihrer Schwester Rosalie öfters mal die Bedienungsaushilfe machte. Die Schwester hatte bald darauf den Wirt, den Friedrich Schneider, geheiratet, der ja auch ihr Cousin dritten Grades war. Auguste hatte mit ihrem Mann die Töchter Ida, Alma und Adele sowie die Söhne Otto und Erich. Adele heiratete den Georg Hesse, blieb mit ihm im Elternhaus im Unteren Hof, das weiterhin und bis heute Stranghöhners-Haus heißt, und sie hatten eine Tochter Margarete, die den Herbert Fehn heiratete und deren Sohn Ernst-Otto bis vor Kurzem noch im Urgroßelternhaus wohnte. Rosalie Werner hatte mit ihrem Gastwirtsgatten Friedrich zwar das Glück von neun Kindern, aber auch das Pech, dass er, wie so manche Wirte, früh am Alkohol starb.

Die Gastwirtschaft wurde verpachtet an eine Familie Baum, und Rosalie musste sich mit den Kindern allein durchschlagen, bis sie in dem Kaffeerösterei- und Großhandelsbesitzer Wilhelm Peter, der sich gerade in Schladern als Unternehmer niedergelassen hatte, einen gut situierten zweiten Mann fand, mit dem sie drei weitere Kinder hatte: Willi, Peter und Emma. Letztere heiratete einen Greifenhagen, und ihre Enkelin Dagmar Tripp kommt gelegentlich zu Besuch nach Schladern. Rosalie brachte durch ihr Werners-Erbteil an Landbesitz allerdings auch noch eine schöne Mitgift in die neue Ehe ein.

Aus diesem ihrem Besitz stiftete der Sohn Willi Peter später noch eine Eichenfachwerkscheune mit Steinfundamenten und das zugehörige Grundstück, das neben dem Stranghöhners-Haus lag, für den Evangelischen Kirchbauverein, der ab 1948 daraus eine kleine Dorfkirche errichtete, die 1951 eingeweiht wurde und bis heute noch durch den Kirchbauverein unterhalten wird.

Die Schladerner Höfe in einer kurzen Zusammenfassung von Frieder – aus der ganzen Heimatliteratur zusammengesucht:

Der Ort Schladern ist – anders als die meisten Dörfer der Umgebung – weder aus einem allmählichen Wachstum (nach der mittelalterlichen Frühbesiedelung durch fränkische Ripuaren vom Rhein her) noch durch Widukinds Sachsen aus Südwestfalen zwischen dem achten und zwölften Jahrhundert entstanden, sondern bestand, vermutlich seit dem zwölften Jahrhundert, zunächst als Versorgungshof der Neuen Burg Windeck, nachgewiesen seit Anfang des 15. Jahrhunderts, erst mal aus dem Hof Schladern (von Slade = germanisch Einschnitt, womit der markante Bergeinschnitt im Westen des Talkessels gemeint ist). Dieser wurde vom Windecker Amtmann Bertram von Nesselrode 1486 dem von ihm gegründeten Kloster Ehrenstein an der Mündung des Mehrbaches in die Wied als Pachthof zugewidmet. Allerdings finden wir auf der Mercator-Karte von 1575 neben dem Hof Slahel (Übertragungsfehler des Kopisten von Slader, der in der Waye-Karte von 1607 mit Schlader korrigiert ist) auf dem Schladerner Feld noch die Höfe Zur Schüren und Siegesthal eingezeichnet sowie in unmittelbarer Nähe, aber auf der anderen Siegseite, die Höfe Zum Stein und Gauchell, die seit dem 19. Jahrhundert dem Ort Schladern zugerechnet werden.

Nicht mehr Schladern zugerechnet, aber ebenso alt und auf der Mercator-Karte eingezeichnet – und von den Schladernern viel besucht, sei es als Lebensmittelversorger sei es als Wanderziele am Sonntag – werden die Nutscheid-Höfe Jucht, Höhnrath, Kölschbach, Hahnenbach und Ommeroth, die alle einen mittelalterlichen Bezug zur Eisenerzgewinnung und -verarbeitung haben und von vielen Pingen, Meilerplätzen, Köhlerhüttenplateaus und Rennöfen-Standorten umgeben sind (Jucht = Schmelze, Höhnrath = Hainrodung = Hauberg, Kölschbach = Köhlersbach, Hahnenbach = Hainenbach = Bach an den Haubergen, Ommerroth = Hammerrodung = Waldschmiede).

Dokumentiert ist die Neue Burg Windeck (Castrum novum) von 1174 an. Dabei handelt es sich um die Belehnung des Engelbert I. von Berg durch Heinrich Raspe den Jüngeren von Thüringen mit der Neuen Burg Windeck auf dem Reichstag zu Aachen mit Unterschrift von Friedrich I., Kaiser Barbarossa. Daraus geht hervor, dass es sich um eine voll erbaute und in Gebrauch befindliche Festung handelte, die demnach wohl mindestens seit Anfang des zwölften Jahrhunderts bestand und dass es noch eine ältere Burg Windeck (Castrum vetus) gab, die im Besitz des Thüringer Grafen und seiner Erbin, Mechthild von Sayn, geb. von Landsberg, verblieb. Also gab es mindestens seit dem frühen zwölften Jahrhundert auch schon einen Versorgungshof für die Burg im Siegtal am Schladerner Feld, denn mit dem Eselsweg bestand eine direkte Verbindung zwischen der Vorburg (Oberwindeck) und dem Hof Schladern, über die der Nahrungsmittelnachschub mittels Esel oder Mulis gesichert war.

Möglicherweise gab es aber bereits einen viel älteren Hof im Tal, denn inzwischen wurde auch eine Wegeverbindung zwischen dem Schladerner Feld und der Alten Burg Windeck durch die Schlossbergscharte nachgewiesen. Der erste dokumentarische Nachweis des Hofes Schladern stammt allerdings von 1408, als der damalige Amtmann der Burg Windeck, Ludwig von Lülsdorf, bei seiner Amtsübergabe an Wilhelm II. von Nesselrode den Hof Schladern auf seinen Sohn Johann von Lülsdorf übertrug, der ihn 1461 an Bertram von Nesselrode und seine Frau Margarete von Bourscheid weiterverkaufte. Die schenkten ihn 1477 der von ihnen gestifteten Pfarrkirche von Ehrenstein und zehn Jahre später dem ebenfalls gestifteten Kloster „Unserer Lieben Frau zu Ehrenstein“. Diesem verblieb er als Pachthof bis zu der von Napoleon befohlenen Säkularisation 1803, durch die er an den Fürst zu Wied-Runkel fiel, der ihn über Koblenzer Zwischenhändler an einen Ernestus Schwellenbach verkaufte – ohne das Schladerner Feld. Schwellenbach wanderte mit einigen anderen

Haus Schladern, Ölgemälde von Christa Döring, 2015.
Archiv F. Döring.

Landwirten um 1840 nach Montana im verheißungsvollen Amerika aus, stiftete das bekannte Auswandererkreuz (Original im Heimatmuseum, Replik an der Einfahrt zur Vorburg) und verkaufte den Schladerner Hof an den Grafen von Kurtzrock-Wellingsbüttel, den Besitzer der Burg Dattenfeld, der ihn verpachtete.

Von dessen Schwiegersohn und Erben, Baron von Leonhardt, kaufte ihn 1921 Andrea Caminneci, der Schwiegersohn des Waldbröler Landrates Danzier, der ihn von seiner Familie bewirtschafteten ließ, zunächst durch seinen Sohn Waldemar und nach dem Zweiten Weltkrieg von seinem Enkel Manfred Caminneci. Der verwaltete zeitweise von dort seine Baumschule und seine Jagdschule und verpachtete ihn seit den 1960er-Jahren an verschiedene Pächter. 2002 verkaufte er den Hof an Helmut Schulz, der ihn auch für Konzerte und Feiern nutzte. Nach dessen Tod 2017 wurde Haus Schladern an eine Familie aus Siebenbürgen weiterverkauft.

Haus Siegestal oder Unterer Hof

In der Mercator-Karte von 1575 ist dort, wo sich heute der Untere Hof befindet und eine rund 450 Jahre alte Eiche steht, die zur Zeit der Kartenfertigstellung gepflanzt worden sein könnte, ein Hofhaus namens „Siegestal“ eingezeichnet. Danach erhielt die Flur durch Lesefehler den Namen Ziegenstall. Heute befinden sich im Umkreis der alten Eiche vier reine Fachwerkhäuser – wahrscheinlich aus der Zeit um 1820 bis 1830 – und ein „Festes Haus“ (heute Haus Höffer), das aus Bruchsteinen gebaut ist und einen Gewölbekeller mit Fundamenten besitzt, die von der Bauweise auf das Mittelalter schließen lassen.

Es existieren abgesehen von der Mercator-Karte keine Schriftstücke zu diesem Hof, aber in den mehrfachen Schenkungsdokumenten des Hofes Schladern an das Kloster Ehrenstein von 1477 und 1488 taucht neben dem Hof zu Schladern mit Wohnhaus und Scheunen ein Bergfried auf. Dieser hätte wohl kaum im Hochwasser- und Sumpfgelände am Siegarm Krummauel gegründet werden können, wo der Hof Schladern steht, zumal dort keine passenden Fundamente erkennbar sind. Wohl aber hätte er auf der Niederterrasse gründen können, auf der Haus Siegestal stand. Dort sind die mittelalterlichen Fundamente geeignet, einen dreigeschossigen Turm mit hölzerner Haube getragen zu haben, und dort wäre die Aussicht auf den Einschnitt, die Burg und das Schladerner Feld und seine Zuwege auch ausreichend vorhanden gewesen.

Deshalb spricht manches dafür, dass dort im späten Mittelalter der in der Urkunde beschriebene Bergfried gestanden hat und irgendwann teilweise abgetragen wurde, um das Feste Haus Siegestal nur noch als Hintersassenhof des Klosterhofes Schladern zu nutzen. Im Dreißigjährigen Krieg wird auch dieser zerstört worden sein bei den mindestens vier Belagerungen mit Besetzungen der Burg Windeck. Die neuen Siedlerfamilien, die nach dem Wiener Kongress das Schladerner Feld kauften und besiedelten, haben dann den Unteren mit fünf und den Oberen Hof mit vier Fachwerkhäusern zum Teil auf den Ruinen der mittelalterlichen Hofgebäude aufgebaut.

Haus Scheuren oder Oberer Hof

Ähnliches gilt für den Hof „Zur Schüren“ auf der Mercator-Karte, seit 1820 Oberer Hof genannt, ohne dass dort mögliche Fundamente eines Bergfrieds zu finden sind. Dafür taucht aber auf den Rheinischen Ritterzetteln des 15. Und 16. Jahrhunderts ein Ritter von Scheuren auf, der in Legendensammlungen der Burg Windeck (Oswald Gerhard, Emil Hundhausen, Heinz Patt) eine Rolle spielt als Kumpan des berühmt-berüchtigten Ritters Huhn von der Burg Broich in Talwindeck. Es spricht einiges dafür, dass er mit seiner Familie im Hof Scheuren gelebt hat und das Feste Haus Siegestal seine Schutzburg war für Kriegszeiten. Jedenfalls heißt der obere Teil des Schladerner Feldes noch heute Im Scheurenfeld. Die neuen Siedler im frühen 19. Jahrhundert bauten wohl wieder auf den Ruinen des alten Hofes den Oberen Hof auf, der auch aus vier großen Fachwerkhäusern bestand. Und zwar bauten dort zunächst die Familien Heinrich und Wilhelm Schneider sowie die Werners ihre Häuser – und im Unteren Hof bauten die Familie Öttershagen sowie eine Wernerstochter, Auguste, verheiratet Stranghöhner.

Das Stammhaus von Heinrich Schneider wurde inzwischen durch einen Neubau ersetzt. Und dann gab’s da noch einen Ritter Kurt von Scheuren, der dort gelebt haben soll. Der taucht auf dem rheinischen Ritterzettel des Herzogs von Berg im 15. und 16. Jahrhundert auf. In der Geschichte der Familie von Carnap, die heute in Windeck-Mauel eine Kartonagenfabrik betreibt, erscheint ein Peter von Carnap (1607–1673), der eine Margaretha von Scheuren geheiratet hat. Außerdem ist in den Legenden vom Ritter Huhn zu Broich immer wieder von seinem Sauf- und Spielkumpan Kurt von Scheuren die Rede. Der soll ihm einmal beim Kartenspiel all seinen Besitz abgewonnen haben, woraufhin der Ritter Huhn ihn zu einer letzten Revanche einlud, ihn besoffen machte, während er gefärbtes Wasser trank, und von ihm alles wieder zurückgewann. Danach sollen sie wieder beste Freunde gewesen sein.

Hof Stein

Der Hof Stein, in den Dokumenten auch *Steinerhoff*, ist in der Mercator-Karte von 1575 als „Zum Stein“ eingezeichnet. Bereits vorher taucht er als Besitz der Herren von Etzbach, zugehörig zu deren Burg Mauel, als Edelsitz Stein in den Urkunden auf und ging 1580 durch Heirat in die Hand der Grafen von Velbrück zu Garath über.

Die Velbrücks verkauften die Burg Mauel, den Hof Stein und die Ruine der dazugehörigen und 1604 nach dem Siegburger Vergleich zwischen den Herzögen von Berg und den Grafen von Sayn-Wittgenstein aufgegebenen Grenzburg Huen zu Stein (Margaretenburg) an den Grundbesitzer Peter Voß. Dieser veräußerte das Hofgut Stein samt der Burgruine im Grengelsberg an seinen Schwager Stangier aus Volperhausen, der es 1809 an seinen Schwiegersohn Wilhelm Roetzel verkaufte. Peter Voß blieb noch im Besitz der Burg Mauel und hat diese von 1790 bis 1793 mit Abbruchsteinen der Burg Huen renoviert und ausgebaut, sodass im Grengelsberg nur Fundamentreste übrig blieben. Die Nachkommenschaft des Wilhelm Roetzel bewohnte den Hof Stein bis zu dessen Abbruch 1855 vor dem Durchstich der Landzunge, die vom Hof Stein zum Krummaueler Feld führte.

Dadurch wurden dem Bahnbau durchs Siegtal zwei Brücken erspart und der Schladerner Wasserfall geschaffen, der – mit Turbine und Generator ausgestattet – ab 1860 zur ersten Industrieansiedlung und ab 1890 zur Gründung der Firma Elmore’s, später Kabelmetall führte. Beim Abbruch des Hofes Stein wurde in dessen Fundament ein „Regenbogenschüsselchen“ (keltische Goldmünze) gefunden, das einen Streit unter Heimathistorikern auslöste über die Frage, ob die Münze nur durch Handel an die Sieg gelangte oder keltische Siedler tatsächlich auch an der Sieg gelebt hätten. Der Streit ist durch den Fund einer Siedlung aus der Latenezeit in Dreisel 1980 und durch den spektakulären Fund von 19 keltischen Silbermünzen durch Probegrabungen des Landschaftsverbandes Rheinland 2019 in den Wällen der Ringwallburg bei Alsen entschieden worden.

Der Hof Stein nach dem Siegdurchstich 1857 und vor Abriss und Wiederaufbau auf der anderen Uferseite.
Archiv K. Höffer.

Die Fachwerkkonstruktion des Hofes Stein wurde auf der nördlichen Seite des Wasserfalles wiederaufgebaut und das Haus gegenüber der Elmores-Versandhalle (heute Kulturhalle kabelmetal) eins zu eins neu errichtet. Die Enkelin des Wilhelm Roetzel, Henriette Schmidt, lebte im neuen Haus Stein mit ihrer Familie weiter. Sie hatte acht Kinder, von denen kurioserweise sieben einen Ehepartner mit dem gleichen Namen Schmidt heirateten. Nachkommen von ihnen sind heute noch in Schladern und Umgebung ansässig.

Die heutige Elmores-Villa am Wasserfall auf dem Standort des Hofes Stein. Ölgemälde von Christa Döring, 2013.
Archiv F. Döring.

Rechte Seite: Gutshof Gauchel-Schöneck, 1958.
Archiv M. Becker.

Domaine Gauchel oder Schöneck

Die frühesten Erwähnungen der Bergischen Staatsdomaine Gauchel finden sich wiederum in der Mercator-Karte von 1575, der Waye-Karte von 1607 sowie in den Dattenfelder Kirchenbüchern von 1581 und 1640, in denen Zehntzahlungen des Hofes Gauchel angemahnt werden. Außerdem berichtet der Bläuhel-Fabrikant Ludwig Friedrich Wagner in seiner Urkarte von 1800 von den „seit 1680 erbauten alten Oekonomie Gebäuden vom Kameralhof Gauchel". In einer Einwohner-Statistik von 1860 wird Gauchel (mit neun Einwohnern) zusammen mit Schladern als zur Honschaft Windeck gehörig aufgeführt, war aber seit dem Wiener Kongress zusammen mit Schladern bis 1969 der Bürgermeisterei Dattenfeld zugeordnet. Die Kobaltblau-Fabrik des Herrn Wagner neben dem Hof Gauchel ist schon 1794 erwähnt, dann 1800 in seiner Urkarte eingezeichnet, aber in der amtlichen Urkarte von 1830 schon nicht mehr vorhanden, obwohl ein Teil der Bruchstein- Werksgebäude noch heute dort steht und von den Hofpächtern als Stall und Scheune genutzt wurde. Das Kobaltblau für den Bläuhel-Textildruck und die Glasfärbung verlor im ersten Drittel des 19. Jahrhunderts seine wirtschaftliche Bedeutung durch die vermehrte Einfuhr von bengalischem Indigo nach Europa und schließlich ganz durch das synthetische Indigo.

Um 1900 wird die Domäne Gauchel mit allem zugehörigen Land vom Rittmeister und Bergwerksbesitzer Hans Friedrich Josef Rive aus Mühlheim gekauft und in Schöneck umbenannt. Dieser errichtete 1903 östlich vom Hof eine große Jugendstilvilla mit Park – und im alten Buchenwald westlich dahinter ein historistisches Mausoleum für seine Familie. Den Hof ließ er durch Pächter bewirtschaften. Nach seinem Tod 1938 verkaufte seine Frau den gesamten Besitz an die Familie Pagenstecher vom Schloss Allner (Nachkommen der Familie von Merode). Von dieser ging er durch Erbe an die Horstmannsche Verwaltung, die den Hof Gauchel 2002 mit dem gesamten Waldgelände an Albert Holschbach, den Besitzer der Fa. ALHO in Morsbach, veräußerte und die Villa Schöneck mit Park und Remise an die Franziskus Hospital- und Pflegezentrum GmbH, von der sie 2020 an den Steuerberater Diekmann aus Overath ging, der sie stilgerecht renovierte.

Das Mausoleum im Dreiseler Siegbogen am Weg zum Otterstein wurde ab den 1960er-Jahren von Schrotthändlern, Raubgräbern und Vandalen heimgesucht – bis es 2019 nur noch ein großer Schutthaufen war, der auch noch zum Müllplatz von Jugendlichen wurde, die dort im Sommer Party machten, da der Ort so schön abgelegen war. Ich sammelte im Zuge der Vorbereitung von Wanderführungen („Waldbaden am Mausoleum“) dort viel Müll ein und entschloss mich zu einer gründlicheren Aufräumaktion. Wir trommelten beim ersten Schladerner Dorfpicknick 2019 im Eichenhain am Friedhof zwölf Freiwillige zusammen, holten die Erlaubnis des Grundstückbesitzers Albert Holschbach sowie der Gemeinde Windeck ein und legten von Januar bis August 2020 gemeinsam los, alles Geröll zu beseitigen, die Fundamente wieder aufzumauern, einen Vorplatz und einen Brunnen anzulegen und die jetzt wieder repräsentable Ruine mit einer Info-Tafel zu versehen.

Foto: H. Weber.

Das Mausoleum des Rittmeisters Rive 1960.

Tante Grete (Margarete Katharina Schumacher, geb. Schneider, 1920–2009) erzählt aus der *Familiengeschichte der Schneiders* an mehreren Klönabenden in Schladern und Herchen. (Auszug aus Margarete Schumacher: *Erinnerungen an Schladern*, 2007, ergänzt von ihrer Tochter Helga Meierhenrich):

Archiv H. Meierhenrich.

Margarete Schumacher, geb. Schneider.

„Tante Grete, wie schön dass du noch mal zum Familienerinnerungsabend vorbeikommen konntest. Du weißt so viel wie Tante Guste und Tante Dore zusammen. Und deine Berichte sind wunderbar präzise und detailliert! Stoß erst mal mit uns an auf die Schneiderei und ihre Folgen. Und dann kannst du loslegen und erzählen, solange du magst und es hier bei uns aushältst.“ – „Also gut! Nur sagt mir nachher nicht, dass es euch zu viel wird! Ihr habt es nicht anders gewollt!“

So um 1815 bis 1820 herum kamen Johann Bertram Schneider aus Rommen und sein Schwager Hans Martin Öttershagen aus Öttershagen mit ihrem angeheiratetem Vetter, Hans-Heinrich Werner aus Morsbach, als erste Ansiedler in das heutige Schladern. Sie kauften das Land, welches das heutige Schladern ausmacht, mit Ausnahme des Hofes Schladern, vom Fürst zu Wied-Runkel und seinen Unterhändlern.

Alles war früher Klosterland, welches zu dem großen Klosterhof, „Haus Schladern“, gehörte. Es war Napoleon, der ja das Bergische Land, das Herzogtum Berg, zu dem wir gehörten, annektiert hatte und alle Kirchengüter enteignete. Also, diese Vorfahren kauften das Land, und wir gehörten nun gottlob zu Preußen. Im Unteren Hof hatten sie zuerst eine Notwohnung, da hatte Tante Guste noch ein großes Grundstück. Um 1830 baute mein Urgroßvater Johann Bertram Schneider, verheiratet mit Anna Katharina Öttershagen „Oben im Hof“ das große Fachwerkhaus mit Scheune und ließ in den Balken schnitzen „Allen, die hier vorbeigehen und mich nennen, gebe Gott, was sie mir gönnen.“ – Er war Förster und Schulvorsteher laut dem Rosbacher evangelischen Kirchenbuch. Ebenso baute sich sein Schwager Hans Martin, der mein anderer Ururgroßvater war, „Unten im Hof“ sein Haus. Mein Ururgroßvater Johann Bertram hatte drei erwachsene Kinder: Wilhelm, Heinrich und Anna Katharina. Wilhelm blieb im 1830 erbauten Haus und verheiratete sich in erster Ehe mit seiner Cousine Anna Clara Öttershagen, in zweiter Ehe mit einer anderen Verwandten, Anne-Marie Schneider aus Rommen.

Mein Urgroßvater Heinrich Schneider heiratete ebenfalls seine Cousine, Klara Wilhelmine Öttershagen. Die waren beide die Töchter von Hans Martin Öttershagen. Erbaut wurde für Großvater Heinrich, ebenfalls „Oben im Hof“, ein Fachwerkhaus mit Stall und Scheune. Land war genug da. – Es ist das Haus, in dem ich geboren wurde und aufgewachsen bin – und das nun in der fünften Generation von einem Schneider bewohnt wird. Um 1960 musste es einem Neubau weichen, Stall und Scheune stehen noch. – Heinrich erlernte zusätzlich zur Landwirtschaft das Büchsenmacherhandwerk, viele Nachkommen waren Waffennarren. Seine Schwester Anna Katharina heiratete, damals eine Sensation, den Katholiken Wilhelm Busch aus Alt-Windeck. Beide starben früh und hinterließen zwei Töchter, welche bei Heinrich Schneider mit aufgezogen wurden.

Die Eisenbahn wurde von 1855 bis 1860 durch das Siegtal gebaut, eine Riesenveränderung. Vorher war mein Urgroßvater mit geräuchertem Speck und Schinken per Ochsengespann nach Bonn gezogen, zum regelmäßigen Abnehmer. Auch den Stoff für seinen Brautanzug mit allen Zutaten hatte er sich von dort mitgebracht. Er hatte mit seiner Klara Wilhelmine neun Kinder, sechs Jungen und drei Mädchen. Er baute sich noch ein Haus gegenüber dem Bahnhof in Schladern und hatte darin eine Gastwirtschaft sowie die Stallungen für die Postpferde. Die Postkutsche nach Waldbröl fuhr von seinem „Deutschen Haus“ ab. Mit der Eisenbahn kamen Fabriken und Menschen nach Schladern: Das Kupferrohrwerk Elmores, die Ziegelei Schroeder, das Eisenwerk Kammerich usw. Es wurden Bauplätze gebraucht, auch für die Schulen. Es wurde Land verkauft. Die Schneiders wussten gar nicht, wie reich sie damit waren. Geschäftsverbindungen hatte mein Urgroßvater auch mit einem jüdischen Kaufmann. Darüber gibt es noch eine Widmungstasse im Heimatmuseum in Altwindeck.

Heinrich baute nach den Landverkäufen im Unterdorf für jedes verheiratete Kind ein Haus. Für meinen Großvater Christian war das Haus „Oben im Hof“ da, zwei Morgen Land unmittelbar drumherum. Dazu die Schmiede gegenüber vom Bahnhof. Daselbst für meinen Stief-Großvater Karl (Ohm Karl, Bruder von Christian) ein großes Fachwerkhaus mit zehn Zimmern und zwei Speicherzimmern, das heutige Baldus-Haus. Sein Sohn Fritz bekam die Gastwirtschaft am Bahnhof, das Deutsche Haus. Martin und Wilhelm waren bei Fritz im Haus, machten die Landwirtschaft und buken Brot und Kuchen für die Gastwirtschaft und zum Verkauf.

Die drei Töchter bekamen auch jede ein Haus, als sie heirateten: die Katharina den Karl Wilhelm Peters aus Gierzhagen, sie zogen ins spätere Pickhardts-Haus; die Lisette den Friedrich Wilhelm Müller, den ersten Bahnhofsvorsteher und Wirt, sie wohnten im Bahnhof. Die Wilhelmine heiratete den Heinrich Gottlob und lebte mit ihm und den drei Kindern zeitweilig im heutigen Zimmermannshaus. Der Bruder August, unverheiratet, war bei der Schwester Lisette, verh. Müller und besorgte auch noch eine Landwirtschaft mit seinem und ihrem Land. Müller hatte auch die Bahnhofsgaststätte und war Fleischbeschauer.

Nun zurück zu meinem Großvater Christian, der Schmied und Landwirt war. Er wohnte „Oben im Hof“, auch das Land darum herum gehörte ihm, noch viel mehr, als wir später hatten, es war auch ganz viel Wald dabei. Christian heiratete mit 32 Jahren die 18-jährige Katharina

Eschmann aus Rommen, aus einer guten Bauernfamilie stammend. Die Ehe soll von den Vätern vermittelt worden sein und Katharina war sehr hübsch. Ihre Mutter war Margaretha, geb. Koepe aus Distelshausen. Daher die Verwandtschaft mit den Eschmanns in Eulenbruch und den Koepes in Mauel, die früher sehr gepflegt wurde.

Die Eschmanns und die Koepes sollen ursprünglich Hugenotten gewesen sein. Meine Großmutter Katharina hatte noch drei Schwestern, die gut verheiratet waren und zwei Brüder, die nicht mehr Bauern in Rommen sein wollten, sondern dort alles verkauften und an die Agger nach Gummersbach zogen. In dem Elternhaus meiner Großmutter, einem soliden Fachwerkbau, wohnt heute Richard Wick mit seiner Familie. Meine Großeltern wohnten also oben im Hof mit der Landwirtschaft dabei und der Schmiede. Die stand zwischen dem heutigen Pickhardts-Haus und Müllers Haus, das Haus vom Ohm Karl war rechts vom Ersteren; alle drei Häuser hatten große Gärten. Gegenüber Pickhardts, damals Peters, das Gottlobs-Haus.

Großvater Christian und Großmutter Katharina hatten zwölf Kinder: Heinrich, Anna, Karl, Emilie, Christian, Wilhelm (mein Vater), Auguste, Margarethe, Wilhelmine, Emma, Martin und Fritz. Großvater Christian soll nicht besonders geschäftstüchtig gewesen sein, Ohm Karl, der Bahnbeamter, Junggeselle und sehr sparsam war, ist wohl oft helfend eingesprungen. Großvater Christian ist nicht sehr alt geworden. Nach seinem Tod haben seine Witwe Katharina und sein Bruder Karl, die im gleichen Alter waren, geheiratet. Sie zogen dann mit den noch unverheirateten Kindern in das neue Haus unten im Ort, das spätere Baldus-Haus.

Nach dem Tod von Großvater Christian gab es keine eigene Schmiede mehr. Seine Söhne Karl, Christian und Heinrich, die Schmied und Schlosser gelernt hatten, gingen ihrem Beruf in den Fabriken und im Steinbruch in der Westert nach. Heinrich und Christian heirateten nicht. Karl heiratete die „Ühmen“ (Cousine) Dela Schneider, die ich noch gekannt habe. Die Ehe blieb kinderlos und Karl starb früh. Mein Vater Wilhelm war bis zu seinem sechsten Lebensjahr – da zu Hause ja so viele waren – bei seiner inzwischen verwitweten Großmutter Eschmann in Rommen, wo er eine herrliche Kindheit hatte. Mit 16 Jahren, er war 1877 am 15. November geboren, kam er zu der Firma Höffer in Schladern – Landesprodukte, Kohlen, Briketts – als Fuhrmann. Er wohnte auch dort und wurde vollkommen in die Familie aufgenommen.

Seine Schwester Anna heiratete nach Düsseldorf-Erkrath und hatte fünf Kinder. Emilie ging nach Amerika, wurde früh Witwe, hatte einen Sohn, Karl Graske. Sie brachte ihren Jungen nach hier zur Schwester Anna nach Erkrath, ging wieder nach Amerika, verdiente gut, war Haushälterin bei reichen Familien und Sekretärin beim Publizisten Pullitzer. Ihr Sohn Karl machte Abitur, studierte, hatte einen hohen Posten bei der Dynamit Nobel in Troisdorf und wohnt nun mit seiner Familie in Kelheim bei Regensburg. Tante Gretchen und Tante Mina heirateten ebenfalls nicht.

Die Erstere verdiente ihr Brot in Amerika, die Andere in Holland; beide als Haushälterinnen in reichen Häusern. Tante Guste heiratete ihren Vetter Karl Peters, mit dem sie drei Kinder, Karl, Fritz und Dore, hatte. Ihr Mann fiel im Ersten, die beiden Jungen im Zweiten Weltkrieg. Dore heiratete den Witwer unserer Cousine Lieschen Müller, Willi Brökelschen. Sie ist nun auch verwitwet. Tante Emma war verheiratet mit Max Hagedorn, sie hatten eine Tochter, Emmy. Alle sind inzwischen gestorben. Onkel Martin wurde Gärtner, hatte die schöne Gärtnerei (später Gärtnerei Becker) gegenüber dem neuen Elternhaus. Er ist im Ersten Weltkrieg gefallen. Onkel Fritz, gelernter Konditor, hatte in Siegburg zusammen mit seinem Schwager einen Süßwaren-Großhandel, der pleiteging. Helmut (genannt Bubi), ein Sohn von Fritz, hat auch Pleite gemacht. Das schöne zweite Haus von Großmutter Katharina erbte Tante Emma Hagedorn, verkaufte es im ersten Kriegsjahr 1940 und baute ein kleines Haus gleich nach dem Krieg „Auf dem schmalen Örtchen".

Meine Mutter Emilie, geb. Wengenroth, aus Langenberg, wurde am 20. August 1880 geboren. Sie war sehr fleißig, tatkräftig und hart gegen sich selbst; war praktisch und wirtschaftlich veranlagt, sehr sparsam. Sie war gut drei Jahre lang in Stellung in der Gastwirtschaft und Metzgerei Baum im „Deutschen Haus“, die Urgroßvater Heinrich gegründet und sein Sohn Fritz durch schlechtes Wirtschaften und Gutmütigkeit, er half jedem Betrübten, verloren hatte.

Baum stammte aus Waldbröl, seine Frau Berta, geb. Schneider, eine Schwester von Tante Dela, war ganz zierlich und kränklich. Meine Mutter war die „erste Kraft“, verdiente damals 30 Reichsmark im Monat, daneben gab es noch ein Mädchen und die Waschfrau. Es war dort sehr viel Arbeit. Fremdenzimmer mit festen Kostgängern gab es auch, dazu einen festen Mittagstisch für die Angestellten in den Fabriken usw. Es gab auch einen großen Saal, in dem Bälle, Hochzeiten usw. stattfanden. Schladern war damals ein sehr reger Ort. Um 1860 gab es nur 63 Einwohner, aber dann wuchs der Ort dank der Eisenbahn und der Industrie. Sogar der Viehmarkt wurde in Schladern gehalten, es gab ja den großen Güterbahnhof mit Gleisanschluss.

Meine Mutter war der verantwortungsvollen Arbeit bei Baums gewachsen. Hier in Schladern freundete sie sich mit Papas Schwestern an und lernte so auch Wilhelm Schneider kennen. Am 2. Februar 1906 heirateten sie, große Hochzeit bei Baums im Saal. Erst hatten die beiden eine kleine Mietwohnung bei Demmers unten im Hof. Papa hatte einen Wochenlohn von 27 Reichsmark. genau ein Jahr nach der Hochzeit, kam Wilhelm zur Welt, knapp zwei Jahre später Emilie, genannt Mielchen. Inzwischen war das Haus oben im Hof leer, meine Eltern setzten es instand und zogen 1909 ein. Nun hatten sie eine große, offene Küche, Stube und im oberen Stock vier Stuben. Dazu Futterkammer, Kuhstall für vier Tiere und eine große Scheune.

Meine Mutter konnte nun ihrem Drang zum Schaffen so richtig freien Lauf lassen. 1910 kam Lisette, genannt Setta, oben im Hof zur Welt. Außerdem wurden nun ein großer und ein kleiner Garten bebaut, das ererbte Feld bestellt, Hühner, Ziegen und eine Kuh angeschafft, dazu selbstverständlich ein Schwein gemästet. Alles musste sie doch in die Hände nehmen, denn mein Vater hatte einen Zwölf-Stunden-Tag sechs Tage in der Woche, und sonntags morgens und abends musste er auch zu Höffers runter und das Pferd, ein schweres Kaltblut, füttern.

Bruder Friedrich wurde 1913 geboren, so waren in sechs Jahren vier Kinder zu ernähren und zu kleiden. Ich weiß nicht, wie sie das alles schaffte, sie war damals robust und für ihre Person anspruchslos, und die Kinder waren alles andere als verwöhnt. Als der Erste Weltkrieg 1914 ausbrach, musste mein Vater gleich am 3. August einrücken und kam an die Westfront. Er war Fuhrmann beim Nachschub und fuhr vor allem Munition an die Front. Kam im Stellungskrieg in einen Gasangriff der Engländer (Grünkreuz-Gas), wurde davon sehr krank und lag sieben Monate im Lazarett. Danach war er nicht mehr „fronttauglich", sondern wurde abkommandiert ins „Große Hauptquartier" nach Spa in Belgien. Dort hatte er es gut als Bursche bei einem Generalstabsoffizier. Aber meine Mutter war – bis auf seine kurzen, seltenen Urlaube – vier Jahre allein, mit vier Kindern, viel Arbeit und Sorgen. Sie brachte es noch fertig, 17 Ar Land von Onkel Karl, dem zweiten Großvater, zum Ererbten hinzu zu kaufen, damit sie mehr zum Essen anbauen konnte. Die Feldarbeiten machte der Höffers zugeteilte französische Kriegsgefangene freundlicherweise für sie mit.

Wir hatten ja eigenen Wald, sie machte selbst Holz, damit sie heizen konnte. Und immer hatte sie guten Mut und „voran in die Welt, sich nie unterkriegen lassen".

1918 kam mein Vater, gesundheitlich angeschlagen, zu 50 Prozent kriegsbeschädigt, beim Kriegsende nach Hause. Er wurde wieder Fuhrmann bei Höffers. 1920 kam ich oben im Hof als fünftes, gar nicht sehr gewünschtes Kind zur Welt. Meine Mutter wurde schwer krank mit Venenentzündungen, offenen Beinen. Sie musste wochenlang liegen, es muss eine harte und schlimme Zeit für die Familie gewesen sein. Als es ihr wieder besser ging, stürzte sie sich in noch mehr Arbeit. Die Großen mussten helfen. Es war in der Inflationszeit. Die Holzpreise waren sagenhaft hoch. Von dem Wald im Griesen Siefen" wurden die dicken Tannen abgemacht und verkauft und dafür noch eine Kuh gekauft. Das musste schnell gehen, am nächsten Tag hatte das Geld schon viel an Wert verloren. Großvater Karl war bereits 1918 und Großmutter Katharina 1920 verstorben. Sie hatte gesagt, ich sei ihr „Kirchhofsröschen".

Meine Geschwister Wilhelm und Friedrich machten bei Elmores eine Dreher- bzw. Schlosserlehre, Setta eine Schneiderlehre bei Berta Klein in Hof bei Rosbach. Ich kam 1926 in die evangelische Volksschule in Schladern. Ging gern zur Schule und hatte eine frohe Kindheit mit Eltern und Geschwistern. 1928 im April holt mein Vater bei Höffers im Stall Heu fürs Pferd vom Schuppen. Eine Sprosse an der Leiter bricht, mein Vater fällt und bricht sich zwei Rippen. Denkt, der Schmerz ginge vorüber, arbeitet noch zwei Tage und wird sterbenskrank. Eine Lungenentzündung kam noch hinzu. Er hat, da es noch kein Penizillin gab, zwischen Tod und Leben geschwebt. Ich kann mich noch an die Fieberattacken erinnern, denn ich saß auf der Fußbank vor seinem Bett und musste aufpassen, wenn er aus dem Bett springen wollte.

Als nun mein Vater gottlob wieder auf den Beinen war, 51 Jahre alt, war es mit dem Beruf als Fuhrmann vorbei. Sein Bronchialleiden durch die Gasvergiftung hatte sich so verschlimmert, dass sein Kriegsleiden mit 80 Prozent anerkannt wurde. Darauf bekam er eine Invalidenrente, dazu seine andere Rente. Das war alles mehr als sein Lohn bei Höffers, und meine Brüder verdienten schon Geld, ebenso Setta. Mielchen arbeitete zu Hause und auch ich musste überall schon mithelfen, denn bald gab es vier Kühe, zwei Schweine und ein Rind.

Wir hatten schöne Jahre mit viel Arbeit, aber auch Freude und ohne Not. Mielchen heiratete 1934 Willi Krämer und zog nach Rosbach in sein elterliches Haus. Ich musste nun sehr viel arbeiten. Mit 15 Jahren molk ich die Kühe, machte Garten- und Feldarbeit sowie im Haus, besonders putzen und bügeln waren selbstverständlich. Dann fand ich mit meinen Eltern, dass ich besser einen Beruf erlernen sollte. So wurde ich bei der privaten Handelsschule Gardener-Rehm in Siegburg angemeldet, geprüft und angenommen. Ein Jahr dauerte die Schule, wir mussten viel lernen.

Nach erfolgtem Abschluss wurde ich bei der Firma Elmores als Stenotypistin angestellt. Später ging ich zum Landratsamt nach Siegburg. Dort konnte ich mich finanziell sehr verbessern. 1943 im November haben wir, Grete Schneider und Horst Schumacher, uns verlobt. 1946, am 5. Juli, wurde geheiratet, in Schladern, im elterlichen Haus. Im November 1946, zogen wir nach Herchen zu den Schwiegereltern. Von November 1943 bis August 1945, als Horst aus englischer Gefangenschaft kam, hatten wir uns nicht mehr gesehen, nur schreiben können. Dann waren ab Februar 1945 auch keine Briefe mehr angekommen.

Bei unserer Heirat 1946, durchgeführt von Pastor Hacke aus Rosbach, der mich auch konfirmiert hatte, waren Friedrich in russischer und Johann, Ehemann von Setta, in englischer Gefangenschaft. Beide kamen krank nach Hause, mit bleibenden Schäden.

- Schwester Mielchen heiratete 1934 Willi Krämer – Kinder: Manfred und Hans;
- Schwester Setta 1939 Johann Euler aus Altengronau in der Rhön – Kind: Heidemarie;
- Bruder Wilhelm 1941 in erster Ehe Ilse Klein aus Gierzhagen – Kind: Adalbert, in zweiter Ehe Ilse Engelberth aus Krahwinkel.
- Ich, Grete, heiratete 1946 Horst Schumacher – Kind: Helga, geboren 10.03.1949, verheiratet mit Hermann Meierhenrich.
- Meine Eltern, Wilhelm Schneider, geboren 1877 in Schladern oben im Hof, und Emilie geb. Wengeroth, geboren 1880 in Langenberg bei Rosbach, starben: Mein Vater [wurde] durch eine

amerikanische Granate am 4. April 1945 schwer verletzt und [ist] daran gestorben. Wir lagen fast zwei Wochen unter Beschuss von Locksiefen und Obersaal her. Papa starb im Krankenhaus in Dattenfeld, wohin wir ihn noch trugen mit einer Tragbahre. Am 7. April wurde er abends auf dem Friedhof in Schladern begraben. Meine Mutter starb nach kurzem Unwohlsein 1962 oben im Hof in ihrem Bett. Sie war so tapfer, immer eine Heldin, bis zum letzten Augenblick. Sie wurde am 19. Dezember 1962 auf dem Friedhof in Schladern an der Seite ihres Mannes begraben. Es schneite – und es kam danach ein langer, harter Winter.

- Bruder Friedrich heiratete 1940 Änne Hochbruck aus Krefeld – keine Kinder.

Wilhelm Schneider, mein Vater, hatte im Ersten Weltkrieg eine Gasvergiftung erlitten und kam krank nach Hause. Schon 1928, mit 51 Jahren, wurde er Vollinvalide infolge Bronchialasthmas. Er ließ sich nie hängen, machte dabei noch eine kleine Landwirtschaft, konnte alle Arbeiten [erledigen] – und was er unter die Hände nahm, musste er ganz genau machen, auch das Vieh pflegen. Er war mir ein guter Vater, konnte treffend sarkastisch sein.

Beim amerikanischen Artilleriebeschuss auf Schladern und die Nutscheid-Höhen, wo noch Wehrmachtseinheiten lagen, wurde er am 4. April 1945 nahe bei Müllers Terrasse von Granatsplittern getroffen. Zwei Tage, bevor die Amerikaner einrückten, am Ostermontag 1945, als auch das Schloss Windeck in Brand geschossen wurde. Habe ihn noch mit Hilfe von Polen und Italienern (Kriegsgefangenen) nach Dattenfeld ins Krankenhaus (heute: Altenheim St. Josef) getragen. Aber alle Hilfe kam zu spät. Er war im 68. Lebensjahr. Es war eine traurige Zeit danach.

Emilie Schneider, meine Mutter, war gesund und stark und kannte keine Grenzen in der Arbeit. Wie ich zur Welt kam, wurde sie sehr krank, Venenentzündung und offene Beine. Das ging später wieder besser. Aber Rheuma und Arthrosen kamen und mit Anfang 50 begann der schmerzhafte Leidensweg. Sie war tapfer und arbeitete unter Schmerzen immer weiter in Haus, Garten und Feld, wie auch im Stall, bis es gar nicht mehr ging. Sie war in vieler Beziehung eine Heldin, rau, aber doch tief voll Sorge um die Ihren. Bis zur letzten Stunde war sie klar und dachte an alles. Sie war für sich bescheiden und eine gute Mutter. Sie hat für uns alles getan, besonders für Wilhelm, als er früh (1947) seine erste Frau durch schwere Krankheit (Leukämie) verlor. Sie versorgte einige Jahre seinen Haushalt, bis zu seiner zweiten Ehe. Weil meine Mutter so furchtbar unter Rheuma litt, habe ich meine gute Stellung als Sekretärin beim Landratsamt 1943 aufgegeben und bin zu Hause geblieben, um in der Landwirtschaft zu arbeiten.

In meinen Kindheits- und Jugendjahren, also in den zwanziger und dreißiger Jahren bis in den Krieg hinein, war in Schladern ein reges wirtschaftliches und gesellschaftliches Leben. Da war die Fabrik Elmore's, ein Kupferrohrwerk mit 300 bis 400 Beschäftigten. Eine davon war später auch ich als Stenotypistin. [Die Fabrik] gab dem Ort viel Leben und Bedeutung. Damals waren die Direktoren Herr Weeber und Herr Wesputat. Unten an der Sieg waren zwei schöne Villen und drei Doppelhäuser für die Angestellten. In der Villa gleich am Eingang zur Fabrik waren die Büros. Elmore's bot Ausbildungsplätze für Handwerker, Büros und Labor.

Dann war da die Handwagenfabrik Langen, sie hatte wohl 30 Beschäftigte. Stellte außer Handwagen die schönen Holzschlitten „Davos" her. Außerdem Fuhrwagen für Zugtiere, auch unser großer „Kuhwagen" war dort entstanden.

Dann die Kupferschmiede Fuhrmann im Lehmberg, Ausbildungsbetrieb zum Kupferschmied. Die Fabrik Krause im Lehmberg, Heizungsbau, und die Schmiede Kaiser ebenfalls im Lehmberg. In dem ehemaligen Eisenwerk Kammerich war die Machetenfabrik Schmitt,

„Messerschmitt", und die Apfelkrautfabrik Klein, Verwandte von uns Schneiders, eingezogen. Den größten Teil vom Eisenwerk hatte aber die Firma Höffer eingenommen, die unserem Dorf viel Leben gab: Landesprodukte, Düngemittel, Futtermittel, Kohlen, Briketts, Leder usw. Eine wohlhabend gewordene Familie, ebenso wie die Langens, aber zurückhaltend, Besitzer vom Gasthof „Bergischer Hof" und drei Häusern in der Hähn. Das Bau-Unternehmen Poppel mit Baumaterialien, Gipsdeckenfabrik, zwei Villen, zwei Häusern und Bauernhöfen und früher auch Beteiligung an der ehemaligen Ziegelei Schroeder und Jaeger im Lehmberg. Die beiden jungen Poppels-Familien waren gesellschaftlich engagiert, der „Alte" war auch noch „oho", wie wir damals sagten.

Dann noch der Willi Peter mitten im Ort: „Peters Onkel Willi", ebenfalls Verwandtschaft durch Heirat mit einer Werners-Tochter. Er führte ein Lebensmittelgeschäft en gros, Weinhandlung, Waschmittel und ganz besonders eine Kaffeerösterei. An den Tagen, an denen geröstet wurde, duftete der ganze Ort nach Kaffee. Der gute „Sigambria-Kaffee": In dem Einpfundpaket lag obendrauf ein herrlich schmeckendes Sahnebonbon. Den Kaffee gab es in drei Qualitäten.

Archiv K. Höffer.

Gasthof Peter Müller, 1920; im Hintergrund rechts das Pickhardtshaus.

Nicht zu vergessen das Tiefbaugeschäft Pickhardt, „Pickhardts Onkel Willi“. Mitten im Ort, die Grundstücke von Peter und Pickhardt stießen an der Rückseite aneinander; war ja auch alles Verwandtschaft. Dann gab es die Metzgerei Josef (Jupp) Klein, genannt Flück-Flück, weil er so hektisch war, das Haus hatte mein Urgroßvater Heinrich als Gasthof erbaut.

An Bäckereien waren da Höffer neben dem „Bergischen Hof“, und an der Ecke zur Waldbröler Straße Bäckerei Lenz mit sehr gutem Brot und viel Kundschaft, dadurch reich geworden, jedes Kind bekam ein schönes Haus.

Beinahe habe ich Schiffbauer vergessen, an der Hauptstraße, ein neues Haus. Das war ein Engros-Geschäft in Reinigungsmitteln, Haushaltsmitteln, Papierwaren usw. Daneben die Schlosserei, Klempnerei, Autoreparatur und Tankstelle Gustav Jasser. Dann die Fahrrad-Reparatur-Werkstatt Gustav Rödder, auch an der Hauptstraße. Lebensmittelläden gab es vier, davon zwei mit Textilien, einer mit Drogerie, einer hauptsächlich mit Obst und Gemüse. Kannegießer hat ganz klein nur mit Obst angefangen. Abresch, Vogel und Kleinjohann-Langen, die auch mit einfachem Porzellan und Textilien handelten. Schreinereien gab es zwei: Klüser und Kolb. Schuster hatten wir zu der Zeit drei: Dörner, Fuchs und Eschmann. Eschmann hatte auch an der Hauptstraße ein Schuhgeschäft.

Da habe ich noch Krämer vergessen, erst unten an der Sieg, dann an der Hauptstraße, ein großes Lebensmittel- und Textilgeschäft. Schneidermeister Busch im „Deutschen-Eck“ und Onkel Eduard Schneider oben im Hof, später Ernst Moritz. Dann gab es die Anstreichergeschäfte Kaesberg und Hundhausen, sowie die Friseurbetriebe Kremer und Baldus.

Der Männergesangverein mit seinen Festen und Bällen, der Kriegerverein. Beide Vereine hatten in den 30er-Jahren ein großes Fest im Zelt auf der Wiese neben dem Elmores-Versand. Einen Kleinkaliber-Schützenverein gab es, mein Bruder Wilhelm war Mitglied, mit Schießstand im „Heedchensberg“. Die Firma Elmores hatte unten an der Sieg einen Tennisplatz errichtet. Dazu gab es auch einen Club. Daneben war ein Badehäuschen, das ruhte wegen der Überschwemmungen auf Fässern. Es wurde damals noch viel in der Sieg geschwommen und Boot gefahren. Auch mein Bruder Friedrich und sein Freund Heinrich Stein hatten ein schönes Boot gebaut. An manchen warmen Sommersonntagen und auch in den Ferien war an dem Badeplatz am Wasserfall ein Betrieb wie an einem Adria-Strand. Da wurde geschwommen, sonnengebadet, mit dem Kahn gefahren und flaniert. Man stand auf der Brücke und sah dem Treiben zu. Kein Autoverkehr störte die Idylle. Es war ein liebenswürdiger Ort, an dem man alles hatte, was man zum Leben brauchte, dazu kam noch die wunderschöne Umgebung mit Feldern, Wiesen und Wäldern.

Ärzte gab es damals keine in Schladern, auch keine Apotheke, wir waren alle gesund. Aber eine katholische Kirche gab es schon: die Elisabeth-Kirche. Die evangelische kam erst hinzu, als ich schon in Herchen verheiratet war. Sie beruht auf einer Stiftung von Onkel Willi Peter und wurde aus seiner soliden Eichen-Scheune erbaut, die noch aus der Errichtung des „Unteren Hofes" um 1825 stammte. Aus dem alten eichenen Scheunentor ist die Kirchentüre geschreinert. An Gast-

Archiv K. Höffer

Gasthof „Deutsches Haus", 1900.

wirtschaften waren da: Gasthof Höffer, heute Hotel „Bergischer Hof", mit großem und kleinem Saal, die Bahnhofswirtschaft, die Gastwirtschaft Klein mit Metzgerei (ehemals „Deutsches Haus") und der Gasthof Müller von Tante Anna, mit Kegelbahn, auch an der Hauptstraße. Sie alle lebten und arbeiteten in dem damals 500-Seelen-Ort.

Die Volksbank war an der Hauptstraße neben dem Gasthof Müller, ein winziges Büro, darin ein großer schwarzer Geldschrank und ein Schreibtisch mit dem „Bankdirektor" Schröder dahinter, der eine Frau aus der Nachkommenschaft der ehemaligen Kammerich-Werk-Familie geheiratet hatte.

Vergessen darf ich nicht zwei Schneidermeisterinnen: Fräulein Simon und meine Schwester Setta Euler, geb. Schneider. Zum Schluss die rege Gärtnerei Becker, auch mitten im Ort. Sie gehörte erst meinem Onkel Martin Schneider, der im Ersten Weltkrieg fiel. Alle diese Betriebe erfüllten den Ort mit Betriebsamkeit und Leben und Treiben.

Die beiden Volksschulen, evangelisch und katholisch, standen nebeneinander mitten im Ort. Mein evangelischer Lehrer war Karl Walter und die katholischen Kinder hatten ihren Lehrer Schier, er kam von Zell an der Mosel. Der Bahnhofsvorsteher hieß Haas und der Leiter vom Güterbahnhof Kratzenberg. Landprodukte und Tiere gab es ja damals in Schladern genug zu verladen, dazu kamen noch die Grauwacke-Steine vom Steinbruch in der Westert.

Zum gesellschaftlichen Leben trugen ganz groß die Vereine bei. Da war der Spiel- und Turnverein. Oben am Bodenberg-Sportplatz strömte zu den Fußballspielen Alt und Jung herbei. Dann gab es jedes Jahr ein Sportfest mit Festzug und Ball bei Höffers. Am zweiten Weihnachtstag war ebenfalls bei Höffers Schauturnen, wir Mädchen vom Turnverein trugen Volkstänze vor. Ich erinnere mich an den „Holzschuhtanz" aus „Zar und Zimmermann" und an einen „Schneeflockentanz", die sehr beklatscht wurden. Es gab Kinderbescherung mit Nikolaus und abends war Ball. Das war so ein Höhepunkt im Jahr.

Zu Hause im zweitältesten Dorfteil Schladerns, „Im Oberen Hof“: Da standen vier Häuser, das erste aus Ziegelsteinen erbaut, davor eine Fachwerkscheune, auf der Ecke ein „Backes“, alles hinter einer großen Weißdornhecke und einer hohen Tanne. Am Backhaus ein Emaille-Schild „Privatweg – Zutritt auf eigene Gefahr“. Man ging weiter, an der Scheune vorbei und kam linker Hand wieder an eine Buchenhecke, und da begann „unser Revier“.

Rechts das „Wegelchen“, das zum ursprünglichen Stammhaus der „Ühmen“, der Ahntante, ging. Links gegenüber lag unser altes Haus, in dem ich 1920 unten in der Stube geboren wurde als fünftes und jüngstes Kind von Wilhelm und Emilie Schneider, ein Fachwerkbau, etwa 1820 erbaut mit angebauter Scheune und Stall.

Man kam durch die Haustür in eine große, mit graublauen Platten gepflasterte Küche, ringsherum an den Wänden gekachelt. Rechts ging die Eichentreppe mit dickem Geländer nach oben, daneben die Tür zum Futterraum. Geradeaus in der Küche zwei Türen: die rechte zum Keller, die andere zur großen Stube mit drei Wandschränken an der Küchenseite und zwei Fenstern an den Außenseiten.

Die Treppe hinauf ein kleiner Gang. Links über der Küche das Schlafzimmer von uns Mädchen. Über der Stube das große Elternschlafzimmer. Rechts die vordere Kammer, von welcher es zur Speichertüre und Treppe vom großen Speicher ging. Der Speicher hatte im Giebel einen Doppelladen. Darüber hing ein Haken für die Rolle, da hinein wurde vom Wagen Heu abgeladen. Der Speicher hatte riesige, glatte Eichendielen. Die vordere Kammer war das Schlafzimmer meiner Brüder.

Linkerhand ging es durch die Tür zur hinteren Kammer, die über dem Kuhstall lag. Sie war die Vorratskammer für Mehl, Speck, Schinken, Würste, Eingemachtes, Apfelkraut, Salz, Zucker, Äpfel, auch Korn und Weizen, wenn auf dem Speicher alles voll war. Da hingen an leichten Stricken von der Decke die blanken Stangen, an denen das Geräucherte aufgehängt wurde. Der Raum hatte zwei Fenster, von denen die Fliegendrahteinsätze nur im strengsten Frost abgenommen wurden.

Einmal, im Kriegsjahr 1944 muss es gewesen sein, da war ein schrecklicher Befall von Kornkäfern, der auch unseren Speck und die Räucherwürste nicht verschonte. Da musste ich alles ausräuchern und mit Kalkbrühe tünchen. Aber ich bin Herr darüber geworden. Wunde Hände, was soll es, die Lebensmittel mussten wir behalten. Es waren, trotz Krieg, wunderschöne Jahre mit meinen Eltern.

Rechts vom Haus, übern Weg: der Wagenschuppen, der Wagen war von der Firma Langen eigens für unser Kuhgespann gebaut. In dem Schuppen hatten auch unsere Hühner bei Wind und Regen Unterschlupf. In der Futterküche waren der große Waschkessel, das Räucherhaus, ein Schraubstock, ein Hauklotz, Kleinholz, die aufgeschichteten Briketts, Zuckerrübenschnitzel für die Kühe, Roggenschrot und Mehl für die Schweine, ein Wasserhahn, Eimer, Regale für die Stallkleidung, die Mistgabel und der Melkstuhl.

Rechts ging eine Türe und ein Fenster nach außen, geradeaus die Tür zur Tenne und linker Hand in den Kuhstall. In dem waren drei schöne Krippen für unsere drei Kühe und links ein Platz für ein Rind. Die Scheune war der Länge nach geteilt, die Tenne lehmgestampft. An den Wänden hingen die Dreschflegel, die Sensen und die „Säte“, eine geflochtene Wanne für das Saatgut. An den Balken der Trennwand waren Steigeisen, an denen man nach oben kletterte, um das Heu zu schichten oder es im Winter zur Fütterung der Kühe hinunterzuwerfen. Im Herbst war die „Schleze“ (Schließe) über der Tenne fertig. Dann waren die dicken Stangen, die über der Tenne lagen, dick mit Strohbunden bedeckt, und nur die Öffnung frei, um Stroh und Heu hinunterzuwerfen. Von der „Schleze“ habe ich sogar noch hier in Herchen geträumt, dass ich hindurch gefallen und auf die Tenne gefallen wäre.

Die Scheune hatte ein großes Doppeltor und in diesem war eine kleine Türe. Mit dem Kuhwagen fuhr man in die Scheune hinein. Das war lustig für mich, wenn ich auf dem hoch beladenen Wagen lag. Auf der anderen Seite der Scheune, aus der man aus dem Kuhstall kam, waren der Strohschneider, Stroh, das aufgeschichtete Brennholz und der Schweinestall. Dann ging man durch eine Türe ins Freie, geradewegs auf den „Schweinepark“ zu. Dahinter lag ein schöner Siefen mit einem kleinen Fließ, das „Börnchen“, an dem Vergissmeinnicht wuchsen. Der Hang war mit Obstbäumen bestanden. zwei Morgen waren es um das Haus, eine Wiese mit guten Obstbäumen, darin zwei Gärten. Der kleine Garten mit Beerensträuchern, Blumen, dem ganz frühen Gemüse und den Runkelpflanzen. Horst hatte 1946 die schönste Tabakplantage darin. Der große Garten war eigentlich nur für Gemüse und Frühkartoffeln. In den alten Schlotterapfelbäumen hingen Starenkästen, von Friedrich gezimmert. Es war alles schön und geordnet, im Rhythmus der Jahreszeiten, und wir Kinder arbeiteten alle mit daran.

Der untere Teil unseres Grundstücks wurde wiederum von einer Buchenhecke begrenzt. Zwischen der Scheune und über dem Weg zum Nachbarhaus unserer Verwandten, hart an dem kleinen Fließ, stand die uralte, riesige Linde – vier Kinder konnten sie nicht umarmen – sie prägte den ganzen „Hoff“ und war, auch kahl im Winter, unbeschreiblich schön. Wenn im März im noch kahlen Wipfel die Amsel sang: unvergesslich. Im Frühsommer, wenn sie blühte und die Bienen summten: einmalig. Um die Zeit verströmte auch der Holunder, der bei uns und den Nachbarn zur Freude der Hühner an den Hängen und selbst in den Hecken stand, seinen unvergleichlichen Blütenduft.

Das alles ist über 50 Jahre her, die Linde ist abgeholzt, weil sie angeblich eine Gefahr wurde. Der Hähnensiefen eingeebnet und der Rasenmäher rattert.

Unser Onkel Willi Peter, ein Halbbruder von Onkel Emil Schneider, hatte ja in Schladern ein Engros-Geschäft mit Lebensmitteln und eine Kaffeerösterei: den wunderbaren „Sigambria-Kaffee“. Es gab den Kaffee in verschiedenen Qualitäten und Packungen: Gold, Rot und Blau, alles schöne Frischhalte-Doppelpackungen, verziert, als Ein-Pfund-, Halb-Pfund- und Viertel-Pfund-Pakete. Obenauf lag in den Ein-Pfund-Packungen ein wunderbar nach Kaffee schmeckendes Rahmbonbon. Ich war selig, wenn Mama ein Paket aufmachte und ich das Klümpchen bekam. Aber das gab es nicht oft. Alltäglich gab es für die große Familie – sieben Personen – „Kathreiner Malzkaffee". Meine Eltern tranken nach dem Essen ab und an ein Köppchen Bohnenkaffee. Für uns alle gab es welchen am Sonntagnachmittag, da gab es auch immer Kuchen oder Rosinenplatz mit Butter und Gelee.

Um auf Onkel Willi Peter zurückzukommen: Er war, würde man heute sagen, sehr sozial eingestellt. Er beschäftigte in dem kleinen Betrieb zwei bis drei Büroangestellte, einen Lagerarbeiter, einen Fahrer für seinen Lastwagen und noch den Wilhelm Rödder aus Langenberg als Reisenden. Den „Hinkebein" sehe ich noch auf seinem Motorrad. Neben dem großen Lagergebäude, dem Büro und der Rösterei war Onkel Willis hübsches Privathaus, das bewohnte er mit seiner Haushälterin, Fräulein Demmer, und einem wunderschönen Schäferhund. Wenn er selbst keine Zeit hatte, musste ein Büroangestellter den Hund ausführen bis hin zum Heedchens-Siefen, dort hatte er einen schönen Buchenwald als Vogelschutzgebiet mit Brut- und Futterkästen. Dort hatten wir auch einen Wald, daher stammen die Lärchen, aus denen uns der Schreinermeister Günther Nierstenhöfer in Herchen einige Möbel geschreinert hat.

In strengen Wintern fuhr man zum Heedchens-Siefen mit dem Handschlitten „Davos", darauf ein Futtersack, und versorgte die Vögel zum Dank für ihre nützliche Tätigkeit im Sommer – er war einfach ein Paradies zu jeder Jahreszeit. Ich war als Kind und auch während meiner Berufszeit froh, wenn ich dorthin ging.

In der Nacht vom 5. auf den 6. April 1945 kamen die Amerikaner von der Elmores-Fabrik und deren Versand her über die Sieg. Es waren auch wilde Burschen unter den Soldaten. Onkel Willi hatte seine

Münzsammlung und auch seine Spirituosen nicht versteckt. Die Münzsammlung wurde gestohlen, die Weine und Schnäpse gesoffen, danach machten die Soldaten schlimme Ausschreitungen. Auch bei dem katholischen Pater Linnartz, der meinen Vater am 7. April 1945 abends beerdigte. Der Pater war 25 Jahre als Missionar in Südamerika gewesen. Er sagte mir, im Urwald hätte er keine so schlimme Nacht erlebt wie die vergangene. Er hatte eine junge hübsche Nichte, Flüchtling, im Haus, und er hatte sie beschützen müssen.

Wie ich schon erwähnte, war mein Vater bis Mai 1928 Fuhrmann bei Höffers in Schladern. Das war damals eine große, florierende Firma: Getreide, Futter- und Düngemittel, Kartoffeln, Kohlen, Briketts, dazu eine Schrotmühle für Futtergetreide. Immer standen Fuhrwerke bespannt mit Pferden, Ochsen oder Kühen an der Rampe oder der Waage. Dazu hatten die Höffers eine Gastwirtschaft mit großem und kleinem Saal, heute der „Bergische Hof". Hinter und unter dem Saal war eine Remise und links davon unter dem alten Lager der Pferdestall. Darin stand das schwere, sehr gepflegte Kaltblutpferd, sein Name war Max. Später, als Papa längst Rentner war, fuhr er mit dem alten Wilhelm Höffer in die Mucher Gegend, um ein neues Pferd zu kaufen. Dort wurden die schweren „Belgier" gezüchtet.

Mein Vater verstand etwas von Pferden. Sonntags morgens ging er so um acht bis neun Uhr Max füttern und tränken. Manchmal ging ich mit. Das Pferd, es war lammfromm, wurde gestriegelt und gebürstet, die Hufe gereinigt und geschwärzt, frische Streu gab es. Abends musste Papa nochmals kurz hin. Ich ging sonntags morgens gerne mit, ich mochte die Stunde mit dem lieben Pferd. Einmal, erinnere ich mich, ging mein Vater mit mir beim Schuhgeschäft Eschmann vorbei und kaufte mir Lack-Spangenschuhe. Es war vor Ostern und da waren für ihn die hohen Winterschuhe für sonntags nicht mehr richtig.

Einmal bekam Tante Anna aus Müllers Gastwirtschaft von mir eine kleine Katze. Gegenleistung: eine Tafel Schokolade. In den ersten

Tagen besuchte ich noch das Kätzchen und musste zu meinem Kummer hören, dass es entlaufen sei. Es fand sich wieder im Pferdestall bei Papa und Max und so konnte ich es zur allgemeinen Erleichterung zu Tante Anna zurückbringen.

„Katzen gucken“ ging ich auch beim Onkel Willi Peter, da gab es junge Katzen in einer großen Schublade in der Rösterei und für mich ein paar Sahnebonbons. Bei Frau Krause waren jede Menge junger Katzen, ein „Terri“-Hund und zur großen Freude des Dienstmädchens außer Kaninchen auch noch Ziegen. Krauses Haus und Fabrik waren am Lehmberg, der früheren Ziegelei, da konnte man auf einem Sitzbrett die feuchten Lehmhänge herrlich runterrutschen und danach zu Hause dafür „Schrüpp“, also heftige Ausschimpferei, kriegen.

Noch eine Erinnerung: Ich muss noch sehr klein, höchstens zwei bis drei Jahre alt gewesen sein, und bestimmt war es ein Sonntagnachmittag, denn meine Mutter hatte ein schönes, langes, blaues Kleid aus feinem Wollstoff an. Mit einem Spitzeneinsatz und Stehbündchen, am Halsband die goldene Brosche: Anker, Kreuz und Herz mit den drei kleinen, grünen Steinen, die jetzt mir gehört.

Die Sonne schien und auf dem Rain, der am Weg im Roth vorbeiführt, blühten viele Blumen, von denen ich immer wieder pflückte. Ich muss müde geworden sein, denn ich reckte die Ärmchen an meiner Mutter hoch und sie nahm mich auf ihren Arm.

Später hatte ich den Rain besonders gern. In der Mitte stand ein schöner, wilder Rosenstrauch und es gab da wilde Erdbeeren, aber dickere als unten im Hähnensiefen unterhalb unseres Börnchens.

Dazu all die Kräuter und Blumen, die man heutzutage gar nicht mehr sieht: Johanniskraut, Ehrenpreis, lila Ackerskabiose, Schafgarbe, Steinklee, Gundermann, Tormentill, Margeriten und an sonnigen Sommertagen zirpten dort die Grillen und flogen die Hummeln aus ihren Erdlöchern. An diesen Rain schloss sich Feld an, das wir nutzten: Hafer und Kartoffeln, im Herbst Stoppelrüben.

Einmal haben die Wildschweine ganz schlimm in den Kartoffeln gehaust. Oberhalb des Ackers kam das „Driesch", aufgegebener, nicht so fruchtbarer Acker, den sich der Ginster und viele Kräuter eroberten: Frauenmantel, Augentrost, Johanniskraut, Schafgarbe, Tausendgüldenkraut, die wilde Malve, weißer Klee, Margeriten, Kamille, Rainfarn und viele andere wilde Kräuter. Wenn dann noch der Ginster golden leuchtete, das war schon eine Pracht und für die Grasmücke ein Paradies.

Dieses Stück Land gehörte erst meiner Tante Emilie Hagedorn, geb. Schneider, und jetzt meinem Vetter Karl Graske, der in Kelheim an der Donau wohnt.

Die große Wiesen-Bibernelle und andere, große, wunderbare Gräser, Kräuter und Lichtnelken, ein paar Margeriten dazwischen, wuchsen unten in der Wiese. Sie war so fruchtbar, jedes Frühjahr wurde sie von dem kleinen Fließ überschwemmt, das seinen Ursprung in Schneiders, der „Ühmen" Börnchen hatte, dann durch den „Pohl" in unseren Siefen floss und fortan versickerte. Manchmal, wenn die Wiese überschwemmt war, fror das Wasser zu Eis und ich fuhr mit dem Schlitten darüber und sah durch das klare Eis das grüne Gras.

Heute steht auf dieser und angrenzenden Wiesen die Bodenberg-Schule und man wundert sich, dass der Bau an Feuchtigkeit leidet und saniert werden muss. Oberhalb des Börnchens ist eine Quellmulde, daran schließt sich das Grundstück von Pickhardts an, der „Paradiesgarten". Links davon unsere große Wiese „In der Hähn", gehört jetzt Adalbert Schneider. Karl Graskes Land liegt darüber, heißt „Im Roth".

Jahre später, ich war bestimmt schon neun Jahre alt, spielte ich mit anderen Mädchen im Stranghöhners Wald in der Hähn. Da waren dicke, schöne, lichte Buchen. Unten im Siefen floss der kleine Bach, der kam aus unserem Börnchen oben in der Hähn. Dem Rinnsal gingen wir durch dichteren Busch ein Stück hinauf nach und kamen an eine kleine Lichtung, dort wollten wir schön spielen. Aber, oh Schreck, da lag mitten auf dem freien Stück ein Tierskelett, alle Knochen waren blank, die Zähne glänzten weiß und lange, borstige Haare lagen auch da. Nachdem der erste Schreck überwunden war, kam Stolz auf, dass wir ein „Wildschweinskelett" gefunden hätten. Im Herbst, bei der Treibjagd angeschossen, würde sich das arme Tier hierhergeschleppt haben und einsam gestorben sein.

So fabulierten wir, und ich nahm mir einige Zähne und Borsten als traurigen Beweis mit nach Hause. Dort trugen meine großen Brüder zur Klärung des Falles bei. Löttgens Hund Flor war alt und krank geworden und wurde daraufhin getötet. Man hatte dann den treuen Wächter einfach in den Wald gebracht und seine Besitzer hatten ihn nicht einmal begraben.

Es war ein Frühsommer in den 30er-Jahren an einem wunderschönen Nachmittag Oben im Hof. Die uralte, mächtige Linde blühte und erfüllte die Luft mit Blütenduft und Bienengesumm. In dem Siefen und in den Hecken stand weiß blühend und süß duftend der Holunder. Über allem lag Sommerglanz und Stille, die nur unterbrochen wurde von dem gleichmäßigen Klang, mit welchem mein Vater die Sensen für die bevorstehende Heuernte dengelte. Die Sensenbäume hingen an Haken an der Scheunenwand.

So sehe ich meinen Vater vor der Futterkammertüre sitzen: vor sich den Hauklotz mit dem Eisen darauf. Neben sich einen blaugrauen Steintopf, gefüllt mit Wasser, in das er ab und zu den Hammer tauchte, um dann weiter im gleichen Takt und mit viel Geduld all die Sensen zu dengeln. Sie mussten ja scharf sein, um das Gras fürs Heu zu mähen. Die Nickelbrille auf der Nase, prüfte mein Vater kritisch mit dem Daumen die Schneide der Sense, die gerade an der Reihe war. War sie richtig scharf, so wurde sie mit dem Sensenschlüssel am Sensenbaum befestigt und zu den anderen an die Wand gehängt. Die Kühe waren auf der nahen Weide. Ab und zu hörte man ein leises Muhen. Der Kuhstall stand weit offen. Die Schwalben, die in jedem Frühjahr zu unserer Freude wiederkamen, flogen zwitschernd ein und aus, um ihre Jungen zu füttern.

Oben im Hof hatten wir es gar nicht weit zum Wald; so ist es auch heute noch. Der Wald fängt am Friedhof an und erstreckt sich weiter über den ganzen Bodenberg. Darin gab es so schöne Bezeichnungen wie „Heedchensberg", „Dämmhäuschen", „Henkel", „Griesen Siefen", „Schwarzen Siefen" und „Bleikuhlendäll". Jeder dieser Namen hatte seinen Klang und jeder Wald war eine Besonderheit. Vom lang gestreckten und aufsteigenden Bodenberg ging es nahtlos über in die Nutscheid-Berge, bis zum Bröltal hin nur Wald. Im Krieg, da ich noch zu Hause lebte und berufstätig war, war es mir eine große Freude zu jeder Jahreszeit, wenn ich sonntagsnachmittags einen großen Rundgang von meinem Elternhaus aus machte: Den Aufstieg bis zu den „Fuhrmanns Dännen" entlang der Bodenbergwiese nach Oberwindeck, dann weiter am „Wähnersch Over" vorbei durch das Scheuerfeld und die „Hähn" ging es nach Hause. Frische Luft gepumpt und für die neue Woche gerüstet. Damals brauchte man keine Angst zu haben.

Da lagen die einsamen Höfe, mit Maschendraht eingezäunt wegen der Wildschweine. Man kam vor Höhnrath an ein großes Gattertor für die Fuhrwerke mit einer Art Treppe über den Zaun für die Menschen. Rechts und links flaches Feld. Da wohnten rechts in Höhnrath die Steckelbachs in ihrem Fachwerkhaus und ihrer kleinen, eigenen Landwirtschaft. Geradeaus ein Ziegelsteinhof, da wohnten die Pons, gute Bekannte. Es war ein Pachthof von den Caminnecis auf Schloss Windeck, denen ja viele Höfe und die ganzen Waldungen in der Nutscheid gehörten. Einmal zu Ostern, als ich mit meinen Eltern einen Spaziergang dorthin machte, schenkte mir Frau Pons ein himmelblaues Osterei. Am Dorfteich vorbei ging es links zu Hasenbachs Hof und dem Forsthaus, wo Förster Wulf und seine Familie wohnten. Gegenüber wohnten Rötzels in einem schönen Fachwerkhaus. Alles gehörte Caminnecis, nur die Hasenbachs waren Eigentümer. Wo diese

Häuser standen, hieß es „Auf der Jucht“. Rechts ging es nach Hahnenbach und dann weiter auf die Westertstraße.

In Hahnenbach wohnte der Waldarbeiter Hammer. Seine Frau war eine ehemalige polnische Erntearbeiterin und sie hatten fünf Söhne. Wenn wir als Kinder müde und durstig aus den Waldbeerparadiesen dorthin kamen, gingen wir zur „Polonia“, Brunnenwasser trinken. Der Weg führte von Höhnrath am Ponshof vorbei weiter nach Kölschbach – der Ort ist heute Wüstung geworden – dort hatten die Schmeiss ihren Pachthof. Bei „Schmeiss-Dicke“ kauften wir immer unseren Honig. Weiter ging es nach Ommeroth, dort wohnte damals die Familie Diez. Frau Diez war eine große Geflügelzüchterin und hatte schöne Rassehühner. Alles war mir bekannt und vertraut und hatte seinen ganz besonderen Zauber.

Von dort führte der Weg langsam immer höher in den Wald zum Galgenberg, links zum Hohen Wäldchen, am Galgenberg und den Drei Eichen vorbei hinunter nach Bladersbach und zum Bröltal. Diesen Weg, auch über die Nutscheid bis nach Wilhelmshöhe, bin ich öfter gegangen. Zweimal immer weiter von Bladersbach über die Bröl bis Nümbrecht und endlich Schloss Homburg. Einmal an einem wunderschönen Sonntag im Mai, es wird 1946 gewesen sein. Meine Mama wollte eine Glucke setzen und hätte gerne besondere Rasse-Eier von Ommeroth gehabt. Horst Schumacher und ich gingen um zwei Uhr nachmittags los, die Kühe waren gemolken, den bekannten Weg durch den grüngoldenen Wald, die frischen Äcker bei Höhnrath, Kölschbach und dann das verträumte Ommeroth. Ein Maitag, wie er nicht schöner sein kann.

In Ommeroth murmelte die Quelle, liefen die schönsten Hühner, Enten und Gänse umher, die Haustüre war nicht abgeschlossen. So war das früher auch bei uns. Aber die Familie Diez war nicht zu Hause und so konnte aus dem Eiergeschäft nichts werden. Aber die Erinnerung an diesen grüngoldenen Maitag bleibt. Auf dem Brandteich in

Höhnrath, an dem wir auf dem Heimweg vorbeikamen, schwammen weiße Enten.

Einmal bin ich mit 30 Pfund Saatweizen auf der Schulter nach Höhnrath zu Pons gegangen. Wir hatten auf der „Deichhardt“ eine große Weizenernte mit einem besonderen Weizen gehabt. Davon wollten Pons gern haben und so brachte ich die 30 Pfund hin und nahm von ihrem Weizen 30 Pfund zurück, ebenso über die linke Schulter. Die Pons hatten zwei Kinder, Heinz und Gertrud. Heinz war mein Jahrgang. Er hatte durch eine verschleppte Mandelentzündung ein schweres Rheuma bekommen. Wurde dann wohl herzkrank und ist mit 27 Jahren gestorben. Da war ich schon verheiratet und wohnte in Herchen. Wie ich mit meinem Weizen ankam, da kam er ganz krumm und voller Schmerzen aus dem Bett, aber den Besuch wollte er sich nicht entgehen lassen.

Einmal im Krieg, mitten in der Nacht, eine furchtbare Explosion. Unser Haus bebte, seitdem wollten alle Schlösser in den Türen nicht mehr recht passen. Eine Luftmine war in die Bodenbergwiese gefallen, hatte bis zu uns die ungeheure Druckwelle verursacht und einen riesigen Krater gemacht. Ebenso hat eine Luftmine bei der Jucht das Rötzelshaus hinweggefegt. Aber kein Mensch wurde verletzt. Es war, als ob die Flieger auf dem Heimweg nach England ihren tödlichen Rest in schwach besiedeltes Land abgeworfen hätten.

Ich erwähnte die „Polonia“ Hammer in Hahnenbach. Der älteste Sohn hatte ein Motorrad und eine Lederjacke und -mütze. Er betrieb einen Kaffeehandel mit Hausbesuchen und belieferte auch meine Tante Auguste Peters mit den edlen Bohnen. Dabei erzählte er, dass seine Mutter Hähnchen zu verkaufen hätte, die nun schlachtreif seien. Junge Hähnchen gab es früher im August zur Gurken- und Frühkartoffelzeit und sie waren eine einmalige Delikatesse. Meine Vettern Karl Peters und Karl Graske hatten Ferien und machten sich auf den Weg nach

Hahnenbach, um die einmalige Delikatesse zu kaufen. Dort angekommen: großer Lärm im Hause Hammer, die Polizei war da. Es ging um eine Uhr. Die Polonia jammerte: „Er hätt se nitt, er hätt se nitt, se es knidderin eneen." Unter dem Gezeter reißt sie die Schublade aus dem Tisch, wirft sie dem Gendarmen gegen die Beine und fällt dann dramatisch in Ohnmacht. Ihr Mann, der Hammersch Pitter, darauf: „Helft mer, dat arme Minsch uphewwen un in et Bett daan." Meine Vettern machten, dass sie ohne Hähnchen davonkamen. Alle Beteiligten leben heute nicht mehr. Es geschah um 1930 herum. Die stabilen Eichenbalken von Haus Hammer wurden zum neuen Haus von Förster Wulf in Höhnrath-Jucht verwendet.

Am Ostermorgen 1943, stehen bei Schmeiss in Kölschbach zwei englische Piloten vor der Tür. Abgeschossen hatten sie sich mit dem Fallschirm retten können. Junge Neuseeländer, die dem Tod entgangen waren. Sie waren dankbar, bekamen ein Frühstück – aber leider kein Osterei – und Schmeiss selbst, der zur Kirche nach Dattenfeld wollte, nahm sie mit zur dortigen Polizeistation. Alles ging einträchtig vonstatten.

In Bitze im Irsertal holten mein Schwager Willi und ich im Frühjahr 1946 ein Schweinchen. Hin ging es in Schladern über die teilweise gesprengte Eisenbahnbrücke – die große Brücke für Fußgänger und Fahrzeuge war auch gesprengt – nach Mauel. Es war lebensgefährlich, auch an dem Morgen, weil alles bereift war. Von Mauel ging es über Lindenpütz, Roth, Obernau runter nach Ehrentalsmühle und schließlich über den Irserbach nach Bitze. Dort gab es bei dem Bauern das Schweinchen. Es wurde in einen Sack gesteckt und mit diesem in eine Mange gelegt. Außer dem Kaufpreis mussten wir noch die Sonntagsschuhe von meinem verstorbenen Vater dreingeben. Zurück, den Korb zwischen uns tragend, denselben Weg. In Mauel fuhr uns ein Fährmann gegen Geld mit einem Boot über die Sieg. Nie wäre ich noch einmal über die Eisenbahnbrücke gegangen.

Der Ohm Karl Peters, ein redlicher Schuhmachermeister, lebte zu der Kaiserzeit. Seine Kuh war „frischmelk“ und gab eine gute Menge Milch. Ohm „Pittersch“ voll Stolz: „Us dr Butter, die mer jetz kirnen, künnt mer noch en Pastur schloon.“ (Aus der Butter, die wir jetzt machen, könnte man noch einen Pastor schlagen – soll heißen: ihn satt machen.) Ein andermal las sein Sohn voll Stolz vom berüchtigten Afrikaforscher und Kaufmann [Carl] Peters vor. „Papa, der künn uns noch verwandt sing.“ „Bis du jo still, meenst du, mir wullten met jedem Luusnickel verwandt sing?“

Es war im Februar 1945, die Schneeglöckchen blühten. Das Unglück von Rosbach (Bombardement) war schon geschehen. Da kam mein zukünftiger Schwiegervater mit dem Zug von Herchen – die Züge verkehrten noch. Er hatte gehört, dass in der Nähe von Schladern ein deutscher Jäger abgeschossen worden sei, eine Wunderwaffe. Er war ja sehr neugierig und wundergläubig zugleich. Das Wetter war an dem Sonntag ein bisschen bedeckt, was uns freute, wegen der feindlichen Jabos (Jagdbomber). Wir wussten in Schladern nur, dass ein Flugzeug bei Höhnrath niedergegangen sei.

So machten wir uns auf den Weg nach Oberwindeck, dann durch den Eisbornen hinauf nach Jucht und Höhnrath. Dort erfuhren wir bei Pons, dass das Flugzeug im Tannenwald Richtung Hahnenbach zu finden sei. So war es denn auch. Es hatte eine breite Schneise in den Wald gerissen und hing in zwei mächtigen Tannen. Es war ein einsitziges Jagdflugzeug. Die Kanzel offen, fast unversehrt, innen ein schönes, blankes Armaturenbrett, der Propeller aus poliertem Holz und nur an einer Stelle abgebrochen. Von einer besonderen Wunderwaffe keine Spur. – Ja, die „Wunderwaffe“, die V2, die haben wir damals oft „orgeln“ gehört und dann den mächtigen Kondensstreifen gesehen, wenn sie längst nicht mehr zu hören war. Die Abschussrampe war ja auf der Leuscheid. Die Bedienungsmannschaft lag hier in Herchen in Quartier. Mein Schwiegervater und ich gingen in gedrückter Stimmung durch den Bodenberg zurück nach Schladern in mein Elternhaus.

Es folgte bis zur Währungsreform 1948 eine arme, ungewisse und doch glückliche Zeit. Man war jung, mutig; bescheiden in jeder Weise schlug man sich durch, hier in Herchen oft hungrig. Im Sommer 46 haben wir in Schladern oben im Hof geheiratet. Unser lieber Pastor Hacke hielt die Haustrauung. Nur die nächsten Angehörigen von beiden Seiten waren dabei. Und doch hatte ich ein feines schwarzes Seidenkleid und Horst einen neuen schwarzen Anzug. Schwester Setta und Opa Ferdinand waren ja Schneidermeister. Zu essen hatten wir auch genug auf der Feier, nur keinen Bohnenkaffee und kein Glas Wein. Es fehlten für immer mein Vater und mein Schwager Fred (1943 in Russland gefallen) und die kleine Ellen (seine fünfjährige Tochter, getötet beim Bombenangriff 1945 auf Rosbach). Johann und Friedrich kamen, wenn auch für immer krank, aus der Gefangenschaft zurück.

Was uns die Eltern und Tanten über *die Peters* berichteten und was wir selbst mit ihnen erlebten:

Auguste Peters (1880–1969), Zeichnung von Karl Christian Peters 1935. Archiv F. Döring.

Der Schwieger-Großvater von unserer Tante Auguste Peters war der Schuster Wilhelm Peters aus Gierzhagen, um 1805 in napoleonischer Zeit geboren. Sein Sohn Wilhelm Karl Peters, ebenfalls gelernter Schuster, heiratete die Katharina Schneider aus Schladern und zog zu ihr in das Haus an der Schulstraße, das der Vater Heinrich Schneider für sie gebaut hatte, das spätere Pickhardts-Haus.

Ihr Bruder war der Christian Schneider, der 13 Kinder hatte, die benachbart wohnten und mit den sechs Peters-Kindern spielten, so auch Christians Tochter Auguste Schneider mit der Wilhelmine Peters, die später den Friedrich Wilhelm Pickhardt heiratete, mit der Anna Peters, die den Gastwirt Peter Müller heiratete, und mit dem Karl Peters, den sie selber heiratete, und der ihr Cousin war. So war dann die Wilhelmine Peters, unsere Oma, sowohl ihre Cousine als auch ihre Schwägerin.

Das Leben sprang hart mit der Auguste Peters (1880–1969) um: sie musste mit ihrem Mann Karl, der Maurerpolier war, wegen Arbeitsmangel nach Duisburg auswandern, bekam dort ihre Kinder Karl Christian, Dorothea und Fritz. Dann musste ihr Mann in den Ersten Weltkrieg ziehen und fiel 1916 an der Westfront. Sie stand nun alleine da mit drei kleinen Kindern und entschloss sich, wieder nach Schladern zurück zu ziehen, zumal auch der Schwiegervater und Onkel Wilhelm Peters gerade gestorben war und seine Wohnung frei wurde. In Schladern bekam sie Hilfe von der großen Familie und konnte durch den Verkauf einiger Grundstücke, die sie geerbt hatte, nicht nur die Kinder gesund groß ziehen und in sinnvolle und schöne Berufe ausbilden lassen (Karl wurde Maler, Dore Klavierlehrerin und Fritz Ingenieur), sondern baute sich auch noch in den zwanziger Jahren ein hübsches Häuschen mitten im Dorf oberhalb des Lehmberges, obwohl sie nur von einer kleinen Kriegerwitwenrente und gelegentlichen Einnahmen von ihrer Autorinnentätigkeit in Heimatzeitschriften und Periodika leben musste.

Dann kamen das Dritte Reich, die Nazis und der nächste Krieg und wieder wurde sie vom Leben gebeutelt. Beide Söhne wurden eingezogen. Fritz fiel schon 1942 an der Ostfront, Karl wurde mehrfach verwundet und erlag schließlich 1944 im Lazarett in Polen der Kombination seiner Verletzungen und einer schweren Malaria. Sie durfte ihn dort noch mal besuchen und musste dann von ihm Abschied nehmen. So ist es verständlich, dass sich in ihrer Totensonntagsrede von 1946 ihre ganze Trauer und Wut über solch ein grausames Schicksal widerspiegelt und aufs deutsche Volk übertragen wird!

Archiv F. Döring.

Karl Christian Peters 1911–1944), Selbstbildnis 1934.

Der älteste Sohn Karl Christian Peters war am 13. Juni 1911 in Duisburg-Ruhrort geboren worden. Nachdem der Vater Karl Peters 1916 im Ersten Weltkrieg gefallen war, zog die Mutter mit den Söhnen Karl und Fritz und der Tochter Dorothea in ihren Heimatort Schladern zurück.

Karl besuchte dort die Volksschule und dann in Bergneustadt das Gymnasium, wo er 1931 das Abitur machte. Von Kind an hatte er sich mit Zeichnen und Malen beschäftigt. Folgerichtig studierte er an der Werkkunstschule Köln und der Staatlichen Kunstakademie München. Gleichzeitig arbeitete er als Illustrator für das Feuilleton der Kölnischen Zeitung und für das Kölnische Stadtmuseum. Im Sommer 1940 wurde er eingezogen und erlitt bei Dünaburg [heute lettisch: Daugavpils] eine erste Verletzung. Im Lazarett nutzte er seine Zeit zu Zeichnungen und Aquarellen. Nach dem erneuten Einrücken wurde er bald wieder schwer verletzt und starb in Polen am 11. November 1944 an den Folgen. Vor seinem Tod heiratete er noch auf dem Krankenbett seine ostpreußische Pflegerin Ilse Krickel, die zum Kriegsende mit ihren Eltern nach Schladern flüchtete und bei der Schwiegermutter wohnte, bevor sie mit ihrer außerehelichen Tochter und einem Teil der Bilder Karls nach Belgien zu einem neuen Partner umzog.

„Frau Dore Brökelschen-Peters in Schladern hat gemeinsam mit Freunden den Nachlass des Bruders gesichtet und aufbereitet. Im November 1988 konnte dadurch eine Auswahl von Zeichnungen und Aquarellen im Foyer des Kreishauses in Siegburg gezeigt werden. [...] Die Linien in den Zeichnungen von Karl Peters sind keine subjektiven Emotionsträger (wie in expressionistischen Zeichnungen), sie lassen nicht die Erregung des Zeichners spüren, sondern sie sind vom Motiv bestimmt [...] In einfühlsamem Umriss hebt sich die Figur aus der weißen Fläche des Blattes empor. Die Binnenzeichnung ist eher sparsam als aufwendig, sie trifft die wesentlichen Züge des Vorbilds, in denen sich die Seele äußert. [...] Karl Christian Peters stellt dar, was ist (Reales), nicht, was sein könnte (Irreales), und nicht, was sein sollte (Ideologisches). Das war damals bei einem jungen, von starkem Kunstwollen beseelten bildenden Künstler bemerkenswert."

Robert Seinsch, Karls ältester Freund aus der Schulzeit in Bergneustadt, Zitat aus dem Ausstellungskatalog 1988.

Fritz Peters (1914–1942), Zeichnung von Karl Christian Peters 1937. Archiv F. Döring.

Über seinen Bruder Fritz Peters (1914–1942), von dem er einige hübsche Zeichnungen hinterlassen hat, ist wenig bekannt. Er stand ganz offensichtlich im Schatten seines Bruders. Er war der Praktische, der Techniker und Handwerker in der Familie, wohl auch der Schweigsame. Er durchlief brav seine Schulen und das Ingenieurstudium in der Fachhochschule Köln, wurde unmittelbar danach erst zum Arbeitsdienst eingezogen, dann zur Wehrmacht, und starb 1942 an der Ostfront!

Die Tochter Dorothea Peters-Brökelschen (1912–2004), in Windeck und Waldbröl über Jahrzehnte als „die Klavierlehrerin" bekannt, war eine sehr gebildete und humorvolle Frau ebenfalls mit besonderer Geschichte:

Mit dem Bau und der Eröffnung des imposanten Bahnhofs 1860 kam auch ein erster Bahnmeister, Friedrich Wilhelm Müller, vom Eisenbahnknotenpunkt Siegen dorthin. Er bezog eine Beamtenwohnung im Bahnhofsgebäude und sah sich unter den Töchtern des Landes um, da ihm jetzt nur noch eine respektable Familie fehlte. Im Gasthof „Deutsches Haus" gegenüber dem Bahnhof, wo er zunächst seine Mahlzeiten einnahm, am Honoratiorentisch natürlich, wurde er oft von der Schwester des Wirtes, der 18-jährigen adretten Lisette Schneider bedient. Sie gefielen sich, und kurze Zeit später waren die beiden verheiratet. Sie bekamen sieben Kinder. Der Jüngste, Friedrich Wilhelm Theodor, Fritz gerufen, war sehr aufgeweckt und sollte später mal studieren. Dazu musste er auf die Lateinschule in Neuwied bei der Brüdergemeinde. Um dort angenommen zu werden, musste er eine Prüfung machen und beachtliche Vorkenntnisse aufweisen. Deshalb schickten die Eltern ihn nur kurz in die Dorfschule nach Lindenpütz (in Schladern gab es noch keine), um lesen und schreiben zu lernen, und dann vom siebten bis zum zehnten Lebensjahr nach Waldbröl zum evangelischen Pfarrer, der ihm im Privatunterricht Latein, Mathematik, Geschichte und Theologie beibringen sollte.

Dazu stand der Junge jeden Tag von montags bis samstags um fünf Uhr morgens auf und wanderte zwei Stunden lang die elf Kilometer nach Waldbröl. Dort weckte er den Pfarrer, machte ihm den Ofen an und deckte ihm den Frühstückstisch mit dem von Schladern mitgebrachten Brot, der Butter, dem Käse, der Wurst, die das Honorar waren für seinen Unterricht. Dann wurde drei Stunden lang feste Latein gepaukt. Er verabschiedete sich, erledigte ein paar Auftrags-Besorgungen im Städtchen und machte sich wieder auf den zweistündigen Heimweg.

Das ging drei Jahre so. Dann durfte er die Prüfung an der Lateinschule machen, bestand sie mit Bestnote und wurde nach Neuwied ins Internat zu den Herrnhuter Brüdern geschickt. Dort hat er mit 16 Jahren die Matura gemacht, bei der Brüdergemeinde Theologie studiert, wurde mit 21 Jahren Pfarrer und erhielt schon bald danach eine Pfarrstelle an der evangelischen Gemeinde in Mülheim-Saarn, wo seine Schwester mit dem Kirchmeister verheiratet war. Die besorgte ihm auch zunächst die Wohnung im Pfarrhaus und wenig später seine Frau Maria, Alleinerbin aus einer Industriellenfamilie, die als Mitgift 100.000 Reichsmark in Gold mit in die Ehe brachte. Deshalb wurde sie hier in Schladern „Goldkäppchen" genannt. Sie bekamen dann eine Tochter, Maria Elisabeth, und alles schien bestens zu sein, bis der Pfarrer Müller eines Tages auf einem kirchlichen Fortbildungsseminar in Dortmund war.

Nach seiner Rückkehr fand seine Frau in seiner Jacke die Rechnung einer Hotelübernachtung für zwei Personen. Sie veranlasste eine öffentliche Befragung vor versammeltem Presbyterium, und er musste unter Eid zugeben, dass er auf diesem Seminar eine Gemeindehelferin aus Waldbröl getroffen habe, die er aus seiner Kindheit und den Unterrichtsjahren in Waldbröl schon kannte und in die er sich damals als Zehnjähriger schon verliebt habe und bei diesem Wiedertreffen erneut. Daraufhin wurde er vom Kirchengemeinderat wegen Ehebruchs entlassen, seine Frau reichte die Scheidung ein und behielt Tochter und Mitgift. Er wanderte aus nach Berlin, heiratete dort seine Jugendliebe, wurde Journalist und schließlich Chefredakteur beim Berliner Tageblatt. Seine Heimat Schladern und die Cousine Dore besuchte er regelmäßig im Urlaub. Seine Tochter Maria Elisabeth wuchs in Mülheim auf, heiratete den Regierungsbeamten Willi Brökelschen und besuchte auch öfter mit diesem Schladern und die Tante Auguste Peters samt Tochter Dore. Sie hatte mit ihrem Mann zwei Söhne, starb aber früh.

Die unverheiratete Dore versorgte ihre Mutter noch bis zu deren Tod 1969 mit ihren Einnahmen als freischaffende Klavierlehrerin. Sie hatte aber keine Rentenanwartschaften erworben. Da hat die kluge Mutter kurz vor ihrem Tod den fast gleichaltrigen Witwer Brökelschen überredet, ihre Tochter Dore zu heiraten und sie mit seiner Rente zu versorgen. Und so geschah es. Die beiden hatten danach noch drei ganz nette Jahre miteinander, vereisten viel, wobei die Dore zum ersten Mal im Leben weit über Köln hinauskam, dann starb auch ihr Mann und sie behielt die Witwenrente. In ihren letzten Jahren besuchte ich

Dorothea Peters-Brökelschen (1912–2004), Zeichnung von Karl Christian Peters 1939. Archiv F. Döring.

sie häufig am Samstagnachmittag in Schladern, wenn ich vorher meist mit einem unserer Kinder nach Seifen zum Holzmachen gefahren war für unseren Kachelofen in Troisdorf-Bergheim. Auf der Rückfahrt kehrten wir bei ihr zum Kaffee ein.

Sie erzählte uns nicht nur diese Geschichte vom Fritz Müller, sondern auch noch viele andere – über die Familie und die Ortsentwicklung –, wie es früher schon ihre Mutter, unsere Tante Guste, getan hatte, und fast im gleichen Wortlaut. Dann kamen wir wieder an einem Samstagnachmittag bei ihr vorbei, fanden ihre Türe nur angelehnt, sahen im Flur einen Putzeimer stehen bei offener Kellertür. Ich sauste runter, und da lag sie stöhnend am Fuß der Kellertreppe. Wir haben sie in Decken gehüllt und sie hat uns zugeflüstert, dass sie dort schon seit dem Vorabend liege. Sie war die ganze Zeit wach und bei Bewusstsein gewesen, hatte mehrere Menschen, wie den Briefträger und den Zeitungsboten durch das Kellerfenster an ihre Haustür kommen gesehen, und war zu schwach gewesen, um laut zu rufen. So musste sie 24 Stunden mit heftigen Schmerzen bei gebrochener Hüfte und gebrochenem Handgelenk in der Kälte ausharren, bevor wir kamen. Ich hab den Notarzt gerufen, sie wurde ins Krankenhaus geschafft, mehrfach operiert und ist nach einiger Zeit wieder auf die Beine und in ihr Haus zurückgekommen. Nach einem zweiten Sturz wurde sie einige Zeit später vollends hilflos und unser Sohn Sebastian, dessen Patentante sie war, hat sich dann entschlossen, mit seinem Freund zu ihr zu ziehen. Die beiden haben Dore dann vier Jahre lang, in denen sie weitgehend bettlägerig war, bis zu ihrem Tod versorgt.

Des deutschen Volkes Totensonntagstext

von Auguste Peters, vorgetragen auf der Totensonntagsfeier 1946 auf dem Waldfriedhof Schladern. – Vorgelesen von Frieder am 17. Oktober 2020 am Grab von Tante Guste zum Auftakt der Wanderführung „Besuch der toten Dichter“:

„Über ein Jahr schon schweigt der Donner der Geschütze, ruht das mordende Schwert in der Scheide, rastet der Spaten, der unaufhörlich Grab um Grab schaufelt. Kein Wehgeschrei von immer neuen Todesnachrichten erfüllt mehr die stillen Gassen. Kein Eisenbahnzug rollt mehr hinaus, überfüllt mit ernsten schweigenden Männern, Tag um Tag, dem Feinde entgegen in Kampf und Tod.

Es ist stiller geworden. – Aber die Wunden bluten noch, tausendfach. In wehen Schmerzen windet sich das Vaterland. Es geht ein Leid in schwerer Zeit, und das Volk klagt um seine gefallenen Helden. – Totensonntag. – Aus schweren Nebelfetzen hat ein trüber Novembertag das Bahrtuch gewoben, und wir gehen gebeugt und verhüllen schaudernd unser Haupt. Wehe uns, dass sie von uns gegangen, sie waren unsere Besten, unsere Einzigen, unsere Starken, die da draußen schlafen.

Totensonntag. – Wir wollen uns für heute hinausretten aus dem wüsten Chaos unserer Zeit und wollen in banger Trauer unseren Blick hinausrichten nach Ost und West, wo in wüsten Trümmerfeldern gewaltige Massengräber gigantisch sich dehnen. Stumme Ankläger. Dort schlafen sie, die unser Alles waren; auch deiner, Mutter, ist dabei! Birg dein ergrautes Haupt in den Falten deines Kleides und weine! Er war dein Sohn, dein Junge, dein ganzer Trost, dein ganzer Stolz! ➤

➤ Nun geht dein Sehnen bei Tag und Nacht und sucht den Hügel, der ihn deckt. Irgendwo im verlassenen Grab! Vielleicht ist es dort, wo in stiller Schlucht unter hängenden Birken ein schlichtes Kreuz den verwitterten Namen trägt, und der Herbstwind greift tief hinein in den rostbraunen Schopf der Eichen und streut mit vollen Händen das goldene Laub auf die Heldengruft. Hier ruht dein Junge!

Und die Gatten all jener bleichen Frauen, die mit wunden Herzen abseits stehen und jammernd nach den Vätern ihrer Kinder fragen, sie schlafen mit hundert anderen eingebettet in feuchtem Sande fremder Erde. Dort, wo die trotzigen Firne der Alpen in Sonnenglut gebadet gen Himmel ragen, bis fern hinein in die weite Ebene von Ypern, wo die langen Totenhügel bis an das Meer sich ziehen, auf Russlands wüsten Schneefeldern, in den wilden Schluchten der Karpaten, im dürren Wüstensande Asiens und Afrikas, da überall fanden unsere Helden eine letzte Ruhestatt. Und weiter noch sucht unser Sehnen heut seine Lieben. Händeringend stehen wir an der wilden Brandung der Weltmeere und senden unsere Totenklage hinab auf tiefen Meeresgrund in das nasse Wellengrab unserer Helden.

Verhülle dein Haupt, du deutsches Volk, dein Bestes sank ins Grab! – Millionen und abermals Millionen deiner Tapfersten sind dahin! – Trage in ehrlicher Brust ein trauerndes Herz, und tue von dir alle Selbstsucht und Gewinnsucht, auf dass du deiner Toten würdig bist! – Du Gimpel dieser Tage, der du deine leichtfertige Windsaat über Gräber streust, werde sehend und richte deinen Blick hinaus auf die Totenfelder deiner Brüder! Sie haben dir etwas zu sagen, siehe zu, dass du ihre ernste Sprache verstehst, ehe es zu spät ist!“ ■

Jochen erzählt die Geschichte der *Familie Pickhardt* (Auszug aus Ernst Joachim und Frieder Döring: *Familie und Tiefbaufirma Friedrich Wilhelm Pickhardt.* In: Schmidt, Döring: *Windecker Heimatgeschichten*, 2020):

Archiv F. Döring.

Käthe, Helmi, Leni, Anni Pickhardt (v. l.), 1908.

„Lange Jahre wurde in unserer Kindheit von den Tanten der Mythos gepflegt, die Pickhardts seien Hugenotten aus der Picardie gewesen. Später haben wir dann eine Korrespondenz der Tante Helmi mit Ämtern in Gummersbach gefunden, die eindeutig belegt, dass dort der Name Pickhardt (was im Mundartlichen nichts anderes bedeutet als Steinbruch oder Tagebaugrube) schon weit vor der Flucht der Hugenotten aus Frankreich geläufig war, weil im Bergischen Land seit über zweitausend Jahren Steine und Erze gehauen wurden.

Interessanterweise ist unser Opa Pickhardt tatsächlich von 1920 an Mitbesitzer von Steinbrüchen und Erzgruben hier im Westerttal gewesen. Unser Großvater mütterlicherseits, Friedrich Wilhelm Pickhardt (1873–1952) wurde in Waldbröl geboren als Sohn des Bäckermeisters Wilhelm Pickhardt (1841–1902), dessen Vorfahren aus Gummersbach stammten, wo es heute noch Pickhardts gibt, und seiner Frau Wilhelmine Fuchs (1849–1913). Er hatte fünf erwachsen gewordene Geschwister: die Brüder Ernst und Eugen sowie die Schwestern Martha, verh. Kranz, in Düsseldorf, Maria, verh. Böcker, in Waldbröl und Ida, verh. Birkenbeul, in Schladern, sowie zwei früh verstorbene. Willi, wie er genannt wurde, half zunächst in der väterlichen Bäckerei aus, machte dann eine Pflastererlehre in einer Waldbröler Pflasterei, in der er auch ein paar Jahre als Geselle arbeitete und so viel verdiente, dass er 1898 seine Braut Wilhelmine Peters (1878–1944) aus Schladern heiraten konnte, mit ihr 1899 in ihr Elternhaus an der damaligen Schulstraße (heute Falkenweg) nach Schladern zog und von ihr vier Töchter bekam: Katharina, verh. Foerster (1900–1978), Magdalene, verh. Koslowsky (1902–1989), Anna (1904–1989), verheiratet mit Friedrich Döring (1895–1982) und Wilhelmine, ledig (1906–1984).

Seine Frau Wilhelmine stammte aus der Ehe von Wilhelm Karl Peters, Schuster aus Gierzhagen (1834–1915) mit Katharina Schneider (1841–1895), deren Vater Heinrich Schneider für diese Tochter das Haus gebaut hatte in der Schulstraße Nr. 3 (heute Falkenweg) neben weiteren Häusern für seine verheirateten Kinder und der Gastwirtschaft „Deutsches Haus“ gegenüber vom Bahnhof. Ihr Großvater, Johann Bertram Schneider (1779–1837) aus Rommen, gehörte zu den drei Gründerfamilien des Ortes Schladern um 1820. Katharina hatte elf Geschwister, von denen noch Nachkommen in Schladern leben.

Von 1903 bis 1905 konnte sich Willi Pickhardt durch Ersparnisse und Familienunterstützung leisten, die Wegebauschule in Siegen zu besuchen, um dort den Abschluss als Tiefbaumeister zu machen. Danach erhielt er gleich eine Anstellung als Straßenbaumeister bei der Stadt Witten an der Ruhr – vermutlich durch die Vermittlung seines Bruders Eugen, der dort Stadtsekretär war, und zog mit der Familie dorthin. Ab 1910 machte er sich selbstständig mit einer Tiefbaufirma in Essen-Kray, die er durch den Ersten Weltkrieg hindurch bis 1919 in Betrieb hatte.

Bis 1914 hatte ihm dabei sein Schwager Karl Peters, der mit Frau Auguste Peters (1880–1969) und den Kindern in Duisburg wohnte, als Polier geholfen. Der wurde dann eingezogen und fiel bereits 1916 an der Front. Daraufhin zog Auguste Peters mit ihren drei Kindern Karl Christian (der spätere Maler), Dorothea, verh. Brökelschen und

Fritz in das Haus in Schladern an der Schulstraße, da ihr dort lebender Schwiegervater bereits 1915 gestorben war.

1919 verkaufte Wilhelm Pickhardt sein Baugeschäft in Essen-Kray wegen der französischen Besetzung des Ruhrgebietes und bezog auch das Haus in Schladern wieder, nachdem er die anderen Erben, die fünf Geschwister seiner Frau (Maria, Karl, Anna, Heinrich, Katharina) bzw. deren Hinterbliebene ausbezahlt hatte. Auguste Peters zog danach in das Nachbarhaus, das heutige Haus Baldus – zusammen mit ihrer Schwester Emma, verheiratete Hagedorn, und deren Familie. Das Pickhardts-Haus, wie das ursprüngliche Peters-Haus ab jetzt hieß, wurde erweitert und Wilhelm Pickhardt richtete darin das Büro seiner Schladerner Tiefbaufirma ein, mit der er vor allem Gleisbauaufträge der Eisenbahn abwickelte, aber auch die Trinkwasserversorgung und Kanalisation von Schladern erneuerte.

Die alten Quellbefestigungen und Wasserspeicher „In den Hähnen“, im „Schwarzen Siefen“ und am Sportplatz stammen von ihm, ebenso wie noch einige mit seinem Firmennamen versehene Kanaldeckel in Schladern. Außerdem wurde er Teilhaber der „Gewerkschaft Held 3“, einer Firmengruppe unter Führung der ihm entfernt verwandten Familie Hamann aus Gierzhagen, die die Steinbrüche und eine Bleierzgrube im Westerttal betrieb. Dazu wurde eigens eine Schmalspurbahn vom großen Westertsteinbruch zum Güterbahnhof Schladern gebaut, um Schotter und Pflastersteine zur Verladung zu transportieren.

Diese Firma, die auch die große Dampfmaschine der ehemaligen Ziegelei Schroeder-Jaeger aus Schladern übernommen hatte, ging Ende der zwanziger Jahre im Zuge der Wirtschaftskrise in Insolvenz. Die Tiefbaufirma Pickhardt arbeitete aber erfolgreich weiter. 1936 wurde Wilhelm Pickhardt, der von dem Waldbröler protestantischen Pietismus geprägt war, wegen staatskritischer Äußerungen zur Kirchenpolitik der Nazis von der Gestapo verhaftet und für sechs Wochen in Haft gehalten. Er, der eigentlich, wie für die oberbergischen Pietisten typisch, ein glühender Deutschnationaler und Kaisertreuer war und somit auch zunächst Anhänger des Nationalsozialismus, hatte aus neuen Goebbels-Verlautbarungen zunehmend antichristliche und unbiblische Tendenzen herausgehört und lautstark öffentlich dagegen protestiert. Das war natürlich angezeigt worden. Da er viele Fürsprecher hatte und seine laufenden Bahnprojekte offiziell als „kriegswichtig" eingestuft waren, wurde er mit Auflagen wieder freigelassen. Allerdings gingen nun seine Aufträge und Geschäfte prompt zurück, ohne jedoch – wegen der militärischen Bedeutung des Bahn- und Straßenbaus – gänzlich zu versiegen.

1947 kam dann sein Schwiegersohn Friedrich „Fritz" Döring aus Waldenburg zurück, wo er unter polnischer Verwaltung die vormals zu Klöckner-Humboldt-Deutz gehörige Carlshütte kommissarisch geleitet hatte. Nun versuchte er, in der Firma Pickhardt Fuß zu fassen. Seine Frau Anna und die vier Kinder, Anna Magdalena, genannt Anne (*1936), Ingeborg, genannt Inge (*1939), Hans Friedrich, genannt Frieder (*1942) und Ernst Joachim, genannt Jochen (*1945), waren schon im Januar 1945 (die drei Älteren), bzw. März 1945 (die Mutter mit dem gerade geborenen Jüngsten) nach Schladern zu den Großeltern geflohen.

Nach kurzer Zeit der Zusammenarbeit mit dem Schwiegervater musste Fritz Döring feststellen, dass das Geschäft zwei Familien kaum ernähren konnte und dass er mit dem Schwiegervater auch unternehmerisch nicht klarkam, und so nahm er 1948 eine Ingenieurstätigkeit im Stahlwerk Krupp in Rheinhausen (heute Duisburg) auf. Die Familie blieb allerdings in Schladern wohnen, und der Vater kam bis zu seiner Pensionierung immer zum Wochenende mit der Bahn nach Hause. Ab 1950 wurde deutlich, dass Wilhelm Pickhardt den Betrieb krankheitshalber nicht mehr alleine führen konnte und er nahm mit Werner Lenz aus Wissen einen Teilhaber auf, der mit seiner Familie auch zunächst in die Parterre-Wohnung im Haus in der Schulstraße einzog.

1952 starb Wilhelm Pickhardt, der maßgeblich noch am Bau der Evangelischen Kirche in Schladern mitgewirkt hatte, die 1951 eingeweiht wurde. Vorher fanden öfters auch Gottesdienste in seinem Wohnzimmer statt. Die Fa. Pickhardt und Co. wurde danach ganz von Werner Lenz übernommen, der Ende der 1950er-Jahre auch einen eigenen modernen Wohnbungalow an der Straße „Zum Sprietchen" baute und auf dem Gelände der ehemaligen Ziegelei Schroeder, das er vom Betreiber der Kupferschmiede Fuhrmann gekauft hatte, seine Tiefbaufirma unterbrachte. Dieses Gelände kaufte ihm 1975, nachdem die Firma Pickhardt aufgegeben worden war, Helmut Schroeder wieder ab, der darauf seine neue Renault-Werkstatt errichtete. Das Baugeschäft Pickhardt-Lenz wurde ab 2010 vom Ehepaar Sandrak-Zimmermann zusammen mit dem Wohnhaus Lenz unter dem Namen Zimmermann weitergeführt."

Archiv F. Döring.

Obere Reihe von links: Fritz Döring, Anni Pickhardt, Helmi Pickhardt, Hans Müller. Mittlere Reihe: Margarete Döring, Wilhelmine Pickhardt, Käthe Förster, Helmut Förster, Änne Döring; untere Reihe: Franz Döring, Dore Peters, Annemarie Müller, Leni Pickhardt, Friedrich Wilhelm Pickhardt, 1928.

Und Frieder hat noch Diverses über die Schneiders, Öttershagens, Peters, Pickhardts, *Dörings* und ihre Geschichten gesammelt:

Nee, was haben wir das gehasst, das verdammte Steigerlied! Mussten wir doch jahrelang, bis in die Flegeljahre, jeden Sonntagmorgen nach der Kirche bei der Tante Guste vor der Tür antanzen mit dem Papa und seiner Mundharmonika und ich mit der Fiedel und der kleine Bruder Jochen krächzte mit oder blies schräg auf dem Kamm, bis der Papa ihm abwinkte. Ständchen nannte der das. Und immer als Erstes: „Glück auf, Glück auf! Der Stei-hei-ger kommt ..." Da war unser Papa restlos glücklich, wenn das erklang! War er doch als junger Mann jahrelang als Schlosser und Elektriker im Pütt gewesen: Essen, Zollverein, ihr wisst schon. Aber was hat das mit uns hier in Schladern zu tun?, dachten wir damals. Das hat er uns dann später versucht beizubringen, als er uns durch seine Beziehungen als Bergwerksingenieur in die Gruben „Eupel" bei Niederhövels, im Siegerland, und „Georg" bei Wilroth im Westerwald unter Tage mitgenommen hat zur letzten Inspektion sozusagen, bevor sie geschlossen wurden.

Nach dem Sonntagmorgen-Ständchen ging's erst mal bei Tante Guste und Tante Dore rein zum Familiengeschichtsunterricht. Da war die Tante Auguste Peters, die Heimatdichterin, Spitze drin. Deshalb haben wir das Ständchen auch widerstrebend mitgemacht. Denn drinnen gab's dann ein paar Kekse, aber vor allem tolle Geschichten von den Vorfahren –und als Nachtisch die dramatisch vorgetragenen Ansichten der Tante Guste über die Politik des „rheinischen Schlitzohres Adenauer und seiner rheinisch-katholischen Wirtschaftsmafia". Dabei redete sie sich so in Rage, dass ihr die ganzen Adern an Hals und Gesicht blaurot anschwollen und sie das klassische Medusenhaupt bekam, das ich später auf kunsthistorischen Bildern immer sofort als das ihre erkannte. Der Anblick begeisterte uns als Kinder, und unseren Vater offensichtlich auch, denn er stachelte durch geschickte provokative Zwischenfragen den heiligen Zorn der Tante immer noch mehr an.

Einiges von den Ahnengeschichten ist bei mir hängengeblieben. Da waren die väterlichen Vorfahren aus Thüringen (Döring = Thüringer = Söhne des Donnergottes Thor) zunächst übers hessische Schlitzer Land, von dort in den Kohlenpott nach Essen gezogen, und zwar, indem der Großvater Johann Döring seine heimliche Braut Margarete Schmidt dorthin mit einem Ochsenkarren entführte. Und von dort war der Vater schließlich bis nach Schladern gelangt, weil er die Mutter quasi vom Sandkasten im Park von Essen-Kray kannte, wo die Familien Döring und Pickhardt ein paar Jahre in Nachbarschaft lebten und sich fortan verbunden fühlten. Die mütterlichen Ahnen stammten aber aus dem Raum Windeck-Waldbröl und die Großmutter Wilhelmine Pickhardt, geb. Peters, war sogar ein Abkömmling von den Gründerfamilien des Ortes Schladern.

Das waren die drei Familien Öttershagen, Schneider und Werner, die um 1820 das ganze Schladerner Feld erwarben, nachdem es vorher dem Fürst zu Wied-Runkel nach der Säkularisation 1803 als ehemaliges Klostergut des Klosters Ehrenstein an der Wied zugefallen war. Die drei Familien stammten aus den Nachbardörfern Öttershagen, Rommen und Morsbach und waren schon davor in mehrfacher Weise miteinander verwandt gewesen. Sie hatten ihre Ersparnisse zusammengelegt, um das fruchtbare Landstück oberhalb des alten Klosterhofes Haus Schladern, der mit dem Krummaueler Feld getrennt verkauft wurde, gemeinsam zu erwerben – zusammen mit dem mittelalterlichen und zerfallenen ehemaligen Rittersitz Scheuren und dem Hintersassen-Hof Siegenthal. Die bauten sie in wenigen Jahren aus zu den heutigen Fachwerksiedlungen Oberer Hof und Unterer Hof. In denen lebten sie als Selbstversorger, hielten ihre Familien weiter durch Heiraten miteinander verknüpft und damit das Land beieinander.

In jeder der folgenden drei Generationen zeugten sie zwischen acht und neunzehn Kinder bis ..., ja, bis zwischen 1850 und 1860 die Eisenbahn durch das bis dahin ziemlich unzugängliche, idyllische Siegtal gebaut wurde.

Symbol der neuen Zeit: Bahnhof Schladern 1908 vom Bahnsteig aus mit Deutschem Haus, der Villa Schroeder und dem u. a. für die Dampfmaschine der Ziegelei Schroeder und Jaeger errichteten Kamin.

Nun änderte sich in kurzer Zeit fast alles! Die Bahn kaufte die flussnahen Landgebiete auf, sprengte den Hals der Siegschleife Krummauel weg, sodass die Sieg sich verkürzte, zwei Brücken eingespart wurden, der Wasserfall entstand und durch und neben ihm eine Turbine mit Generator zur Stromerzeugung gebaut wurde. Diese Energiequelle und der neu eröffnete Transportweg Eisenbahn samt Schwerpunktsbahnhof zogen in dieser Zeit rasch eine in der Region beispiellose Industrialisierung nach sich. Man sprach von einer Goldgräberstimmung im ehemals rein agrarischen Schladern. Natürlich führte diese Entwicklung auch zu einem enormen Zustrom an Menschen, die wegen der vielen neuen Arbeitsplätze kamen und sich ansiedelten, sodass in wenigen Jahrzehnten aus einem Weiler mit drei Höfen ein Dorf von bis zu tausend Einwohnern entstanden war mit allem, was dazugehört: neben der Bahn und den neuen Straßen, vielen Handwerksbetrieben, Geschäften, Gaststätten, später auch Schulen und Kirchen, ähnlich der Entwicklung von den Pionierstädten in der Neuen Welt.

Meine Großmutter mütterlicherseits war Wilhelmine Peters, deren Mutter, Katharina Schneider, war wiederum die Tochter von meinem

Ur-Urgroßvater Henrich Schneider, dem Häuslebauer. Dessen Vater Johann Bertram „Hans-Bert“ Schneider war einer der „Gründerväter“, die das Schladerner Feld gekauft und die beiden ersten Höfe gebaut hatten, zusammen mit seinem Schwager Johann Martin Öttershagen und dessen Schwiegerneffen Johann Heinrich Werner, einem Eisenhüttenbesitzer aus Morsbach, der seine finanzielle Beteiligung vor allem in ein großes Mehrfamilien-Fachwerkhaus im Oberen Hof investierte, das auch heute noch da steht.

Eine seiner beiden Enkelinnen heiratete später den Fritz Schneider, den ersten Wirt des Deutschen Hauses. Die beiden anderen „Gründer“ verheirateten die beiden Söhne von Johann Bertram und die beiden Töchter von Johann Martin miteinander, damit das Familienland möglichst lange zusammenblieb. Diese beiden Erbfamilien hatten 19 (Wilhelm) bzw. zwölf (Heinrich) Kinder und zusammen rund 80 Enkelkinder, von denen eines meine Großmutter war. Da war’s dann mit der Landaufteilung und dem Zusammenhalt des Familienbesitzes schon ziemlich unlösbar geworden, aber da war ja auch der Eisenbahnbau dazwischengekommen und eine neue industrialisierte Welt hatte sich anstelle der rein agrarischen in Schladern entwickelt. Die Enkelkinder und Urenkelkinder zogen in die Welt, erhielten vielfältige Ausbildungen, heirateten, wen sie wollten, kehrten auch manchmal mit neuen Berufen ins Dorf zurück und nur wenige blieben der heimatlichen Landwirtschaft treu. Unser Opa Friedrich Wilhelm Pickhardt heiratete die Wilhelmine Peters, die Tochter von Katharina Schneider.

Archiv F. Döring.

Oben v. l.: H. Birkenbeul, Anni Döring, Anne-Maja Döring, Frieder Döring, Dore Peters, Inge Döring, Käthe Förster, Ida Birkenbeul, geb.Pickhardt, Helmut Förster Franz Döring; unten: Auguste Peters, Anna Müller, Jochen Döring, 1954.

Die Tante Guste und Tante Dore erzählten auch von Vorfahren, die Schultheißen von Rosbach gewesen waren. Sie deklinierten den Stammbaum rauf und runter durch, und das war nicht einfach, da die Verzweigungen nach allen Seiten sehr vielfältig waren bei häufig über zehn Kindern pro Familie und Generation. Aber sie fanden unbeirrt den Pfad von meinem Ur-Ur-Ur-Großvater Johann Bertram Schneider über dessen Schwiegervater Johann Wilhelm Öttershagen, einem Grundbesitzer aus Öttershagen, der einen großen Teil zum Ankauf des Schladerner Feldes für seine Tochter Anna Katharina, Johann Bertrams Frau, und seinen Sohn Johann Martin beigetragen hatte, über dessen Vater Wilhelm Öttershagen, der Kellner, so hieß damals der Hausmeier oder Hausvorsteher, der Burg Mauel gewesen war unter den Grafen Velbrück, bis zu dessen Vater Wilhelm Öttershagen genannt Schneider, Schultheiß in Rosbach, geboren 1651, gestorben 1735, und Schultheiß von 1677 bis 1695 – und bis zu seinem Bruder Hermann Öttershagen genannt Schneider geändert zu Öttershagen, so sein ganzer amtlicher Nachname, geboren 1649, gestorben 1697, ebenfalls Schultheiß in Rosbach, aber nur von 1672 bis 1677.

Der Vater seiner Frau Margareta Reuter war der Schultheiß von Leuscheid, Wilhelm Reuter, dessen Vater Otto Reuter, ebenfalls Schultheiß von Leuscheid, geboren um 1575, hatte eine Elisabeth Hatzfeld geheiratet, deren Vater Jorge von Hatzfeld wegen nicht standesgemäßer Verheiratung die Adelstitel der Kinder aberkannt wurden, aber nicht ihre Erbberechtigung. Der Vater von Jorge war Hermann II. von Hatzfeld, dessen Vater Johann VI. von Hatzfeld, geboren um 1441, verheiratet mit Maria Elisabeth von Nesselrode, deren Vater Johann V. von Nesselrode, dessen Vater Wilhelm II. von Nesselrode, geboren um 1395 war bereits der erste Nesselrodische Amtmann der Burg Windeck, der seinem Sohn Bertram die Burg Ehrenstein und die Höfe Schladern mit Scheuren, Hohnrath und Helpenstell vererbte, die er dann dem von ihm gestifteten Kloster Ehrenstein widmete. Die Grafen von Hatzfeld und die von Nesselrode waren damals neben den Grafen von Sayn die beherrschenden Adelsfamilien des Landes an der Sieg, des Südbergischen, des Westerwaldes und des östlichen Siegerlandes.

Und es ging noch weiter. Mit seiner ersten Frau Svenholt von Landsberg hatte Wilhelm II. die Söhne Johann den Älteren, dem er die Burg Ehreshoven vererbte, den Sohn Johann den Jüngeren, der die Burg Herrnstein an der Bröl erhielt und Bertram, den Liebling, der neben Ehrenstein und Schladern noch sein Amt als Amtmann von Windeck und Marschall von Berg erbte, somit auch die Burg Windeck weiter als Lehen verwaltete. In zweiter Ehe war Wilhelm II. mit Eva von Ütgenbach verheiratet, mit der er keine Kinder hatte, aber durch die er die Burg Ehrenstein an der Wied in seinen Besitz brachte. Sein Vater war Wilhelm I. von Nesselrode, gestorben schon 1399, der in erster Ehe Kunigunde von Merode vom Schloss Allner bei Hennef heiratete, in zweiter deren Schwester Margarete von Merode-Frankenberg, von der auch seine Söhne Wilhelm II. und Heinrich abstammten – und in dritter Ehe Jutta von Grafschaft-Ehreshoven, durch die er zwar auch nicht an Kinder, aber an die Burg Ehreshoven kam. Deren Vater war Adolf von Grafschaft, geboren um 1320, seine Frau Jutta von Sayn und deren Vater Gottfried III. von Sayn. Dessen Vater hieß Engelbert I. von Sayn, Herr zu Homburg, geboren um 1270. Davor gab's noch einen Johann von Sayn, einen Gottfried I. von Sayn zu Homburg; einen Johann von Sponheim zu Starkenburg und einen Otto I. von Geldern, geboren um 1160. Und da waren sie schon vor dem Übergabedatum der Lehensverleihung der Burg Windeck (Castrum Novum) von Karl Raspe von Thüringen an Engelbert I. von Berg mit Unterschrift des Kaisers Friedrich I., Barbarossa, auf dem Reichstag von Aachen angekommen.

Der Vater der beiden Schultheißen von Rosbach, Wilhelm Schneider genannt Öttershagen war mit einer Agnes zum Hoff verheiratet, die vom Rittergeschlecht vom Hofe aus der Burg Hof bei Rosbach abstammte und die noch heute bewohnt ist. Deren Vater war Heinrich zum Hoff, geboren 1590, dessen Vater Moritz vom Hofe, geboren

1558, dessen Vater Heinrich vom Hofe, geboren 1525, dessen Vater Johann vom Hofe, geboren 1502, dessen Vater Bertram vom Hofe, geboren 1451, dessen Vater Heinrich von der Hoven genannt Pampus, geboren 1408, der war übrigens auch Schultheiß und zwar in Schönstein bei Wissen an der Stammburg derer von Hatzfeld. Und dieser Heinrich aus dem Rittergeschlecht von Pampus aus Soest hatte eine Margarete von der Hoven geheiratet, deren Namen er angenommen hatte. Und deren Vater war ein Sebracht von der Hoven, geboren 1363 und dessen Vater ein Sybertus vame Hove, geboren 1324.

Wenn wir Jungs mal ohne Papa die Tante Guste besuchten, erzählte sie uns auch gerne Geister- und Gespenstergeschichten, und das waren unsere Lieblingsbesuche bei ihr, weil sie das so gut machte, dass wir uns gruseln mussten. Und gruseln war schön! Eine dieser Geschichten war die vom Junker Evert.

Der war ein Burgvogt auf Windeck unter Graf Adolf von Berg. Er war streng bis grausam den Bauern gegenüber und seine Lieblingsbeschäftigung war die Jagd. Sein Wild und seine wilde Jagd verwüsteten die Äcker und Felder, doch niemand durfte die Tiere auch nur scheuchen und Wildfrevel wurde sofort mit dem Tode bestraft. Bei einer solchen Jagd am Dreifaltigkeitssonntag verletzte der Junker einen riesigen Eber mit dem Sauspieß, sodass dieser sich gegen ihn wendete sein Pferd zu Fall brachte und ihn zerfetzte. Seine Jagdgenossen wurden kurz drauf noch vom Blitz erschlagen. Er selbst erschien von da an in gewittrigen Sommernächten den Jägern und Wanderern in der Umgebung der Burg Windeck als weißer Hase, der auf einem Baumstumpf saß und glühende Augen hatte. Daraus machte die Tante Guste auch noch das Mundartgedicht „Vam Schlooß Haas“. Darin gehen drei Jäger in der Nähe der Burg auf die Jagd, sehen einen weißen Hasen auf einem Baumstumpf, den sie nacheinander dort runterschossen, der aber jedes Mal sofort danach wieder oben saß. Bedrückt zogen sie nach dem dritten Mal von dannen und wussten nun, dass sie es mit einem Geist zu tun hatten.

Ein anderes Mundartgedicht hat sie oft rezitiert, wenn sie uns Geistergeschichten vom griesen und vom schwarzen Siefen erzählte. Das soll hier auch im Original folgen:

Et Fräuchen em griesen Siefen

Dat weeß baal jeder eröm on tömm,
Em griesen Siefen do cheht et öm,
Et ös en Fräuchen, verhozzelt on alt,
En kliezel-kleen Fräuchen van grieser Gestalt.

Fröh, wann noch dr Nöwwel om Siefen litt,
Dann hüürt mr en Klengen, chanz no, on doch witt,
Dann stricht et gries Fräuchen seng Sichel
Mot em blenkigen, goldenen Strichel.
Dann steht dr Wandrer, on hustert on luuscht,
On hüürt wi dr Wönkt en dänn Böömen ruuscht,
On denkt, et könnt em gelöngen
Dänn goldenen Strichel zu föngen.

On wi hä noch seent, on steht, on steht,
Et Fräuchen chanz sacht duur de Strücher cheht.
Witt sütt hä de Sichel noch schwenken,
On goldig dänn Strichel blänken.

So hätt datt alt mancher erläft on gesehn,
Gedächt och, et wär wahl en Wonder geschehn,

On weeß net, wi sall hä et begriefen,
Mom Fräuchen em griesen Siefen.

Aus: Emil Hundhausen „Das Amt Windeck im Spiegel der Sage“ (26)

Ein bekanntes Schladerner Original, Manfred Benito *Caminneci* (1927–2012), in dessen Baumschule viele Schladerner Schülerinnen und Schüler sich durch Ferienarbeit ihr Taschengeld aufbesserten, über seine Familie in einem Interview mit ihm. (Auszug aus Frieder Döring: *Eburonengold*, 2013):

„Ein großes Kapitel der Schladerner Geschichte schlug dann der preußische Landrat Oscar Danzier, mein Urgroßvater, auf. Er stammte aus Mülheim am Rhein [heute ein Stadtteil von Köln], war dort zunächst Landrat, ab 1850 dann in Waldbröl und Windeck. Weitläufig verbandelt mit den Grafen von Nesselrode hatte er außerdem hervorragende Verbindungen zum Hof in Berlin. Somit konnte er für sich ab Mitte des 19. Jahrhunderts nach und nach ein großes Nesselrodesches und Preußisches Besitztum im Windecker Raum günstig erwerben, samt der Burgruine Windeck selbst. Auf deren Burghof erbaute er 1858 bis 1860 ein historistisches Schlösschen und ließ den ganzen Burgberg nach der Mode der Zeit in eine romantische Burg- und Ruinenlandschaft verwandeln. In den Siebzigern schickte er sein Töchterlein Arnoldine, mit Gouvernante natürlich, zur musischen Ausbildung erst nach Neapel, dann nach Palermo. Dort begegnete sie meinem Großvater, dem Conte und Bankier Andrea Caminneci, und es war Liebe auf den ersten Blick.

Die Familie Caminneci war keineswegs arm und unbedeutend, wie hier oft gemunkelt wurde, sondern sie stammte ursprünglich aus hussitischem Adel von der polnisch-böhmischen Grenze und musste nach dem Konzil zu Konstanz und der Verbrennung von Jan Hus 1415 außer Landes fliehen, und sie schloss sich dazu einzelnen böhmischen Waldenser-Gruppen an, die Verbindungen zu Gemeinden in Oberitalien und Sizilien hatten. Dort angekommen, nannten sie sich in Erinnerung an ihre Heimat, die Caminneci (die Dahingegangenen), trennten sich bald von den Waldensern und nach drei Generationen waren sie aus Heirats- und Karrieregründen auch schon zum Katholizismus konvertiert, geadelt und reich. Also heiratete die Arnoldine

Danzier nach einigen Widerständen ihrer Familie 1882 den reichen Bankier Andrea Caminneci und hatte ihn bald so weit, dass er mit ihr und seinem gesamten Vermögen nach Deutschland zog, erst in die elterliche Villa nach Mülheim und später in einen großen Erweiterungsbau in das Schloss Windeck. Dort gefiel es ihnen so gut, dass Andrea sein Vermögen in mehr Grundbesitz an Wäldern, Höfen und Rittersitzen anlegte, die allesamt heruntergekommen oder Ruinen waren, was er liebte. Ebenfalls kaufte er den gesamten Besitz der Familie von Leonhart-Kurtzrock mit der Burg Dattenfeld, deren nordöstlicher Eckturm noch vom Rittersitz Niedecke stammt, und mit dem Hof Schladern.

Arnoldine und Andrea [die Großeltern des Erzählers] hatten fünf Söhne: Pier und Quintino starben früh, Oscar wurde 1945 im KZ ermordet, weil er auf seinem Gut Zeithun in Pommern, wo er mit seiner Frau Mathilde von Siemens lebte, Krach mit einem Gaujägermeister Scherping hatte, der ihn nach dem Hitler-Attentat vom 20. Juli 1944 mit falschen Anschuldigungen denunzierte, sodass er von der Gestapo kassiert und am 09. April 1945 in Mauthausen erschlagen wurde. Seine Frau Mathilde flüchtete in den Westen und starb im Oktober 1945 in der Burg Dattenfeld. Mein Vater Waldemar und mein Onkel Andrea junior übernahmen die hiesigen Besitztümer und verwalteten sie weiter. Zuerst hatten sie das in Erbengemeinschaft mit Oscar versucht, dann brauchte dieser für die Landgüter in Pommern einen Teil des Pflichterbes und darüber kam es dann zu Auseinandersetzungen, die auch noch politisch mitbedingt waren.

Ich will die komplizierten Einzelheiten dieses Abschnitts unserer Familiengeschichte hier nicht ausbreiten. Jedenfalls ging dabei ein großer Teil des Besitzes dahin. Das Schloss wurde Ostermontag 1945 von den Amerikanern in Brand geschossen zusammen mit einem weiteren großen Volumen unseres Vermögens. Unsere Familie hatte sich schon in den Hof Schladern geflüchtet, Onkel Andrea lebte in der Burg Wiese. Mein Vater hatte keine Kraft mehr und starb 1946 an seinen Kriegsverletzungen und an Kummer. Onkel Andrea versuchte sich noch in einigen typischen Nachkriegs-Handelsgeschäften am Rande der Legalität und wurde dafür 1951 ins Gefängnis gesteckt. Er starb 1958 ziemlich verbittert in der Burg Wiese.

So blieb es mir vorbehalten, aus dem Rest des Caminneci-Vermögens etwas zu machen. Ich begann 1948 mit den Baumschul-Anlagen auf dem Krummaueler Feld, die bald ertragreich wurden, da nach dem großen Krieg und der Nachkriegszeit ein sehr hoher Bedarf an Wiederbepflanzung von Wald und Flur bestand, heiratete meine Frau Marion van der Heuvel, die mit ihrer Familie aus dem zerbombten Hamburg nach Schladern gekommen war und mit der ich vier hübsche und intelligente Kinder habe, baute zwei Bungalows, von denen ich einen der uns verbundenen Familie des Barons von der Pahlen aus Estland überließ, den anderen bewohnten wir selbst. Ich konnte einen Teil der Familienwälder in der Nutscheid zurückerwerben mit weitläufigen Jagdpachten dazu. Ich war zeitweilig der bekannteste Jäger der Bundesrepublik, nachdem ich hier einen verirrten polnischen Luchs geschossen hatte, und baute aufgrund dieses Ruhmes im mittelalterlichen Hof Schladern eine international bekannte und sehr renommierte Jagdschule mit einer Pension und Lehr- und Tagungsveranstaltungen auf. Da war ich in den 70er- bis 80er-Jahren des vorigen Jahrhunderts auf dem Höhepunkt meiner Karriere.

Dann erwischte es auch mich: meine Frau Marion, in Schladern Rehlein genannt, die sich schließlich als eher unliebenswürdig entpuppte, ließ sich scheiden unter Mitnahme des halben Besitzes, die Kinder waren in Ausbildung und kosteten viel, und endlich kam eine schwere Krankheit hinzu, nach der ich teilweise gelähmt war und weder die Jagdschule noch den Gartenbau-Betrieb mehr richtig leiten konnte, sodass das alles zu Bruch ging. Alles, was mir geblieben ist, sind diese zwei Morgen Land, auf dem die Feldscheune steht, und diese selbst, in die ich mit meiner zweiten Frau Ingrid einzog, da sie ja für die Jagdpensionäre schon ausgebaut war. Außerdem blieben mir noch einige kleine Waldstücke, vorwiegend im Bereich der alten Rittersitze.“

Ein weiterer typischer Schladerner und erfolgreicher Unternehmer ist Helmut *Schroeder*. Hier eine kurze Geschichte seiner Familie und ihrer Firmen (nach einem 2017 mit ihm geführten Interview):

Archiv H. Schroeder.

Eduard Schroeder (1835–1910).

Eduard Schroeder (1835–1910) kam aus Hagen-Haspe, war Architekt und hatte dort ein Baugeschäft. Er lernte beruflich den Herrn Jaeger kennen, der eine Baufirma in Köln besaß, fusionierte mit ihm und zog nach Köln, wo sie sich unter anderem auch auf Schornsteinbau spezialisierten.

Ende der 1880er-Jahre bekamen sie von der Firma Elmore's, die sich gerade in Schladern ansiedelte, den Auftrag für mehrere Industrieschornsteine. Eduard Schroeder sah sich 1889 in Schladern um, fand im Lehmberg ausreichende Mengen geeigneten Lehm, kaufte das ganze Land drumherum der Familie Schneider aus dem Oberen Hof ab und errichtete in wenigen Jahren im Lehmberg eine Musterziegelei nach eigenen Plänen mit modernster Dampfmaschine und hohem Schornstein, in der erst im Feldbrand, später in Ringöfen alle Ziegelsteine für den Bau der Firma Elmore's, deren Schornsteine und vieler Großgebäude in Schladern und Umgebung gebaut wurden (zum Beispiel die Villa Schroeder 1902, das Auguste-Viktoria-Stift oder -Heilstätte in Rosbach 1902, die Villa Schöneck 1903, die Post in Schladern, die sogenannten Poppels-Häuser, die Elmores-Villen, die Schulen, usw.).

Das Bauunternehmen war meist die Firma Franz Poppel aus Schladern, die sich später auch weiterhin der Baupläne von Eduard Schroeder bediente, nachdem dieser schon tot war.

Eduard Schroeder hatte mit seiner ersten Frau, Helene Lisette, die früh in einem Pflegeheim verstarb, sieben Kinder (Alma, Lydia, Johanna, Else, Ewald, Paul, Lisette-Marie) und mit seiner zweiten Frau Bernhardine, gest. 1929, fünf (Max, Hedwig, Willi, Walter, Fritz). Nach dem Bau der Villa Schroeder zog er mit seiner Familie von Köln dorthin, während sein Geschäftspartner Jaeger in Köln blieb. Nach seinem Tod 1910 übernahm der Sohn Ewald, der schon ein Baugeschäft in Köln leitete, kommissarisch auch die Leitung der Ziegelei bis 1914.

Die Witwe hatte es nicht leicht, die Kinder in der Zeit nach dem Tod ihres Mannes durchzubringen. So vermietete sie u.a. die Remise neben der Villa Schroeder an den Elektriker Werner Sanders als Werkstatt, in die ihr Sohn Willi als Lehrling eintrat und die er später als eigene Elektrofirma fortführte. Die unverheiratet gebliebene Tochter Hedwig versorgte den Haushalt mit und pflegte später die Mutter bis zu deren Tod. Die Söhne Walter (geb. 1904) und Fritz (geb. 1906) fuhren mit der Bahn zur Arbeit ins Walzwerk in Wissen, bis dort in der Wirtschaftskrise Personal entlassen wurde und Walter, der Vater des jetzigen Renault-Werkstatt-Inhabers Helmut, in den 1930er-Jahren sich auf Landmaschinen- und Trecker-Reparaturen und -Beschaffung verlegte, was er zeitweise in Zusammenarbeit mit der Firma Krause Industrieöfen und Gusspfannen im Lehmberg organisierte.

1914, unmittelbar vor dem Ersten Weltkrieg, war Ewald Schroeder mit der Ziegelei am Ende, sie musste versteigert werden. Dabei ersteigerte der Bauunternehmer Franz Poppel die größten und brauchbarsten Teile, als erstes die berühmte Henschel-Dampfmaschine, verkaufte sie direkt an die „Gewerkschaft Held 3" weiter, die die Westert-Steinbrüche betrieb, und konnte mit dem Gewinn die restlichen interessanten Gebäude und Maschinen der Ziegelei erstehen, die dann von ihm alle wieder an diverse Unternehmer und Handwerksbetriebe weiterverkauft wurden.

Damit war die Ziegelei erledigt, da wohl auch wegen der folgenden Kriegsjahre keine große Bautätigkeit in der Umgebung mehr stattfand. Willi Schroeder heiratete Lina, geb. Müller, sie hatten keine Kinder, wohnten in der Villa und Willi betrieb in der Remise seine Elektrowerkstatt bis Mitte der 1980er Jahre, als er sie an seinem Neffen Eberhard weitergab, der bei ihm gelernt hatte. Fritz blieb zunächst im Walzwerk, wechselte dann zu Elmore's, heiratete Erna, und sie hatten den Sohn Eberhard, den späteren Elektriker. Walter, wie schon erwähnt, im Traktoren- und Landmaschinenhandel tätig, heiratete Wera Wander, die Tochter von Alma aus deren erster Ehe, und hatte mit ihr die Tochter Lotte, heute verheiratete Schuster, und den Sohn Helmut, mit dem er die Renault-Werkstatt gründete. Helmut heiratete Elke und hatte mit ihr die Tochter Anja, heute verheiratete Salz, und den Sohn Harald, der inzwischen die Renault-Werkstatt leitet und selber auch einen Sohn Henrik hat, den er auf seine eigene Nachfolge vorbereitet.

Die Anfänge der Renault-Werkstatt
nach dem Zweiten Weltkrieg schildert Helmut Schroeder so:

Durch seine Erfahrungen im Trecker-Handel konnte Walter Schroeder 1949 mit der Firma Allgaier, die in Friedrichshafen ein neues Werk für Allgaier-Porsche-Trecker gebaut hatte, Geschäfte vereinbaren. 1952 schickte Walter seinen Sohn Helmut im recht jugendlichen Alter bereits auf einen Lehrgang dorthin und ließ ihn danach schon kräftig mitarbeiten in Werkstatt und Verkauf. Sie bauten zusammen unterhalb der Villa ein Werkstatthaus auf, reparierten neben Treckern und Landmaschinen auch Autos aller Fabrikate, vorwiegend Volkswagen, und ab 1962 trat dann die Firma Renault an sie heran, um sie zunächst für ihre Trecker und später auch für ihre Pkw zur Vertragswerkstatt zu machen. Ende der 1960er-Jahre kam es zu Auseinandersetzungen zwischen Walter und seinem Sohn, sodass Helmut sich eine neue Werkstatt aufbaute an der Waldbröler Straße in Schladern, die er bis Anfang der 1990er-Jahre noch beibehielt, auch als er schon ab 1975 das Gelände der alten Ziegelei samt dem Gebäude der Kupferschmiede Fuhrmann zurückkaufte und als die endgültige Renault-Werkstatt ausbaute.

Der Vater Walter arbeitete in der alten Werkstatt weiter zusammen mit dem Sohn seiner Tochter Lotte, dem Enkel Jürgen Schuster. Dieser musste einige Jahre später lange ins Gefängnis, sodass die Werkstatt Pleite machte. Sein Vetter Harald nutzte vor Jahren die Gelegenheit einer Zwangsversteigerung, um auch dieses Grundstück und Gebäude wieder für die Firma Schroeder zurückzukaufen.

Das Leben in der Villa Schroeder in den 1950er-Jahren:

Oben im Turmzimmer lebte Hedwig, die Hausversorgerin. In den drei Etagen darunter hatte Fritz mit Familie verstreute Räume. In der zweiten Etage war Schneider Moritz mit Familie als Mieter untergebracht. In Parterre lebten Willi und Lina und zeitweilig noch eine Familie Demmer zur Miete

In der ehemaligen Remise neben der Villa hatte Willi seine Elektriker-Werkstatt und in einem ausgebauten Wohnbereich dahinter lebte das Ehepaar Schweissguth. Sie, die Mutter von Wera, wurde 100 Jahre alt und hatte noch die bolschewistische Revolution in Russland erlebt. Außerdem wohnten da drüber Walter und Wera mit den Kindern Lotte und Helmut. Zeitweise waren also sieben Parteien nebeneinander in der Villa Schroeder ansässig.

Josef *Höffer* II. (1896–1984), noch ein Schladerner Urgestein, berichtet im Interview von der 100-jährigen Geschichte seiner Firma und Familie (aus einem Artikel des Rhein-Sieg-Anzeigers von 1960 und einem Interview von Frieder mit dessen Sohn Elmar 2017):

Foto: E. Höffer

Josef Höffer II. (1896–1984).

„Ich habe in meiner Jugendzeit noch die Postillione Stangier und Demmer gekannt, die mit Posthorn und Pappzylinder die mit Pferden bespannten Postkutschen durch das Land der oberen Sieg geleiteten“, begann Josef Höffer, der bisherige Inhaber der Landesprodukten-Großhandlung Wilhelm Höffer in Schladern, seinen Bericht über die 100-jährige Geschichte seiner weit über die Grenzen des Siegkreises bekannten Firma. In der vierten Generation führte zuletzt Rolf Höffer die von seinem Urgroßvater im Jahre 1860 gegründete Firma. Josef Höffer I. war damals auf Betreiben des mit ihm verwandten Hauptlehrers Schwellenbach in Dattenfeld als Hilfslehrer aus Neuhohnrath nach Schladern gekommen. Zunächst richtete er in einem gemieteten Raum eine Kohlenhandlung ein, die mit einer Gastwirtschaft verbunden war. Acht Jahre später besaß Großvater Josef Höffer bereits ein eigenes Haus, in dem er die Firma unterbringen konnte. Von 1868 bis 1900 führte er darin auch die Posthalterei und hatte zeitweilig zwölf Postpferde untergebracht, die die Postkutsche von Schladern aus ins Oberbergische und an die obere Sieg zogen. Die Konzession aus dem Jahre 1861 für die Gastwirtschaft ist noch im Besitz von Josef Höffer II.

Im Jahre 1889 übernahm in der zweiten Generation Wilhelm Höffer mit 24 Jahren den Handel mit Kohle und Brennstoffen. Er erweiterte die Firma noch mit dem Handel von Dünger und Futtermittel, Getreide und allen Arten von Landprodukten. Zur damaligen Zeit war an der oberen Sieg der Handel mit Gerblohe von besonderer Bedeutung. Die von den Landwirten und Waldbauern geschälte Eichenrinde wurde gegen Leder eingetauscht. Im Jahre 1900 übernahm Wilhelm Höffer den gesamten väterlichen Betrieb. Allerdings wurde die Posthalterei bald darauf an das gerade gebaute Hauptpostamt Schladern abgegeben. Josef Höffer II., übernahm die Firma im Jahre 1926 und führte sie bis 1970. Die Gastwirtschaft „Bergischer Hof" wurde 1927 verpachtet und 1960 nach dem Tode des letzten Pächters verkauft an die Familie Bredenbrock.

In der Gemeinde Dattenfeld, zu der Schladern bis 1969 gehörte und die dann in die Großgemeinde Windeck aufging, genoss Josef Höffer einen guten Ruf. Seit vielen Jahren hatte er Sitz und Stimme im Gemeinderat und nahm regen Anteil besonders am Heimatort Schladern. Er starb 1984, nachdem er die Firma Höffer vorher an seinen dritten Sohn Rolf übergeben hatte.

Josef Höffer I. wurde 1832 geboren und heiratete kurz nach seinem Umzug nach Schladern eine Anna Catharina Kolb aus Dattenfeld. Ein Schwestersohn war der später als Widerstandskämpfer bekannt gewordene Vikar Ernst Moritz Roth. Josef hatte mit seiner Frau zwei Töchter und fünf Söhne. Der Sohn Fritz gründete in Dattenfeld die Gastwirtschaft Höffer, heute „Dattenfelder Hof", die inzwischen von Josefs Ur-Ur-Enkel André Höffer weitergeführt wird. Der Sohn Heinrich wurde Bäcker und eröffnete in Schladern neben der väterlichen Gastwirtschaft eine Bäckerei.

Drei seiner Söhne wurden ebenfalls Bäcker, ein vierter, Willy, studierte, promovierte und wurde schließlich leitender Angestellter bei der Schladerner Kupferrohrfabrik Elmores. Josefs Sohn Wilhelm übernahm die Gastwirtschaft und den Landproduktehandel in Schladern. Er heiratete zuerst die Elisabeth Langen aus Honneroth, mit der er den Sohn Josef Höffer II. hatte, und nach ihrem Tod eine Lenz vom Kumphof. Josef Höffer II. übernahm das Geschäft 1926 und gab es 1970 an seinen Sohn Rolf weiter, Er hatte mit seiner ersten Frau, Helene Lütz aus Dattenfeld, die Söhne Wilhelm, Franz-Albert und Rolf und mit der zweiten Frau, Anna Maria Baldus aus Duisburg, die Söhne Manfred, Konrad, Guido, Elmar und die Tochter Annemarie.

Alfred Langen, desgleichen Ur-Schladerner, erzählt über die *Langens-Familien- und Firmengeschichte* und die Kleinjohanns (nach einem Interview mit Alfred Langen, 2017):

Die Langens stammen aus Heide bei Brühl. Ein Zweig erwarb im 19. Jahrhundert den Hof Honneroth bei Altenkirchen im Westerwald. Zu einer engen Zusammenarbeit zwischen den Familien Höffer und Langen kam es, als Gertrud Langen gegen Ende des 19. Jahrhunderts Wilhelm Höffer aus Schladern heiratete. Ihr Bruder Hermann I. hatte sich entweder schon vorher oder nach der Heirat der Schwester in direkter Nachbarschaft zum Landhandel Höffer in der Elmoresstraße angesiedelt, das ließ sich nicht mehr nachprüfen. Dort führten er und seine Frau Klara ein Spezereien- und Tabakgeschäft. Die Arbeiter und Angestellten des Elmores-Kupferrohrwerkes sowie die Belegschaft der Kammerich-Eisenwerke nebenan waren eine gute Kundschaft. Mit der Familie Hundenborn im Haus Mühlenbach im Westerttal, damals Heiselt genannt, unterhielt Hermann I. zudem eine Stielfabrikation in kleinerem Umfang. Sein Bruder Heinrich und dessen Söhne Josef, Johann und Hermann II. waren stille Teilhaber und bewirtschafteten „Gut Honneroth“.

Als 1913 die Kammerich-Eisenwerke an der Bahnstraße pleitegingen, entschloss sich Hermann I. die Produktion in deren Fabrikgelände zu verlegen. Selbst kinderlos, gelang es ihm, seinen Bruder Heinrich und seine Söhne, mittlerweile im Alter von 19 bis 25 Jahren, mit in die neue Firma zu holen. Firmiert wurde in den ersten Jahren als „Firma Langen & Co.“. Hergestellt wurden Handwagen, Hand- und Transportkarren, Schlitten aus Holz und mit Eisenbeschlag. Zur Firma gehörten ein Dampfsägewerk, ein Holzhandel und eine eigene Schmiede für vier Schmiedefeuer. Die Stielfabrikation von Hermann Langen I. wurde mit in die Firma aufgenommen, er war als persönlicher Gesellschafter an der Firma beteiligt. Ein überlieferter Werbespruch lautete „Wer die Wagen von Heinrich Langen führt, der braucht um Käufer nicht zu bangen“.

Ende der 1920er-Jahre heirateten die Söhne: Josef die Krankenschwester Helene Kruse, Hermann II. die Tochter des Bochumer Bauunternehmers Blömecke. Der ließ seiner Tochter Therese als Mitgift in Schladern an der Bahnstraße ein großes modernes Haus bauen. Johann zog sich mit seiner bevorstehenden Heirat aus dem Unternehmen zurück, wohl auch, weil es zu Streitigkeiten zwischen den Brüdern kam.

Hochzeitzgesellschaft Johann Langen mit Maria Kleinjohann am neuen Geschäftshaus Langen, 1931.
Archiv Sylvia Schmidt.

Er baute im Lehmberg einen eigenen Betrieb auf und seine zukünftige Frau, Maria Kleinjohann, baute ein für dörfliche Verhältnisse sehr stattliches Wohn- und Geschäftshaus im klassischen Bauhaus-Stil gegenüber ihrem Elternhaus in der Burg-Windeck-Straße. Dort hatte sie sich in den 1920er-Jahren ein florierendes Lebensmittelgeschäft eingerichtet, das im größeren Stil nun weitergeführt wurde. In den 1950er-Jahren übernahm Tochter Gisela das Geschäft bis zur Schließung um 1978. Auch die ältere Tochter Margret, verheiratet mit Hans Günter Schmidt, lebte mit ihrem Mann und den Kindern Ralph und Sylvia in dem geräumigen Haus.

In der Firma der Brüder Langen blieben auch nach Johanns Ausstieg die Konflikte nicht aus. Schließlich wurde die Firma aufgeteilt. Hermann gründete 1953 neben seinem Wohnhaus eine Holzhandlung. Von seinen fünf Kindern übernahm Sohn Alfred, der noch in der Ausbildung zum Schreiner und Holztechniker war, schließlich vom Vater den großen Holzhandel an der Ecke Bahnstraße/Elmoresstraße, der heute noch unter dem Namen „Holz-Langen“ in voller Funktion ist und von Jörg Schröder geleitet wird. Alfred heiratete die älteste Tochter der Gastwirtsfamilie Bredenbrock, die das Gasthaus und Hotel „Bergischer Hof“ 1960 von den Höffers übernommen hatte.

Die Familie Kleinjohann, in die Johann Langen eingeheiratet hatte, war schon vor den Langens nach Schladern gekommen. Wie so viele hatte sich auch Karl Kleinjohann aus Ostwestfalen durch den Bahnbau nach Schladern locken lassen und heiratete 1856 nach Dreisel. Die junge Familie zog bald ins heutige Alt-Windeck. Später avancierte der Bahnwärter ins „Kleinjohanns Häuschen“ direkt an der Bahnlinie am Ende des Schladerner Bahnwegs zum Einschnitt hin. Er hatte mit seiner Frau Elisabeth, geborene Patt, fünf Kinder, von denen der älteste Sohn Heinrich, geboren 1857, Briefträger am Postamt in Schladern wurde. Mit seiner Frau Josefa, geb. Altwicker, hatte er zehn Kinder, unter anderem Maria, mit dem Lebensmittelgeschäft. Der älteste Spross des Heinrich Kleinjohann, Johannes Heinrich, geboren 1885, lebte später mit Familie in Siegen. Allerdings zog es seine Töchter Gertrud und Luzia im Erwachsenenalter zurück nach Schladern. Sie hatten sich in die Nachbarssöhne ihrer Großeltern Kleinjohann verguckt. Karl Hundhausen heiratete Luzie und machte sich später als Landschaftsmaler einen Namen. Emil Hundhausen heiratete Gertrud und wurde bekannt als streitbarer Heimatforscher und Gründer des Heimatmuseums in Alt-Windeck. Ein Großvater mütterlicherseits der Hundhausens war auch schon mal etliche Jahre Pächter im ehemaligen Klosterhof Haus Schladern gewesen.

Unser Nachbar und angeheirateter Vetter dritten Grades, Kurt Heinrich Karl *Müller* (1929–2018), genannt Kumü, erzählt von seinen Anfängen in Schladern (Auszug aus Kurt Müller: *Jahrgang 1929*, 2003):

„Weder unsere Evakuierung von Köln an die Sieg noch meine Zeit in Helzen oder meine Maurerlehre in Schladern hätten mich je auf die Gedanken gebracht, dass aus mir – einem kölsche Jung – ein Schladerner oder Windecker werden könnte. Das Ganze begann damit, dass nach der Heimkehr der Männer aus dem verlorenen Krieg das Vereinsleben wiederauflebte. Auch in Schladern war das so. Die drei Säulen des Vereinslebens, der Gesangverein Germania, der Turn- und Spielverein und der Karnevalsverein wurden wieder aktiv.

Die Menschen beteiligten sich. Sie besuchten in der Vorzeit des Fernsehens Konzerte, Sportveranstaltungen, Feste und allerlei Gemeinschaftsveranstaltungen und bestärkten damit den Zusammenhalt des Ortes. Die Integration der vielen Flüchtlinge und Evakuierten ging ziemlich reibungslos vonstatten. Die sogenannten immigrierten Rheinländer, die „Imis“, machten mit. Sie kamen aus Schlesien, Pommern und Ostpreußen. Einige Soldaten aus Einquartierungszeiten kamen zurück und machten aus ihrer Einquartierungsliebe die Frau fürs Leben. In allen Vereinen war ich aktiv dabei, kannte nach kurzer Zeit die Menschen im Ort und versuchte, mit ihnen auszukommen.

Für eine geplante Tanzveranstaltung brachte mir Else Krämer als Tanzpartnerin in Separatstunden das Tanzen bei. Sie war elf Jahre älter als ich und hatte schon Tanzunterricht gehabt, als ich in die Schule gekommen war. Der Ballabend war ein Erfolg und die Nacht der Beginn einer großen Liebe. Else, romantisch, musisch, belesen, mit Abitur, aus wohlhabendem Elternhaus, zusammen mit mir, dem Stundenlohn empfangenden Maurer aus bürgerlichem, aber nicht wohlhabendem Elternhaus. Das konnte kaum gut gehen! Sie las viel, auch Gedichte, besuchte Konzerte und führte im Freundeskreis kluge Gespräche. Ich hatte bis dahin die Don-Kosaken und einige Opern erlebt und „Gräfin Mariza“ gesehen, Karl May, den „roten Kampfflieger“ und Theodor Storm gelesen und für mein Alter nur einen bewegten Lebenslauf vorzuweisen. Wir trafen uns fast jeden Abend gegen 19 Uhr mit Freunden am Bahnhof in Schladern. Diese Treffen hatten keinen gesellschaftlichen, sondern einen lebenswichtig materiellen Grund, den „Kohlenklau“.

Meistens pünktlich um 19.15 Uhr hielt ein aus Richtung Köln kommender Güterzug am ersten Haltesignal vor dem Bahnhof. Der Zug war im Braunkohlerevier Frechen mit Briketts beladen worden und für die französisch besetzte Zone, dem jetzigen Rheinland-Pfalz bestimmt. Unterhalb des Bahndamms warteten in der Regel 50 bis 60 Personen auf das Eintreffen des Zuges. Auf die Zuglänge verteilt, stürmten wir die Waggons, sobald der Zug hielt. Auf den Waggons die Schmeißer, unterhalb der Waggons die Sammler und am Fuß des Bahndamms die Verlader.

Der Spuk dauerte 10 bis 15 Minuten. Danach bollerten durch Schladern die brickettgefüllten Leiterwagen der ortsansässigen Firma Langen. An einem Abend wurden wir von der Bahnpolizei überrascht. Sie versuchte, uns zu vertreiben oder festzunehmen. Unter einem Hagel von Brikettgeschossen schlugen wir sie in die Flucht. Wir haben bei den späteren Aktionen keinen Bahnpolizisten mehr gesehen. Ein anderes Mal fuhr der Zug früher als erwartet ruckartig los. Einige Frauen konnten die Waggons nicht mehr verlassen, fuhren bis zum Bahnhof Betzdorf mit und kamen spät in der Nacht nach Schladern zurück. Else war auch dabei. Wir hatten kein schlechtes Gewissen bei unseren Kohleklau-Aktionen, sondern fühlten uns in Gottes Hand. Der Kölner Kardinal Frings hatte diese Aktionen für den Eigenbedarf und aus der Not heraus als „Nichtsünde“ bezeichnet. Danach wurde die Begriffe „Kohlenklau“ und „Organisieren“ durch „Fringsen“ ersetzt.

Beteiligung mit Naturalien war die Grundlage unserer Treffen im kleinen Kreis. Einer der Treffpunkte war ein kleines Fachwerkhaus in Alt-Windeck. Hier wohnte der Maler Carl Hundhausen mit seiner Frau Lucie und drei Kindern. Bei unseren Gesprächen ging es hauptsächlich um die Zukunft unseres zerstörten Landes, die Frage nach Arbeit und die, wann es wieder genug zu essen gab. Am 8. Mai 1949, knapp ein Jahr nach der Währungsreform, verabschiedete der Parlamentarische Rat das von den Militärgouverneuren genehmigte Grundgesetz. mit einer Stimme Mehrheit Zum ersten Bundeskanzler wählte der Deutsche Bundestag mit einer Stimme Mehrheit den 73-jährigen ehemaligen Oberbürgermeister von Köln, Dr. Konrad Adenauer. Bonn wurde Bundeshauptstadt. Eine Entscheidung, die für meinen späteren Lebenslauf von Bedeutung war.

Im Juni 1952 wussten wir, dass Else schwanger war. Unsere Ehe wurde am 19. Juli 1952 vor dem Standesamt und am 20. Juli in der evangelischen Kirche in Schladern geschlossen. Wir machten unsere Hochzeitsreise nach Remagen am Rhein, ein bis Kriegsende weitgehend unbekannter Ort. Er wurde berühmt durch den Film „Die Brücke von Remagen", der letzten intakten Brücke, über die die Amerikaner den Rhein überquerten. [...]

In der Nacht vom 22. auf den 23. Januar 1953 wurde unser Klaus geboren. Wir waren glücklich, wir hatten eine Familie. Das waren die „Folgen Schladerns", eines Ortes, den ich nur als Übergang geplant hatte, und der nun mein Lebensmittelpunkt war."

Über unseren andern Nachbarn und den angeheirateten Vetter mindestens vierten Grades, dem wohl bekanntesten Schladerner Original, ein Auszug aus der von ihm selbst autorisierten Kurzbiografie des „Internationalen Biographischen Archivs" vorgetragen von seinem Referenten Kumü (Auszug aus Kurt Müller: *Jahrgang 1929*, 2003):

„Karl Wienand wurde am 15. Dezember 1926 in dem Dorf Lindenpütz bei Rosbach/Sieg als Sohn eines Bauarbeiters geboren. Der Vater, zunächst linker Sozialdemokrat und später Kommunist, trat in den Dörfern seiner Heimat oft gegen den Nationalsozialisten Robert Ley auf. 1933 kam er in Schutzhaft und wurde danach noch mehrfach inhaftiert. Er starb zu Kriegsanfang. Die Mutter brachte die Familie in der Folge als Putzfrau durch.

Nach dem Besuch der Volksschule wurde Karl 1941 wegen seiner Begabung auf die Lehrerbildungsanstalten in Bad Godesberg und Xanten geschickt. 1943 wurde er zum Kriegsdienst einberufen und machte den Krieg an der Italienfront und in Russland mit. Schwer verwundet durch Verlust eines Beines, Kopfschuss und Spatenhieb in den Arm geriet er in sowjetische Gefangenschaft, aus der ihm dann jedoch die Flucht gelang. Er ist 70 Prozent kriegsbeschädigt. Nach dem Krieg besuchte er von 1947 bis 1948 das Hollenberg-Gymnasium in Waldbröl, holte das Abitur nach und studierte bis 1953 Rechtswissenschaft und Volkswirtschaft in Bonn.

Das Geld dazu verdiente er sich als Werkstudent. Nebenbei arbeitete er bei Viktor Agartz im Wirtschaftswissenschaftlichen Institut des Deutschen Gewerkschaftsbundes. Außerdem leitete er von 1950 bis 1953 die Bundesjugendschule des DGB in Bielefeld und in Oberursel.

Seit 1947 Mitglied der SPD, engagierte sich Karl Wienand schon früh in der Kommunalpolitik. 1950 wurde er Kreisvorsitzender im Siegkreis, 1952 Bezirksvorstand der SPD Mittelrhein, Ende 1952 Bürgermeister und 1955 Gemeindedirektor in Rosbach (bis 1967).

1953 zog er als jüngstes Mitglied in den Deutschen Bundestag ein. Dort widmete er sich zunächst Jugend- und Haushaltsfragen, später gehörte er dem Verteidigungsausschuss an, dessen stellvertretender Vorsitzender er Ende 1963 wurde. In dieser Zeit profilierte er sich als Wehrexperte der SPD. Ab 1958 gehörte er auch der beratenden Versammlung des Europarates an. Bis Ende 1973 war er Mitglied im Landesvorstand der nordrhein-westfälischen SPD. Von März 1967 an war er parlamentarischer Geschäftsführer der SPD, eine Position, in der er sich, erst unter Helmut Schmidt, dann unter Herbert Wehner, dessen besonderes Vertrauen er genoss, zunehmend zur „Seele des Geschäfts", aber auch zum Mann für „heikle Fälle" bzw. als „Mann fürs Grobe" erwies, der in einer Phase, die vom „Wandel durch Annäherung" bestimmt war, immer wieder mit delikaten Ost-Auslotungsaufträgen in politischen Grauzonen hinter den Kulissen betraut wurde.

Die damit verbundene Geheimniskrämerei brachte es mit sich, dass Wienand immer wieder ins Zwielicht geriet. Dazu kam noch, dass sein Wirken durch verschiedene Affären überschattet wurde. So geriet er in Zusammenhang mit der missglückten Notlandung einer Passagiermaschine der später bankrotten Fluggesellschaft „Paninternational" im Sommer 1971 in den Verdacht, seine Beziehungen missbraucht zu haben, um der bezüglich Flugsicherheit bereits in schlechtem Ruf stehenden Gesellschaft behilflich zu sein.

Zu einer neuerlichen Affäre kam es 1973, als der vormalige CDU-Abgeordnete Julius Steiner behauptete, er habe bei der Abstimmung über das Misstrauensvotum gegen Willy Brandt am 27. April 1972 für Brandt gestimmt und dafür verabredungsgemäß von Wienand den Betrag von 50.000 DM erhalten, was von Wienand selbst bestritten wurde. Erst zwanzig Jahre später kam im Zuge des Spionageprozesses gegen Markus Wolf ans Licht, dass Steiner das Geld seinerzeit von der Stasi zugesteckt worden war. Für Wienands Image wenig förderlich war auch, dass seine Immunität im Dezember 1973 wegen des Verdachts auf Steuerhinterziehung aufgehoben wurde. Im November

1975 wurde er wegen Steuerhinterziehung und falscher Verdächtigung zweier „Stern“-Redakteure zu insgesamt 102.000 DM Geldstrafe verurteilt. Bereits im August 1974 war er auf eigenen Wunsch unter Hinweis auf seinen Gesundheitszustand von seinem Amt als Geschäftsführer der SPD-Bundestagsfraktion entbunden worden. Im Dezember 1974 hatte er auch sein Bundestagsmandat niedergelegt. Ein Ermittlungsverfahren wegen Falschaussage vor dem Steiner-Ausschuss wurde im März 1977 eingestellt.

Eine neue Aufgabe fand Wienand zunächst als Geschäftsführer und Gesellschafter der neu gegründeten „Gesellschaft für kosmetische plastische Chirurgie und Ästhetik mbH Klinik International“ in Bonn-Bad Godesberg, später wurde er – wie es hieß, recht erfolgreich – als Unternehmensberater tätig. Seine politischen Aktivitäten beschränkte er auf mehr oder weniger unauffällige, aber offenbar weiterhin einflussreiche Tätigkeiten an der Parteibasis. Im Februar 1980 wurde er in den Vorstand des SPD-Unterbezirks Rhein-Sieg gewählt, im März 1981 rückte er auch in den Vorstand des SPD-Bezirks Mittelrhein auf. Weiteren politischen Einfluss wahrte er als Mitglied des SPD-Parteirates und als Vorsitzender der Gesellschaft BRD-UdSSR in Bonn.

Im März 1990 verzichtete er auf ein mögliches politisches Comeback als Kandidat für den Vorsitz im SPD-Unterbezirk Rhein-Sieg, nachdem er vom Amtsgericht Siegburg wegen wiederholten Autofahrens unter Alkoholeinfluss zu einer sechsmonatigen Haftstrafe auf Bewährung verurteilt worden war. Bereits im August 1992 war Wienand in den Verdacht zeitweiliger Spionagetätigkeit geraten.

Die zunächst zu den Akten gelegten Vorwürfe verhärteten sich im Sommer 1993 nach Auswertung von Stasi-Unterlagen. Dazu kamen die Aussagen eines früheren Stasi-Offiziers, der angab, Wienand jahrelang als Informationsquelle benutzt zu haben. Die Ermittlungen der Bundesanwaltschaft liefen weiter, obwohl der Bundesnachrichtendienst verlauten ließ, dass er keine Hinweise auf eine Agententätigkeit Wienands vorliegen habe. Des ungeachtet strengte die Bundesanwaltschaft im Mai 1994 ein Strafverfahren gegen ihn vor dem Oberlandesgericht Düsseldorf an. Die Anklage warf ihm geheimdienstliche Agententätigkeit vom Herbst 1970 bis Herbst 1989 vor. Zusammen mit ihm wurde sein mutmaßlicher Stasi-Führungsoffizier Alfred Völkel angeklagt.

Das Hauptverfahren wurde formell im Dezember 1994 eröffnet, konnte aber wegen des schlechten Gesundheitszustandes Wienands erst im Juni 1995 aufgenommen werden. Obwohl er die Spionagevorwürfe bis zuletzt bestritt und von einem Teil der Zeugen entlastet wurde, hielt die Bundesanwaltschaft eine Spionagetätigkeit Wienands für erwiesen. Der Indizienprozess endete im Juni 1996. Wienand wurde wegen geheimdienstlicher Agententätigkeit für die DDR zu zweieinhalb Jahren Freiheitsstrafe und zur Zahlung von rund einer Million DM erhaltenen Agentenlohnes an die Staatskasse verurteilt. Wienand legte gegen das Urteil Revision ein.

Da Wienand weder ein klares Motiv für seine Agententätigkeit noch der Erhalt von Agentenlohn eindeutig nachgewiesen werden konnte und das Gericht ihm ausdrücklich bescheinigte, er habe keine wirklichen Geheimnisse verraten und der Bundesrepublik keinen messbaren und bleibenden Schaden zugefügt, fand das Urteil in der Presse ein zwiespältiges Echo und wurde zum Teil kritisiert. Die Revision gegen das Urteil des Oberlandesgerichtes Düsseldorf wurde vom Bundesgerichtshof in Karlsruhe verworfen. Bundespräsident Roman Herzog hat kurz vor seiner Amtsübergabe an Johannes Rau Karl Wienand begnadigt. Damit wurde die Haftstrafe zur Bewährung ausgesetzt. Dieser Gnadenakt war von Helmut Schmidt und Hans-Dietrich Genscher dem Bundespräsidenten nahegebracht worden.

Wienand nahm zwischen 1994 und 1999 im Zusammenhang mit dem Bau der Kölner Müllverbrennungsanlage und der Kölner Schmiergeldaffäre, wegen der auch die SPD-Politiker Klaus Heugel und Norbert Rüther und die Unternehmer Trienekens und Steinmüller verurteilt wurden, Schmiergelder in Millionenhöhe an. Ihm wurde neben Beihilfe zur Bestechlichkeit Bestechung und Steuerhinterziehung vorgeworfen. Der Prozess konnte wegen des schlechten Gesundheitszustandes von Wienand lange nicht eröffnet werden. Am 14. Dezember 2004 verurteilte das Kölner Landgericht Karl Wienand zu einer Haftstrafe von zwei Jahren, die zur Bewährung ausgesetzt wurde.

Karl Wienand wohnte in Schladern und starb am 10. Oktober 2011 in Trier.“

Literatur

Wolfgang Bredenbrock: Kirchweihfest St. Elisabeth, 2018

Gabriel Busch: Im Spiegel der Sieg, 1979

Gottfried Corbach: Die Amtmänner des Amtes Windeck, 1968

Frieder Döring: Neanderland, 2009

Frieder Döring: Eburonengold – Ein Windeck-Historienkrimi, 2013

Frieder Döring: Codex Wolkenstein – Ein Windeck-Historienkrimi, 2015

Frieder Döring: Frankenturm – Ein Windeck-Historienkrimi, 2017

Frieder Döring: Kelten an der Sieg, 2018

Frieder Döring: Windecker Baumdenkmäler, 2018

Frieder Döring: Das Mausoleum des Rittmeisters Hans F. J. Rive, 2020

Ernst Joachim Döring und Frieder Döring: Die Reformation im Amt Windeck und die Union in der preußischen Rheinprovinz, 2017

Kurt Düwell: Die Reformation in der Herrschaft Homburg an der Mark und im Oberbergischen, 2012

Werner Erdmann: 400 Jahre Evangelische Kirchengemeinde Rosbach, 1971

Werner Erdmann, Frieder Döring: Die Ev. Friedenskirche Schladern und ihre künstlerische Ausstattung, 2011

F. W. Feuring: Zur Geschichte des Amtes Windeck, 1926

Oswald Gerhard: Das Amt Windeck im Spiegel der Sage, 1925

Oswald Gerhard: Zur Geschichte der rheinischen Adelsfamilien, 1926

Juval Noah Harari: 21 Lektionen für das 21. Jahrhundert, 2018

Konrad Höffer: Schladern an der Sieg in alten und neuen Ansichtskarten, 2011

Josef Hoffmann: Burg und Amt Windeck, 1940

August Horn: Das Siegthal von der Mündung des Flusses bis zur Quelle in seinen historischen und sozialen Beziehungen, 1854

Emil Hundhausen: Meng Mottersprooch, 1959

Emil Hundhausen: Im Banne der Heimat, 1961

Emil Hundhausen: Das Amt Windeck im Spiegel der Sage, 1972

Emil Hundhausen: 800 Jahre Burg Windeck, 1974

Emil Hundhausen: Unsere Heimat in alten Bildern, 1976

Emil Hundhausen: Altwindeck – ein bergisches Juwel, 1978

Josef Joisten: Zur Geschichte des Schlosses Windeck, 1894

Otto Kaufmann: Schwänke, Streiche, Volkserzählungen, 1975

Peter Heinz Krause: Kanonendonner und Pesthauch. Zur Geschichte der Burg Windeck 1431-1663, 2006

Willi Kremer: Erlebnis Heimat, 2012

Theodor Josef Lacomblet: Weisthum des Schlosses Windeck, 1449, Faksimile 1873

Anton Landsberg: Die Dattenfelder Rittersitze und das Dattenfelder Kirchenbuch, 1938

Otto Ernst Löttgen: Festschrift zur 700-Jahrfeier, Gemeinde Rosbach-Sieg, 1950

Otto Ernst Löttgen: Windecker Ländchen, 1979

Andreas Lutz: 50 Jahre Heimatmuseum Windeck – Museumsdorf Altwindeck, 2014

Ulrich Magin: Keltische Kultplätze in Deutschland, 2019

Arnoldus Mercator: Gründliche Beschreibungh und Gelegentheit etlicher warer Grentzen dem Bergischem Ampt Windeck und Herschaft Hombergh betreffend, 1575

Kurt Müller: Jahrgang 1929, 2003

Franz Muhr-Kammerich: Zu Geschichte der Festung Windeck, 1959

Leonie Gräfin von Nesselrode: Ehrenstein im Westerwald, 2010

Ernst Patt, Franz Kluwe, Rolf Gatzmanga, Dieter Vollmer: Windeck, 2009

Heinz Patt: Die Rittersitze und Burgen um Windeck, 1984

Heinz Patt: Geschichte der Burg und des Amtes Windeck, 1988

Auguste Peters: Oberbergisches Verkehrsleben im alten Schladern, 1952

Auguste Peters: Des Deutschen Volkes Totensonntagstext, 1946

Henri van Rooijen: Liebfrauenthal zu Ehrenstein, 1979

Helmut Salz: Dattefelder Platt, 2008

Stefan Scheffels: Wälder in der Leuscheid, 2021

Sylvia Schmidt, Frieder Döring: Als googeln kein Thema und Jugend forscht gefährlich war, Schladerner Kindheitserinnerungen aus sechs Jahrzehnten, 2019

Sylvia Schmidt, Frieder Döring: Windecker Heimatgeschichten, Dorfbewohner erzählen von früher und heute, 2020

Sylvia Schmidt, Frieder Döring: Windecker Heimatgeschichten Band II, Dorfbewohner erzählen von früher und heute, 2021

Willi Schröder, Heinz Patt, Raimund Weiffen: Bürgerverein Dattenfeld 100 Jahre, 2000

Willi Schröder: Aufzeichnungen des Pastors Johannes Robens von Dattenfeld im Dreißigjährigen Krieg, 2001

Willi Schröder: Von der Domäne Gauchel zum Gut Schöneck, 2008

Willi Schröder: Die Rittersitze Wilberhofen und Broich, 2006

Margarethe Schumacher: Erinnerungen an Schladern, 2007

Robert Seinsch: Karl Christan Peters, 1988

Alfred Simon: Waldbröl, 1968

Heinrich Strombach, Wilhelm Geilhausen, K. Heinz Bierbrauer: Familienbuch Rosbach, 2002

Bernadette Thomas: Eine Lebensgeschichte, 1994

Jordan van der Waye: Eigentliche Description Theil des Bergischen Ambts Windeck samt anstossende Grentzen, 1607

Raimund Weiffen: Schladern und seine Verbindung zum Kloster Zur lieben Frau in Ehrenstein, 2009

Ernst Weyden: Das Siegthal, 1865

Lothar Wirths: Die Nutscheidstraße, ein Denkmal mittelalterlicher Verkehrsentwicklung zwischen Sieg und Bröl, 2000

Lothar Wirths: Alte Ortsnamen zwischen mittlerer Sieg und Agger, 2005

Dieter Zerbin, Joachim Gauchel: Dorfchronik Dreisel, 2012

TEIL II

Kindheit in Schladern

Frieders Erinnerungen ans Dorfkinderleben in der Nachkriegszeit

Meine allerersten Erinnerungen sind verschwommene Bilder, in denen ich auf einem Töpfchen saß im Gewölbekeller des Opa-Hauses in Schladern und Angst hatte vor dem an- und abschwellenden Röhren der Tiefflieger. Das muss im Frühjahr 1945 gewesen sein, nachdem die Tante Leni meine Schwestern und mich aus Schlesien abgeholt und nach Schladern gebracht hatte.

Wie im Märchen

Die erste richtig klare Erinnerung, die wie eine Filmsequenz auch heute noch jederzeit abrufbar ist, muss von Mitte 1946 gewesen sein. Ich war um die dreieinhalb Jahre alt, da sollte im Haus meiner Großeltern in Schladern eine Hochzeit stattfinden. Tante Leni heiratete den Mann ihrer besten Freundin, die vor Kurzem verstorben war, und heiratete deren sechs Kinder mit. Da war dann so viel Betrieb im Großelternhaus, in dem wir nach unserer Flucht aus Schlesien Anfang 1945 untergekommen waren, dass meine ältere Schwester Inge und ich für sechs Wochen nach Bad Godesberg in ein Kinderheim „ausgelagert" wurden, in dem unsere Tante Helmi Kinderpflegerin war – allerdings bei den größeren Kindern, nicht bei uns kleinen. Nur an Sonntagen durften wir sie in ihrer Schwesternwohnung besuchen. Dann kredenzte sie uns eine süße Quarkspeise, spielte und bastelte mit uns, und wir waren wieder halbwegs getröstet für die nächste trostlose Woche in einem Heim, in dem nur militärisch kommandiert wurde.

Allerdings gab es auch im Alltag Lichtblicke. Nachmittags durften wir bei gutem Wetter eine Stunde draußen spielen. Da nahm mich dann meine Inge an die Hand und zog mich mit ihrer fünfköpfigen Kindergruppe mit, die alle geheimnisvollen Ecken und Verstecke des großen verwilderten Gartens auskundschaftete. So gelangten wir einmal an ein Loch im Zaun und waren natürlich flugs dadurch in einen ebenfalls verwilderten Nachbarpark gekrochen. Dort stießen wir nach einigem Umherirren auf einen völlig zugewachsenen verlassenen Bungalow, dessen Terrassentüre nur angelehnt war. Das war für uns natürlich eine besondere Einladung. Wir durchstöberten das voll möblierte Haus, das wie fluchtartig verlassen wirkte, und fanden im Schlafzimmer auf dem ungemachten Bett einen Koffer, den wir selbstverständlich öffneten. Dann stand die ganze Kinderbande staunend darum herum. Es war wie in Tausendundeiner Nacht: In dem Koffer lag ein Berg von glitzerndem Gold- und Silberschmuck, mit bunten Edelsteinen bestückt. Jetzt plapperten alle durcheinander und sechs Paar Hände wühlten in den Schätzen. Dann gab's ein Kostümfest: mit einigen Klamotten aus dem Kleiderschrank und dem prachtvollen Schmuck waren alle Kinder auf einmal Prinzessinnen und Prinzen. Als es Zeit wurde, ins Heim zurück zu gehen, beschlossen wir, dass sich jeder ein kleines Schmuck-Andenken mitnehmen durfte. Uns war schon bewusst, dass das irgendwie nicht rechtens war, weshalb wir die Mitbringsel auch schön versteckt hielten. Aber die Kindermäulchen flossen natürlich bei den Freundinnen und Freunden im Heim über. Und so entwickelte sich in der nachmittäglichen Spazierstunde allmählich ein anschwellendes Kindergehusche durchs Loch im Zaun zum Schatzhaus hin, bis dieser Trend den Aufpass-Tanten nicht mehr verborgen blieb. Da gab's dann viel Geschrei und Geschimpfe, ja, sogar die Polizei kreuzte auf. Es wurde richtig spannend. Und am Ende mussten alle Kinder ihre Mitbringsel-Schätze wieder abgeben. Aber der märchenhafte Eindruck, als wir andächtig vor dem geöffneten Schatzkoffer standen, brannte sich in meine Erinnerung ein und war mir mehr wert als so ein Schmuckstück, weil es wie in einem der Märchen war, die ich so liebte.

An der Nahrungsbeschaffungsfront: hamstern, fringsen, fischen

Nach dem vorübergehenden Aufenthalt im Kinderheim kamen Inge und ich zurück in Opa Pickhardts Haus. Bis in die 1950er-Jahre sollte die Nahrungsmittelbeschaffung eine der Hauptbeschäftigungen für Erwachsene und Kinder werden. So weit wie möglich wurden die Nahrungsmittel natürlich selbst angebaut, im Gemüsegarten am Haus und im Paradiesgarten am Friedhof, in dem auch einige andere Schladerner Familien Plätze zugewiesen bekommen hatten, um sich Gemüse und Kartoffeln ziehen zu können.

Wir Kinder waren so weit wie möglich miteingespannt in den Beschaffungsprozess, sei es beim Ernten im Gemüsegarten, beim Kartoffeln-Hacken, sei es beim Obstpflücken und Fallobst-Auflesen an Straßenrändern und auf verlassenen Streuobstwiesen, beim Sammeln von Waldbeeren, Blaubeeren, Brombeeren und Himbeeren oder beim Pilzesuchen, sei es im Frühjahr beim Schneiden junger Brennnesseltriebe oder des waschkörbeweise an den Straßenrändern gerupften Scharbockskrauts, das wir als Salat oder Gemüse sehr gerne aßen. Auch zur Schädlingsbekämpfung wurden wir Kinder eingesetzt, etwa um den massiven Befall mit Kartoffelkäfern reduzieren zu helfen. Die roten Käfer selber und ihre fiesen rosigen Raupen mussten nämlich mit der Hand von den Kartoffelpflanzen abgesammelt und dann verbrannt werden, was fürchterlich stank.

Doch all diese wichtigen Aktivitäten reichten für die langen Winterzeiten nicht hin, um acht Personen ausreichend zu versorgen. Also mussten vor allem Kartoffeln und Schweineschmalz, für Feiertage auch Butter und Eier noch anderweitig besorgt werden – durchs Hamstern.

Das ging dann so: Da das damalige alte Geld, die Reichsmark, nichts wert war und nicht gewünscht wurde, suchte unsere Mutter mehr oder weniger wertvolle Dekorationsstücke – wie Vasen, Läufer, Bestecke, Gedecke, die sie entbehren konnte – aus dem Haushalt ihrer Eltern zusammen und zog mit uns Kleinkindern, meist meinen Schwestern und mir, los zu den Höhendörfern Gierzhagen und Rommem, zu Fuß natürlich. Dort wohnten noch Verwandte aus der Peters- und Schneiders-Linie, die Landwirtschaft betrieben und von ihren Produkten was abgeben konnten.

Die Kinder mussten dabei sein, weil sie den Mitleidsfaktor erhöhten und auch zum Schleppen der „Beute“. So wanderten wir mit trödelbeladenen Rucksäcken über den Bodenberg und den nördlichen Sieghöhenweg (heute mit XS-Markierung) ins Westerttal und über den großen Rommer Weg nach Rommen zur Familie Wick, wo wir auf jeden Fall für ein paar Vasen und Gedecke schon mal einen halben Zentner Kartoffeln auf uns drei verteilt einsacken konnten und wegen der hungrigen Kinderaugen auch noch ein halbes Pfund Butter dazugelegt bekamen. Von dort ging's weiter nach Gierzhagen zu Peters, da gab's dann noch ein Töpfchen Schweineschmalz und einen Bund Möhren, Zwiebeln oder Porree dazu, und wenn wir Glück hatten, auch noch ein paar Kinderstrümpfe und ein Wollhemdchen. Denn die Hausfrau dort besaß eine Strickmaschine, auf der sie mit eigener Schafwolle Kinderkleidung produzierte. Die mochten wir zwar nicht besonders, weil sie ordentlich kratzte, aber im Winter war sie unschlagbar warm.

Von Gierzhagen ging's mit den eher schwerer gewordenen Rucksäcken den Gierzhagener Weg zur Präsidentenbrücke runter und dann der Straße entlang nach Schladern. Über das Ergebnis dieser Hamster-Touren freuten sich zu Hause alle so sehr, dass wir Kinder auch die damit verbundenen Strapazen schnell vergaßen und stolz waren, so effektiv zur Familienversorgung beigetragen zu haben!

Eine andere Art von Beschaffung ist untrennbar mit dem Namen des Kölner Kardinals Josef Frings verbunden, der 1946 in seiner Silvesterpredigt den Mundraub und speziell den Kohlenklau von Güterzügen in jenen Notzeiten, in denen es in strengen Wintern kaum andere Überlebensmöglichkeiten gab, für sündenfrei erklärte. So wurden also die hässlichen Worte klauen oder stibitzen durch „fringsen“ ersetzt, was auch die Skrupel darüber erleichterte, dass man dabei notwendigerweise uns Kinder mithelfen ließ, die wir somit zu offiziellen Fringsern wurden. Das erhob uns fast in den Stand von Helden in den kargen Nachkriegsjahren.

Das Kohlefringsen wurde eingeleitet durch den gellenden Pfiff einer Dampflokomotive, die schon in der Porta Rhenania, dem Einschnitt, auf sich und den langsam durch Schladern fahrenden Kohlezug aufmerksam machte, der aus dem Ruhrgebiet kommend für die Hüttenwerke des Siegerlandes bestimmt war oder mit Briketts aus dem Braunkohlegebiet kam. Auf diesen Pfiff hin liefen wir Kinder aus den Häusern, holten unsere Langen-Handwagen und Kohleschaufeln, rannten Richtung Bahnhof und riefen „Kohle, Kohle", damit alle Dorfbewohner Bescheid wussten. Der Lokomotivführer hatte inzwischen seine Fahrt auf Schritttempo verlangsamt – oder musste wegen eines Haltesignals sogar stoppen –, was der Bevölkerung in Bahnhofsnähe das Aufspringen ermöglichte.

Die größeren Kinder und die Jugendlichen sprangen auf die Kupplungen der langsamen Waggons und von dort nach oben auf die Ladeflächen mit den Kohlebergen. Von dort schaufelten sie so schnell und so viel sie konnten die Steinkohlebrocken oder Briketts runter auf den Bahndamm. Dort sammelten wir kleineren Kinder sie ebenso rasch auf und verstauten sie in den mitgebrachten Handwagen und Säcken. Einige Erwachsene, vor allem ältere, die sich von ihren sonstigen Arbeiten hatten freimachen können, halfen ebenfalls mit. Während dieser Sammelaktion fuhr der Zug ganz langsam durch den Bahnhof durch und am Ende pfiff die Lokomotive erneut laut, um die Aufsitzer zu warnen. Die sprangen dann rasch ab, bevor der Güterzug wieder beschleunigte. Diese Aktionen wiederholte der Lokomotivführer an allen kleineren Bahnhöfen auf der Strecke.

Ähnliche Fringsereien gab es auch manchmal bei anderen Gütertransporten wie Holz, Kartoffeln und Kohlköpfen. Die waren dann schwerer und gefährlicher zu organisieren, weil sie nicht durch entsprechend langsame Fahrt des Lokomotivführers unterstützt wurden, und daran nahmen eher nur die größeren Jugendlichen teil. Außerdem war man in der Bevölkerung zurecht skeptisch, ob so was noch durch den Kardinalsfreibrief gedeckt war.

Das war ganz sicher nicht der Fall bei den in jener Zeit weit verbreiteten Wildereien mit Kleinkaliber-Gewehren oder dem Ströppen, dem Fallenlegen für Kaninchen und Hasen. Völlig unbegreiflich war es für uns allerdings, dass unser Lieblingssport im Herbst, das Klauen oder Fringsen von Fallobst von den Bäumen in diversen Nachbarsgärten, so hartnäckig von den Eigentümern verfolgt wurde. Denn wenn wir bei der gleichen Familie zur Haustür reinspazierten und drum baten, bekam jeder seinen Apfel. Also wozu das Theater, wenn wir uns mal selbst bedient hatten! Manche von uns schafften es, beides hinzukriegen: heimliche Selbstbedienung und erfolgreiches Kötten – ein Ausdruck, der für inständiges Bitten oder Betteln steht.

Eine weitere bekanntermaßen unerlaubte Nahrungsmittelquelle wurde für uns Jungens, die wir nun schon etwas größer waren, das Fischen, bei zwei unterschiedlicher Methoden zur Anwendung kamen. Beide waren mühsam zu erlernen, aber dann, wenn man sie beherrschte, sehr ertragreich. Bei der ersten begab man sich in der wärmeren Jahreszeit zu zweit oder dritt in der Mittagszeit mit nackten Beinen in einen der nahegelegenen Bäche wie der Westert oder dem Mittelbach, suchte sich überhängende Ufer möglichst in den ruhigen Zonen der träge fließenden Bachkurvaturen und griff dann ganz langsam mit beiden Händen unter Wasser hinter die Böschung, bis man den Bauch einer dort im Mittagsschlaf befindlichen Forelle ertastete. Dann musste man mit beiden Händen die Falle zuschnappen lassen und die so erwischte Forelle sofort hoch aufs Ufer schleudern. Weidmännisch wurde sie sodann mit einem Stock erschlagen und wenn jeder von uns seinen Fang getätigt hatte, wurde ufernah ein Feuerchen angezündet. Eine kleine Pfanne hatten wir zu diesen Fischzügen immer dabei, etwas Margarine und Salz ebenfalls aus der Küche stibitzt. Die Fische wurden ausgenommen, die Margarine in der Pfanne ausgelassen und die Forellen bäuchlings darin gebraten. Zwei bis drei Minuten reichten meist völlig aus, eine Prise Salz drüber, und das leckerste Essen der Welt konnte seinen Lauf nehmen, weil es durch das Verbotene daran noch leckerer wurde.

Bei der zweiten Methode schnitten wir uns ein paar Haselruten zurecht und befestigten am oberen Ende eine Angelschnur, die wir samt den dazugehörigen Haken, Bleigewichten und Schwimmern meist den Vorräten unserer Väter entliehen hatten, öfters auch am Siegufer finden konnten, in seltenen Fällen auch schon mal in der Drogerie Seidel für ein paar Groschen nachkaufen mussten, wobei die Schwimmer eigentlich immer selbst gebastelt wurden aus Flaschenkorken und Stöckchen. Mit diesen Einfachangeln zogen wir entweder in abgelegene Siegregionen, wie zum Beispiel am Otterstein, oder an versteckte Altarme wie dem Maueler Teich oder dem Krummauel. Vorher mussten wir natürlich noch nach Würmern graben. Aber davon gab's überall genug, vor allem in den Komposthaufen der Gemüsegärten. Am Maueler Teich angekommen, suchten wir uns ein verstecktes Plätzchen am hinteren Ufer unter überhängenden Baumästen, stellten die Schwimmer auf die gewünschte Höhe ein, befestigten die Würmer an den Haken und warfen unsere Angeln aus. Die Hauptschwierigkeit war dabei, die Schnüre nicht in die Baumäste zu schmeißen und sich nicht mit den Angeln der anderen zu verheddern. Wenn das passierte, war man nämlich meist lange damit beschäftigt, alles wieder zu entdröseln und konnte nur zusehen, wie die Kameraden einen Fisch nach dem anderen rauszogen.

Hatten wir alle Angeln und Schwimmer mal richtig platziert, hieß es warten und ruhig sein, was uns nicht immer leichtfiel. Dann aber trat in zwei bis drei Stunden auch meist ein Erfolg ein mit einem der häufigsten Weißfische: einem Rotauge, einer Rotfeder, einem Döbel, einer Barbe, einem Barsch, einer Karausche, ganz selten auch mal einer Forelle oder gar einem Aal. Letzteren konnte man im Sommer, wenn der Siegwasserfall trockengefallen war und nur noch in kleinen Felsbecken Wasser enthielt, dort auch oft mit der Hand fangen, was immer eine ziemlich glitschige Angelegenheit war. Auch die Aale zu töten. war gar nicht so einfach, da sie, wie wir wussten, zwei Herzen hatten, die man beide durchstechen musste. Und selbst dann sprangen sie einem noch beim Braten aus der Pfanne. Gegessen haben wir unsere Fischbeute natürlich komplett selbst, wie oben geschildert, da die Fischwilderei sehr stark kontrolliert und auch bestraft wurde und die Eltern deshalb nichts damit zu tun haben wollten – obwohl natürlich alle wussten, dass die Jungs zwischen acht und achtzehn Jahren mehr oder weniger alle im Sommer damit beschäftigt waren.

Spiel- und Sportplatz Sieg

Die Badesaison in Schladern haben wir in den 1950er-Jahren ziemlich regelmäßig, beinahe pünktlich am 15. Mai eröffnet. Da begann für uns der Sommer – und meist war es auch ein schöner sonniger Tag. Allerdings nicht immer. Ich erinnere mich, dass es einmal so kalt gewesen war, dass nur mein Vetter Peter und ich an die Sieg gingen und ein Thermometer mitnahmen. Die Wassertemperatur war 11 Grad Celsius. „Was soll's?", meinte Peter, „heute ist der 15. Mai, heute wird geschwommen!" Also sprangen wir an unserem Badeplatz oberhalb der Maueler Brücke ins Wasser, schwammen so schnell wir konnten zum Wasserfall runter, wendeten, schwammen wieder hoch und zogen uns am „Strand" zitternd die Klamotten wieder an. Von einer Erkältung danach ist mir nichts bekannt.

Wir Schladerner Pänz waren in vieler Hinsicht privilegiert! Wir hatten durch die Staumauer des Wasserfalls den schönsten, tiefsten, größten und mit den Sprungtürmen der Brückenpfeiler spektakulärsten Badeplatz an der ganzen Sieg. Darüber hinaus hatten wir den Wasserfall selber zum Klettern und Fischen mit der Hand, den Maueler Teich und Höffers Teich zum heimlichen Angeln, Floß- und Bötchenfahren sowie im Winter zum Schlittschuhlaufen. Außerdem hatten wir jede Menge weiterer Abenteuerspielplätze wie die Burg- und Schlossruine Windeck, das Sumpfgebiet Krummauel, die Firma Elmores mit Luftschutzbunker, die ehemalige Ziegelei Schroeder und Jaeger mit ihrem Lehmbergstollen, den Güterbahnhof mit Rangierloks, den Bodenberg mit seinen Kriegswaffenverstecken, den alten Westertsteinbruch mit diversen Höhlen und Ruinen, die Villa Schöneck mit Mausoleum und dem Otterstein-Badeplatz sowie die vielen Rittersitze und ihre Ruinen um die Burg Windeck herum.

Bei dem damals ab Mitte Mai meist sonnigem Wetter trafen sich nachmittags fast alle Dorfkinder jeglichen Alters, also Oberdorf und Unterdorf zusammen, die sonst getrennt marschierten, am Siegbadestrand an der Maueler Brücke. Es gehörte zum jährlichen Ritual, dass man sich erst mal von der Sonne verbrennen ließ. Wir wussten, dass wir nach dem ersten kräftigen Sonnenbrand keinen weiteren mehr kriegten. Sonnencreme kannten wir nicht.

Auch zum Ritual gehörte es, zu klären, wer von den Kleineren noch nicht schwimmen konnte. Der wurde von den Älteren sofort zum Schwimmunterricht eingeteilt und lernte unter ihrer Aufsicht meist in vier bis sechs Wochen irgendwie schwimmend die Sieg zu überqueren. Das war unsere Freischwimmerprüfung. Der Stil war egal, vom Rückenschwimmen über Tauchen bis zum Hundepaddelstil war alles erlaubt, nur einmal alleine quer über die Sieg und zurück, dann war man aufgenommen im Club. Und der Ehrgeiz, dazuzugehören, war bei allen so groß, dass es jedem gelang, in den ersten Sommerwochen zum Schwimmer zu werden. Die höheren Weihen erreichte man dann mit einem Sprung vom circa drei Meter hohen Brückenpfeiler – und die höchsten mit dem Sprung vom Brückengeländer: etwa fünf Meter. Beides war nicht ungefährlich. Man musste den richtigen Wasserstand kennen und beim Absprung genau in die Senke des Caisson-Grabens zielen, der die Pfeiler umgab, denn nur da war das Wasser tief genug für solche Sprünge.

Aber es gab noch eine Menge anderer interessanter Beschäftigungen in der Sieg. Wir bauten Flöße und veranstalteten Wasserschlachten, natürlich wieder Oberdorf gegen Unterdorf. Oft haben wir tote Fische eingesammelt und an ihnen praktischen Zoologie-Unterricht vollzogen. Das war immer dann möglich, wenn in der Pressholzfabrik Etzbach kurz hinter Au wieder mal die Abwasserteiche „zufällig“ übergelaufen waren und alle Siegfische uns bäuchlings an der Oberfläche entgegengeschwommen kamen, während die Sieg heftig nach Phenol roch ...

Beliebt war außerdem das Einfangen der Fischbrut. Dazu hoben wir im Uferkies kleine Hafenbecken mit schmaler Öffnung aus, durch die, wenn's sonnig war, die Fischbrut zum Aufwärmen reinschwamm. Wir standen mit einem Verschlussstein in der Hand in zwei Meter Entfernung. Wenn der Hafen voll war, rannten wir hin und verschlossen die Öffnung damit. Dann konnten wir die eingesperrten Fischlein mit dem Teesieb in mitgebrachte Einmachgläser oder Konservendosen umfüllen. Zu Hause wurden sie dann in unsere Aquarien verfrachtet und den ganzen Sommer über gefüttert.

Im Herbst setzten wir die inzwischen gewachsenen Fische wieder in der Sieg aus. Einmal hatte ich einen etwas größeren Burschen gefangen und hatte ihn zu Hause in einem Einmachglas belassen, weil ich vermutete, dass er ein Hecht sei. Ich hab ihn gut gefüttert, er wuchs auch rasch heran und drehte sich im Glas immer rechts herum. Am Ende des Sommers war er mit dem Maul fast an der Schwanzspitze angekommen und es war klar, dass er ein Hecht war. Es wurde Zeit, dass ich ihn freiließ. Ich schüttelte ihn aus seinem Glas in die Sieg und stellte überrascht fest, dass er gar nichts anderes mehr konnte, als sich rechts herum drehend zu bewegen. Das wird seine großen Artverwandten in der Tiefe gefreut haben.

Dann gab es noch das „Blaue Steine“-Sammeln. Ich nannte diese kieselartigen, aber runzeligen, zwischen einem Millimeter und drei Zentimetern großen, im Wasser glitzernden Bröckchen „Siegtürkise“, weil sie alle Farbnuancen zwischen Hellgrün und Dunkelblau aufwiesen. Die haben wir zu Hunderten gesammelt und mitgeschleppt, um sie zu Hause als Spielsteine oder Schmuck zu verwenden. Später habe ich auch mal Ketten davon gemacht und verschenkt. Als ich sie meinem Vater gezeigt habe, der als Bergbauingenieur auch Steinsammler war, hat er sie in seine Firma mitgenommen. Im dortigen Labor wurden sie untersucht und als eindeutige Schlackenprodukte mit Eisen- und

Kupferanteilen aus der Siegerländer Eisenverhüttung vor allem in Hamm, Wissen und Wingershardt nachgewiesen. Die blaue und grüne Farbe stammte von den Kupfererzen darin.

Direkt hinter der Maueler Brücke und unserer Badestelle lag noch der Maueler Teich, ein ehemaliger Siegarm, der lange Jahre unser heimlicher Angelplatz und im Winter „Eiskunstlauf-Stadion“ war. Ende der fünfziger Jahre wurde er von der Firma Elmores auch als Müllhalde benutzt. Unter anderem hat man da große Mengen (wasserlösliches und giftiges) Kupfervitriolsalz hineingekippt. Wenn wir zum Baden kamen, hatte ich immer Einmachgläser oder Konservendosen dabei und schaufelte mir damit auch einige Kilo Kupfervitriol auf zum Mitnehmen. Zu Hause ließ ich sie in gesättigter Lösung auf Suppentellern in der Sonne verdampfen und züchtete mir so wunderschöne, bis zu acht Zentimeter große blaue Kristalle, die in der Schule verkaufte, um mir damit Zigaretten vom Automaten zu holen, denn Rauchen hatten uns die großen Jungs neben Schwimmen und Fahrradfahren mit spätestens zehn Jahren auch schon beigebracht, worauf ich später noch zu sprechen komme.

Spiele zu Land im Winter und im Sommer

In den fünfziger Jahren des vorigen Jahrhunderts gab es in den Wintern noch verlässlichen Schneefall in Schladern. Wir hatten damals fast regelmäßig von Anfang Januar bis Mitte Februar Frost und fünf bis zwanzig Zentimeter Schnee. Es gab kaum Autos, es wurde nicht gesalzt und nur die Hauptstraßen wurden geräumt. Auf den übrigen wurde der Schnee festgetrampelt. Die Erwachsenen stöhnten, für uns Kinder war es die schönste Zeit im Jahr, obwohl wir ja fast nur schöne Zeiten hatten, damals. Wir waren viele Kinder im Dorf, ganze Horden, und die kleinen Dorfstraßen gehörten uns. Unsere Spiele wurden meist respektiert, nicht immer der Lärm, den wir dabei machten. Aber die Erwachsenen waren froh, wenn sie uns aus den Füßen hatten.

Und so gehörte es im Winter fast schon zum Alltag, dass die Kinder nach dem Essen und den Schulaufgaben in Scharen mit ihren Schlitten von der Firma Langen zur Rodelbahn strömten. Das Lieblingsspiel war, Schlitten zusammenkuppeln und eine „Schlickerpost" zu bauen. Ein Junge legte sich bäuchlings auf einen kleinen Schlitten und hakte sich mit den Füßen in einen zweiten ein, auf dem lag wieder ein Junge, der sich in einen dritten einhakte, und so weiter bis zu sechs, acht Schlitten hintereinander. Das war nicht ungefährlich, denn das Tempo war enorm und am Unteren Hof war die Schlingerei um mehrere scharfe Kurven gewaltig. Wir erlebten dann eine supertolle, rasende Fahrt, begleitet von lautem Geschrei „Bahn frei!" – und so mancher Schlittenzug endete mit Karacho an der dicken Eiche.

In den allermeisten Fällen blieb es jedoch bei Schrammen und Schürfungen. Und die kleineren stammten meist von dem Stacheldrahtzaun, der die Wiese unterhalb der Eiche abgrenzte und den wir für die Durchfahrt hochgeschoben und verdröselt hatten, sodass man unter einem niedrigen Durchschlupf drunter her sausen musste, was nicht immer ohne Schrammen klappte. Noch schwieriger wurde es für die Großschlitten-Kolonnen, bei denen mehrere große Schlitten aneinandergebunden und mit ein bis zwei Dutzend Kindern beladen wurden, vor allem Mädchen. Und die machten den meisten Lärm! Ihr wisst ja noch, wie Mädchen kreischen können, oder? Heute kann man das im Fernsehen bei Rock-Konzerten hören. Damals hatten wir kein Fernsehen, aber beim Schlittenfahren in Schladern war genauso der Teufel los. Und bei einem dieser Mädchenkonvois hat sich wohl eine Freundin meiner Schwester Inge auch mal ein Bein gebrochen.

Erwachsene hatten nichts zu suchen auf unserer Rodelbahn. Aber die wären damals auch nicht auf die Idee gekommen. Selbst die Dreijährigen wurden ihren großen Geschwistern an die Hand gegeben, und die hatten auf sie aufzupassen. Einen Kindergarten gab es ja noch nicht. Dafür gab es aber ein Miterziehungsrecht aller Erwachsenen im Dorf. Und so, wie wir in jedes Haus reinmarschieren konnten, wenn wir Hunger oder Durst hatten, waren auch alle Dorfbewohner berechtigt, mal einzugreifen, wenn Kinder was Schlimmes oder Dummes machten oder sich brutal prügelten. Und dann wurden auch Ohrfeigen oder Kopfnüsse oder Klapse auf den Po verteilt und die Eltern waren damit sehr einverstanden.

Aber wir waren meist um die 50 Kinder und Jugendliche in allen Altersklassen, und zum Schlittenfahren, diesem großen Winterereignis, durften auch wir jüngeren, also die 8- bis 14-Jährigen ausnahmsweise nach dem Abendessen noch mal für eine Stunde zu den älteren raus und weiter rodeln, denn im Dunkeln war es am tollsten mit der Rodelei und den vielen Zusammenstößen dabei. Es gab nämlich noch keine richtige Straßenbeleuchtung, sondern nur ein paar armselige Funzeln. Das nutzten die größeren Jungs und Mädchen natürlich auch noch zu anderen Späßen als nur Schlittenfahren aus, und wir Kleinen schauten uns das gerne an.

Es wurden selbstverständlich auch Schlittenrennen veranstaltet und Gleitschuh-Wettläufe, Schneeballschlachten und Einseifungen oder Waschungen mit Schnee sowie allerlei artistische Vorführungen auf und mit den Fahrgeräten. Und wenn wir dann gegen neun Uhr abends, das war der späteste Termin, nach Hause kamen, waren wir klatschnass von Kopf bis Fuß, hatten blaue Finger und Lippen und konnten uns kaum noch ohne Hilfe ausziehen, so todmüde waren wir. Ins Bett konnten wir uns erst fallen lassen, wenn wir die nassen Klamotten aufgehängt und die Schuhe mit Zeitungspapier ausgestopft hatten. Die Eltern waren zufrieden, wenn wir so müde waren, dass wir sofort einpennten, und froh, wenn die Klamotten ganz geblieben waren. Und wir träumten davon, dass in der Nacht noch mehr Schnee fiel, sodass die Schulen dichtmachten, der Busverkehr ausfiel und wir den ganzen Tag auf unserer Rodelbahn toben konnten.

Computerspiele brauchten wir zu keiner Jahreszeit. Wir machten alle Spiele in eigener Regie und bei fast jedem Wetter draußen. Natürlich auch die großen Gruppenspiele wie Fußball, seltener Handball, dafür mehr Völkerball, Räuber und Schanditz (Gendarm), Ritterspiele, Piratenschlachten an, in und auf der Sieg sowie im Krummauel. Dann die Pausenspiele wie Nachlaufen, Verstecken, das Tabakrollenspiel und einige mehr. Aber es gab auch die intimeren Spiele mit Freundinnen und Freunden in kleinen Gruppen von zwei bis fünf Kindern. Die Mädchen liebten sehr das Himmel-und-Hölle-Hüpfspiel auf der Straße. Da machten wir Jungs auch oft mit, als wir noch kleiner waren.

Ab etwa zehn Jahren waren wir erhaben über „so'n Mädchenskram". Dagegen waren Mädchen und Jungs in gleicher Weise beteiligt beim Murmelspiel, das auf einer ebenen und nicht asphaltierten Erdbodenfläche gespielt wurde. Dafür musste der Boden erst schön geglättet und festgetreten werden. Dann wurde eine handtellergroße Kuhle ausgekratzt und im Abstand von einem bis zwei Metern ein Strich gezogen. Nun legten wir Art und Anzahl der Murmeln fest. Es gab nämlich zwei Arten von Murmeln: die billigen Tonkügelchen und die teuren, größeren und sehr begehrten bunt schillernden Glaskugeln. Jeder von uns besaß natürlich Murmeln, aber unterschiedlich viele – und kaum jemand hatte mehr als drei der wertvollen Glasklicker, wie sie auch hießen. Deshalb musste für jedes Spiel erst mal die Anzahl festgelegt werden – und wann, wenn überhaupt, auch Glaskungeln eingesetzt werden durften. Nun ging's ans Abzählen mit den unendlich vielen Abzählreimen. Wenn wir wenig Zeit hatten und nicht so viele Teilnehmer waren, wurden die kurzen Reime genommen, wie:

„Ene mene Muh, und raus bist du!".
Bei mehr Leuten und mehr Zeit die langen wie:
„Ene mene miste, es rappelt in der Kiste,
ene mene meck, und du bist weg!"
oder
„Ein zwei drei, Butter mit Brei,
Salz mit Speck, und du bist weg!"
oder ganz lange wie:

„Angsthase, Pfeffernase, morgen kommt der Osterhase,
zieht dir deine Hose aus, übermorgen Nikolaus,
zieht sie wieder an, und du bist dran!“.

Ihr kennt alle sicher noch viel mehr davon, denn sie sind zum Teil auch heute noch üblich in Schulen und Kindergärten.

Nachdem so die Reihenfolge der Spieler ermittelt war, trat der erste an den Strich und versuchte, einen seiner Klicker in die kleine Auffangkuhle zu schibbeln, was sehr schwer war, da der Boden trotz aller Glättungsarbeit nie richtig eben wurde. Wer eine Murmel in die Kuhle platzieren konnte, hatte am Ende eines Durchgangs gewonnen und durfte alle übrigen um die Kuhle herumliegenden Murmeln als Gewinn kassieren. Wenn mehrere ihre Murmeln in die Kuhle brachten, gab es Ausscheidungskämpfe.

Dramatisch wurden die Auseinandersetzungen, wenn Glasklicker mit im Spiel waren, und einer am Ende auch diese mit abräumte. Dann konnte es auch zu Tränen kommen oder zu lautstarken bis gewalttätigen Streits über angebliche Regelverletzungen und das Pfuschen, die gelegentlich auch mal in eine Prügelei eskalierten. Meist aber wurden die Streithähne oder -hühner dadurch beschwichtigt, dass alle „Rewangsch“ (Revanche) riefen und ein neues Spiel neues Glück bedeutete.

Eine von den Erwachsenen strikt verbotene Variante des Murmelspiels war das „Pfennigwerfen“. Dabei stellte man sich zwei bis drei Meter von einer Mauer entfernt auf und warf von einem Strich aus Pfennige (die Jugendlichen machten das auch mit Groschen) gegen oder knapp an die Mauer heran. Am Schluss jeder Runde sammelte der alle Münzen für sich ein, der seinen Pfennig am nächsten an der Mauer platziert hatte. Eine weitere absolut gefährliche und natürlich bei Höchststrafe absolut verbotene Variante, war das „Münzenprägen“ an der Bahn. Hierzu muss man wissen, dass der Fuß- und Fahrradweg von Schladern an der Bahn entlang zum Einschnitt (Porta Rhenania)

Richtung Alt-Windeck, der sogenannte schwarze Weg, bis heute nur durch zwei lockere Drähte vom Bahndamm und den viel befahrenen Schienen abgetrennt ist. Für uns Kinder war das nie ein Hindernis, sondern im Gegenteil ein Anreiz. Dahin zog es uns manchmal, wenn wir ein paar Pfennige oder gar Groschen in der Tasche hatten. Jeder legte jetzt eine seiner Münzen auf die nackte Schiene eines Gleises in der Richtung, in der wir den nächsten Zug erwarteten, dessen Ankunfts- und Abfahrtszeiten wir natürlich alle kannten.

Dann traten wir auf den Weg zurück und warteten ab. Der Zug Richtung Köln stand meist schon weit sichtbar und hörbar mit seiner schwarzen Dampflok im Bahnhof Schladern. Mit einem gellenden Pfiff fuhr er los, und wir starrten ihm gespannt entgegen. Wenn er an uns vorüber war, rannten wir wieder an das Gleis und suchten unsere Münzen. Die eine oder andere war durch die Vibration abgesprungen, aber mehrere waren schön geprägt worden, wie wir das nannten: sie waren von den Lokomotiven-Rädern auf doppelte Größe und halbe Dicke ausgewalzt worden. Und wessen Münze am größten und schönsten war, der durfte wieder die übrigen kassieren, die dann später als Spielgeld unter anderem beim Skatspiel verwendet wurden. Doch das ist wieder eine andere Geschichte.

Eine etwas wildere, ebenfalls nicht ungefährliche Spielart waren die Reiterkämpfe. Dabei nahm jeweils ein starker großer Junge einen kleineren oder auch ein Mädchen im Reitersitz auf die Schultern. Zwei oder mehrere solcher Reiterpaare hatten nun gegeneinander zu kämpfen, indem die Reiter versuchen mussten, sich von da oben runterzuschubsen und die Pferde sich in die Beine traten oder hakelten, um sich zu Fall zu bringen. Wie man sich denken kann, gab’s heftige Stürze, oft von zwei oder mehr Reiterpaaren und natürlich allerhand Prellungen, blaue Flecken oder Schürfwunden. Das interessierte uns weniger. Aufgepasst haben wir dagegen, dass die Klamotten möglichst ganz blieben, denn das gab zu Hause mehr Ärger als nur ein paar Wunden.

Ein wunderschönes und natürlich auch nicht ungefährliches Spiel war das Schleudern der „Feuertöpfe“. Dabei wurden alte Konservendosen mittels Hammer und Nagel mit Löchern versehen, oben am Rand, an den Seiten und am Boden. Dann wurde die Dose an einer langen Draht- oder Kordelschlaufe befestigt, mit trockenem Heu und/oder Stroh gefüllt und dieses schließlich angezündet. Das geschah vorwiegend in der Abenddämmerung oder, als wir älter waren, in kompletter Dunkelheit nach dem Abendessen. Da sah es nämlich am schönsten aus. Denn nach dem Entzünden wurden die so präparierten Büchsen von mehreren Kindern so kräftig wie möglich kreisförmig am Arm durch die Luft geschleudert. Der dabei entstehende Wind feuerte die Glut in den Büchsen an und blies die Funken wie bei einem Feuerrad durch die Löcher ins Freie, sodass wir eine oder mehrere Funkenkreise um uns herum leuchten sahen. Ein fast komplettes Feuerwerk! Das musste natürlich alles abseits von Häusern und Erwachsenen heimlich geschehen, denn die hätten uns beim Erwischen gnadenlos vertrimmt. Tatsächlich interessierte uns damals kaum, wohin unsere Funken flogen. Und Brennbares gab’s im Dorf, am Waldrand und auch auf den Weiden meist genug!

Eine ganz andere Art von Spielen war das „Streichespielen“. Das häufigste und bei Mädchen und Jungens gleichermaßen beliebteste dieser Art war das „Klingelmännchen“: also zu einer Haustür schleichen, auf die Klingel drücken, weglaufen und aus sicherem Versteck zugucken, wie der Hausherr oder die Hausfrau herauskamen und sich nach dem vermuteten Besucher umguckten. Wenn sie erkannt hatten, dass es nur das Klingelmännchen war, drohten sie meist mit der Faust und riefen Verwünschungen oder Flüche in die Gegend, von denen wir oft noch was lernen konnten.

Das war uns aber ab acht bis zehn Jahren zu simpel und abgedroschen, da musste mehr Spannung rein. Und das machten wir so: wir suchten uns einen großen, frischen Hundehaufen (zur Not tat es auch Kuhscheiße) und platzierten ihn auf die Haustürschwelle des Opfers.

Dann wurde zerknülltes Zeitungspapier drübergelegt, der Klingelknopf gedrückt, das Papier angezündet und weggerannt ins Versteck. Der Hausherr oder die Hausfrau öffneten die Türe, sahen das Feuer und trampelten es instinktiv sofort mit beiden Füßen aus. Dann merkten sie erst verwirrt, in was sie reingetrampelt hatten und konnten noch von Glück sagen, wenn sie Schuhe anhatten, was damals im Sommer nicht selbstverständlich war. Das Geschrei war jedenfalls groß, und da sie, wie die meisten im Dorf, auch ahnten, wer dafür verantwortlich war, mussten wir diese Häuser erst mal eine Zeit lang meiden, bis Gras drüber gewachsen war.

Eine, trotz des Namens, eher nette Streichspiel-Variante war die „Teufelsgeige“. Dabei besorgten wir uns einen feinen Bindedraht. Diesen befestigten wir, wenn es schon dämmerte, mithilfe von Haken oder Krampen heimlich am Fensterkreuz eines Küchenfensters. Das andere Ende banden wir unter Spannung am nahen Zaun oder einem Pfahl stramm fest. Mit einem Holzknebel wurde diese „Geigensaite“ dann noch bis fast zum Reißen gespannt. Schließlich „lieh“ ich mir von der Mutter den Geigenbogen (später benutzte ich den eigenen), und wenn es inzwischen schön dunkel war, spielten wir damit schaurige Töne auf unserer Teufelsgeige. Durch die Resonanz der Holzfenster und dünnen Glasscheiben wurden diese geisterhaften Töne verstärkt und durchs ganze Haus geleitet, ohne dass die Bewohner die Herkunft ahnen konnten. Deshalb suchten sie, nachdem sie sich vom ersten Schrecken oder regelrechter Angst erholt hatten, meist lange im Innern des Hauses nach der Ursache, sodass wir Zeit hatten, unser Teufelsinstrument wieder abzubauen und davonzulaufen.

Auch unser Papa hatte immer wieder interessante Einfälle für seine Söhne. Auf die Do-it-yourself-Tätigkeiten an Haus und Garten, bei denen wir ihm assistieren durfen, komme ich noch zu sprechen. Als wir dafür noch zu klein waren, er aber von der Mutter den Auftrag hatte, uns im Sommer am Wochenende draußen zu beschäftigen, während er seine Handwerksaufgaben erledigte, schaffte er es, uns so gründlich bespaßen, dass wir ihn nicht störten. Das gelang ihm mit dem folgenden Trick: In einer abgelegenen Ecke des Gartens, in die weder die neugierigen Nachbarn hineinspähen konnten, noch seine Frau sich hin verirrte, grub er uns eine Grube im Rasen aus. Die füllte er mit dem Wasserschlauch teilweise auf, gab wieder einige Schaufeln Erde dazu und rührte das ganze mehrfach um, bis sich eine gleichmäßige braune Suppe ergab. Dann wies er seine Söhne an, sich nackt auszuziehen, die Klamotten ordentlich an die Seite zu legen und in diesen Teufelsbrei, wie er die Matsche nannte, ohne Hemmungen hineinzuspringen, was wir uns nicht zweimal sagen ließen.

Er warf uns noch unsere Sandkastenspielsachen, Eimerchen, Schaufeln, Förmchen hinterher und hatte fortan Ruhe von uns recht lebhaften Knaben, die wir nach etwa zwei Stunden intensiven Spiels – wie die Jungs aus dem Struwwelpeter, die ins Tintenfass gesteckt worden waren – vor ihm standen. Meist war er dann mit seinem eigenen Projekt auch fertig geworden, spritzte uns mit dem Wasserschlauch wieder komplett sauber, ließ uns trocknen und wieder anziehen, schaufelte das Teufelsbrei-Loch zu, um es bei nächster Gelegenheit erneut zu verwenden und marschierte mit uns sauberen und zufriedenen Jungs im Gänsemarsch zu Muttis Kaffeetafel. Die wunderte sich jedes Mal, wie friedlich der Nachmittag verlaufen war und wie perfekt ihr Mann mit der Kinderbetreuung klarkam. Die eigentlichen Hintergründe dieser schönen Sommernachmittage hat sie erst sehr viel später erfahren.

Natürlich haben wir die Teufelsbrei-Methode später mit unseren eigenen Kindern und auch den Enkeln öfters wiederholt, vorwiegend in Opa Pickhardts Paradiesgarten, wenn wir dort Urlaub machten. Dabei konnten wir feststellen, dass entgegen unseren eigenen Überzeugungen, die Jungens immer jubelnd mitmachten, die Mädchen aber nicht so leicht für dieses Spiel zu begeistern waren. Auf diese und ähnliche Weise brachten uns die Kinder und Enkel öfters bei, dass es sehr wohl erhebliche Unterschiede zwischen den Geschlechtern gibt, obwohl es die nach unserer Sechziger-Jahre-Theorie doch gar nicht geben durfte!

Dreimal Null ist Null, ist Null ...

Die Kindheit in Schladern war schön in der Nachkriegszeit, und ganz besonders schön war die Grundschulzeit, damals Volksschulzeit genannt, beim Lehrer Hoppe in der alten Gründerzeitschule, in der heute der Kindergarten Sausewind beheimatet ist und die damals die Evangelische Volksschule Schladern hieß. Eine Katholische Volksschule gleichen Aussehens stand direkt daneben und war durch einen Garten und Zaun dazwischen abgegrenzt. Wir hatten zwar einen Mangel an Nahrungsmitteln, Kleidung und auch Lehrmitteln damals, aber das wurde dreimal ausgeglichen durch den Spaß, den wir innerhalb und außerhalb der Schule hatten und durch die größeren Freiheiten, die den Kindern zugestanden wurden.

Alle meine Altersgenossen, die ich dazu in den letzten Jahren befragt habe, waren sich einig darüber, dass wir es in vielfacher Weise schöner und besser hatten als die heutigen Kinder, die sich des Verlustes aber Gott sei Dank nicht bewusst sind. Der Unterschied zwischen heute und damals hatte seine besonderen Gründe, die auch nicht so leicht wiederhergestellt werden könnten. Dazu gehörte gerade die Knappheit aller Lebensmittel im weitesten Sinne und die Tatsache, dass die Eltern voll damit ausgelastet waren, sie heranzuschaffen und deshalb froh, wenn die Kinder sich selbst beschäftigten. Dazu gehörte auch die große Kinderzahl im Dorf und in den Familien. Einzelkinder waren eine Seltenheit. Wir waren immer in Horden oder Gruppen unterwegs, und die größeren Kinder wurden verdonnert, sich um die kleineren zu kümmern, und waren für sie verantwortlich. Ja, wir lernten so wichtige Dinge wie Fahrrad fahren, schwimmen, Ski fahren, eislaufen (und wir Jungens auch das Rauchen) nur von den älteren Kindern.

Und dann gab's da noch einen ganz wesentlichen Unterschied: Im Gegensatz zu heute hatten damals alle Erwachsenen des Dorfes die gleiche Erziehungsberechtigung wie die Eltern. Und da sich ständig arbeitende Menschen im Freien aufhielten, in den Gärten, auf den Feldern, Wiesen, Weiden, ja sogar im Wald, waren wir fast immer unter Kontrolle von Dorfbewohnern, die darauf achteten, dass wir keinen allzu großen Unsinn machten, vor allem keine Sachbeschädigungen verursachten. Und wenn doch was richtig Schlimmes passierte, dann hatten sie alle das Recht, uns körperlich zu bestrafen. Das war den Eltern nur lieb. Dafür konnten wir aber auch in jedes Haus im Dorf reinmarschieren und sagen, wir hätten Hunger oder Durst, dann bekamen wir immer einen Kanten Brot und ein Glas Milch.

Der Lehrer Hoppe, der ein eher ruhiger und kinderfreundlicher Mann war, wurde von den Eltern oft ermahnt, nur ja streng mit ihrer Nachkommenschaft umzugehen und seine Haselruten kräftig zu gebrauchen. Das tat er zwar selten, drohte es aber häufig an, und wenn wir ihn wirklich zur Weißglut gebracht hatten, explodierte er auch schon mal und zerschlug dann wahllos alles, was er in der Hand hatte auf unseren Köpfen. Oft war das sein Geigenbogen, denn er musizierte gerne mit uns.

Heute kaum mehr vorstellbar ist ja, dass alle acht Volksschulklassen damals in einem Raum unterrichtet wurden. In den ersten beiden Pultreihen links vom Pult saßen die Erstklässler, genannt die i-Dötzchen, in den zweiten beiden Reihen die Zweitklässler und so weiter bis zu den Achtklässlern, den Dreizehnjährigen, die, ob sie die achte Klasse erreicht hatten oder nicht, danach die Schule verließen, um eine Lehrstelle anzunehmen. Und Lehrstellen gab es nach der Währungsreform 1948 genug, denn das Wirtschaftswunder begann. Insgesamt hatte Lehrer Hoppe so zwischen 40 und 50 Kinder gleichzeitig zu unterrichten. Die Kunst des Lehrers bestand darin, dass er sich mit jeweils einer oder zwei Klassen intensiver beschäftigte in dem jeweiligen Fach, während er den übrigen Klassen Aufgaben in ihren Fächern zu lösen gab. Manche Fächer wie Musik und Sport und Heimatkunde waren dann auch für alle gemeinsam.

In Heimatkunde gab es, vor allem im Sommer, wenn es das Wetter zuließ, in fast jeder Woche einen Wandervormittag mit der ganzen

Schule. Der war sehr beliebt, erstens, weil wir alle lieber draußen als drinnen waren, und zweitens, weil Lehrer Hoppe uns sehr viele Dinge auf dem Wanderweg erzählte, die uns mehr interessierten als rechnen, lesen oder schönschreiben: über die Heimatgeschichte, Pflanzen und Tiere, Steine und Geologie – und über die Menschen und ihre Eigenarten in unserer Region. Davon profitiere ich heute noch sehr. Gleichzeitig lernten wir alle Wanderwege der Umgebung kennen, von denen viele inzwischen zugewachsen, verschüttet oder sogar absichtsvoll beseitigt worden sind, obwohl sie zum Teil über ein Jahrtausend alt waren (wie zum Beispiel der Eselsweg, der vom Haus Schladern zur Burg Windeck führte). Biologieunterricht erteilte der Lehrer Hoppe vom Frühjahr bis Herbst im eigenen Garten, indem wir ihm halfen, Kartoffeln und Gemüse anzubauen. Das hielten auch die Eltern aus eigenem Interesse für sehr wichtig.

In den Unterrichtspausen konnten wir auf dem Schulhof rumtoben und spielen, was wir wollten. Völkerball war sehr beliebt, oder auch das Tabakrollenspiel. Dabei fasten sich alle Kinder an den Händen an, die Großen zuerst, die Kleineren hintendran, und Jungen und Mädchen meist im Wechsel. Dann stelle sich der Erste und Größte der Reihe an den dicken Kastanienbaum auf dem Hof. Und unter Absingen der Litanei: „Wir, wir wollen Tabak rollen. Wir, wir wollen Tabak rollen ...“, drehte sich der ganze Lindwurm der aneinandergereihten Kinder in einer Richtung immer weiter um den Baum und die dabei schon Angedrückten, sodass bei etwa fünfzig Kindern ein ganz beachtlicher Druck entstand. Der war einerseits atemberaubend, andererseits aber auch sehr reizvoll, weil Mädchen und Jungs dabei so aufeinandergedrückt wurden, wie das in der übrigen Dorföffentlichkeit sonst unstatthaft war.

Eine weitere reizvolle Beschäftigung war es, Kontakt aufzunehmen zu den Kindern der Katholischen Volksschule nebenan. Das war verrückterweise während der Schulzeit verboten, obwohl wir nach der Schule viele gemeinsame Unternehmungen und Abenteuer miteinander hatten. Das Verbot machte die Sache erst richtig interessant.

Natürlich prügelten wir Jungs uns auf dem Schulhof auch kräftig. Wir hatten ja die Mädchen als Zuschauer, was die Sache besonders spannend machte.

Lehrer Hoppe stand dabei gewöhnlich auf der Schultreppe und schaute sich die Prügeleien solange gelassen an, wie alles fair und in normalen Bahnen verlief. Unfaire Handlungen wie spucken, treten, zwei gegen einen, Größere gegen Kleinere – oder auch die Beschädigung von Klamotten – duldete er nicht. Er war damals der Ansicht, dass das Üben der Kinder im Umgang mit Gewalt und das persönliche Erfahren von Grenzen zu den Erziehungsaufgaben der Schule dazugehört. Und ich bin heute noch seiner Meinung.

Zu Beginn der vierten Klasse hatte Lehrer Hoppe die Kinder vorsortiert, die er für geeignet hielt, aufs Gymnasium zu gehen. Das besprach er dann mit deren Eltern, und wenn sie auch einverstanden waren, gab er diesen Kandidaten freiwillig und kostenlos nachmittäglichen Zusatzunterricht, um sie für die Aufnahmeprüfung am Gymnasium vorzubereiten. Denn es war sein Stolz, dass seine Schüler, die er dazu vorgeschlagen hatte, auch alle die Aufnahmeprüfung bestanden.

Bei meiner Prüfung, die eine ganze Woche lang jeden Vormittag im alten Hollenberg-Gymnasium in Waldbröl stattfand, das jetzt Rat-

Archiv F. Döring.

Frieder mit seinem Schulfreund Wolfgang (li.) in der Sexta des Hollenberg-Gymnasiums in Waldbröl, 1953.

haus ist, war es Winter, und zwar ein heftiger. An dem Wochenende hatte es so gewaltig geschneit, dass der gesamte Verkehr lahmgelegt wurde, also am Montag auch keine Busse nach Waldbröl fuhren und die Schulen geschlossen hatten. Stattdessen fuhren wir Kinder mit großer Begeisterung auf den Schneeräum-Schlitten hintendrauf mit, die die Landwirte des Ortes, unter anderen auch Adalberts Vater, Wilhelm Schneider, mit ihren Treckern durch die Straßen zogen, damit wenigstens die Fußgänger durchkamen. Die Prüfung wurde zu meinem Leidwesen nachgeholt.

Mutprobe-Wandern mit dem Papa

Wenn unser Papa in den Fünfzigern samstags von seiner Wochenarbeit im Stahlwerk Rheinhausen zurückkam, war immer was los. Meist mussten mein Bruder und ich sofort mit ihm handwerkern, das heißt, wir waren seine Handlanger, während er Sachen am Haus reparierte, die kaputtgegangen waren. Denn er brauchte unsere Hilfe, da er aus dem Krieg ohne den linken Arm und ohne das rechte Auge zurückgekommen war. Oder wir mussten stundenlang rostige Nägel geradeklopfen zur Wiederverwendung, was man heute Recycling nennt. Manchmal aber machte er mit uns auch Wanderungen nach Rosbach oder Waldbröl, wenn er dort Dinge zu besorgen hatte, die er für die Reparaturen dringend brauchte.

Das war uns lieber als der Hiwi-Job, bei dem wir häufig Rüffel oder auch Kopfnüsse einstecken mussten, weil wir wieder was falsch gemacht oder nicht gespurt hatten. Auf den Wanderungen war es einerseits anstrengend und weit, andererseits ganz interessant, weil der Papa uns immer was erzählt hat vor allem zur Naturkunde und Heimatgeschichte und zu seinem Lieblingsthema Steine, die wir unterwegs fanden und sammelten. In seinen Augen waren das alles Schätze mit seltenen Mineralien und Fossilien, bis sie das in unseren Augen schließlich auch wurden. Ich kann mich bis heute nicht zurückhalten, beim Wandern ständig den Boden abzusuchen nach interessanten Steinen, von denen ich auch reichlich finde und mitnehme.

Die Rosbach-Wanderung war zwar sehr viel kürzer, aber dafür um einiges schwerer als die nach Waldbröl. Das lag an den Kriegsfolgen. Die Eisenbahnbrücke zwischen Schladern und Mauel war gegen Ende des Zweiten Weltkrieges in der Mitte gesprengt worden. Man hatte sie provisorisch repariert, indem man eine Stahlkonstruktion mit einem Gleis über die Lücke gelegt hatte, damit die Eisenerzzüge aus dem Siegerland weiter nach Westen und die Kohlezüge aus dem Ruhrgebiet nach Osten fahren konnten. Zwischen den Schwellen dieses Gleises sah man 15 Meter tief zur strömenden Sieg runter. Fußgängersteige oder Geländer gab es nicht.

Aber da es der kürzeste Weg nach Rosbach war, ging unser Papa mit meinem kleinen Bruder und mir, wir waren damals fünf und sieben Jahre alt, gelegentlich über diese Horrorbrücke. Das sollte wohl auch zur Abhärtung dienen, hat aber an meiner Höhenangst nichts geändert. Jedenfalls tippelten wir über die Schwellen, für deren Abstände unsere Schrittlängen gerade reichten, mühevoll hinter dem Papa her und wurden durchgeschüttelt von der Angst vor plötzlich auftauchenden Güterzügen einerseits und der Gefahr des Abrutschens der Füße und des dadurch drohenden Absturzes in die Sieg andererseits. Schwitzend kamen wir am Ende der Brücke an. Dort lauerte die nächste große Gefahr für uns.

Wir mussten nämlich noch durch den Maueler Tunnel, eine 237 Meter lange Bergunterführung, stockdunkel, mit seitlichen Schutznischen, in die man sich stellen musste, wenn man einen Zug kommen hörte. Und tatsächlich, fast jedes Mal, wenn wir da durchmarschierten, kam der Zug, vor dem wir auf der Brücke Angst gehabt hatten, durch den Tunnel gerast. Gefühlt sauste er zehn Zentimeter vor unserer Nase vorbei, während wir uns in unserer Nische mit dem Rücken an die Wand pressten.

Es kam uns Kindern immer wie eine schicksalhafte Dämonie vor, aber es war von unserem Papa minutiös geplant. Denn während dieser planmäßige Personenzug Richtung Siegen durchrasselte, konnte uns natürlich kein unangemeldeter Güterzug auf den Brücken erwischen. Und nach dem Tunnel kam ja noch die intakt gebliebene Rosbacher Eisenbahnbrücke, die wenigstens einen Fußgängersteg hatte. Der hatte zwar auch nach unten durchbrochene Laufgitter mit freiem Blick auf die Sieg, aber darüber konnten wir nach den überstandenen Todesgefahren jetzt nur noch lachen! Und danach winkte ja auch schon die Belohnung!

Um uns bei seinen Besorgungen in Rosbach aus den Füßen zu haben, parkte unser Papa uns im Gasthof Schlösser an der Rathausstraße. Das alte Fachwerkhaus steht heute noch da, etwas oberhalb der Burg Hof an der gleichen Seite. Dort bestellte er uns eine heiße Bouillon, heute Rinderbrühe genannt. Diese war damals in allen Landgasthöfen ein Standard-Angebot. Dann ermahnte er uns, brav sitzen zu bleiben, unsere Bouillon in Ruhe zu genießen und die Wirtin, deren einzige Gäste wir um die Zeit meist waren, mit Geschichten aus Schladern zu unterhalten, er sei in einer Stunde wieder zurück.

Die Wirtin hörte sich unsere Berichte von der Schule, von unseren Abenteuern, aber auch von der Familie oder anderen Dorfbewohnern gerne und mit großem Interesse an, und das nicht nur aus Langeweile. Die Bouillon schmeckte uns göttlich, da sie zumeist aus frischen, damals verbotenen und deshalb heimlich durchgeführten Selbstschlachtungen stammte – und Fleisch und Fleischgeschmack für uns eine Rarität waren. Und so war die Wartezeit im Gasthof Schlösser für uns sehr angenehm und verging im Nu.

Der Papa kam in der Regel pünktlich zurück, bezahlte und nahm uns auf den Rückweg mit. Dieser ging zu unserer Erleichterung nicht über die Eisenbahntrasse, sondern entweder an der Sieg entlang, wenn sie kein Hochwasser hatte, oder über den Maueler Berg oberhalb des Tunnels an der Burg vorbei. Oder, wenn wir viel Zeit hatten, sogar durch Rosbach über Obernau, Lindenpütz, Mauel und unseren Siegbadestrand nach Hause. Damit zeigte er uns indirekt auch, dass der abenteuerliche Hinweg wohl nur der Männer-Ertüchtigung dienen sollte.

Unsere Geburtstagsfeiern ab dem Eintritt ins Schülerdasein waren eine besondere Sache in den 1950er-Jahren. Vor Beginn unserer Volksschulzeit hatten wir Kindergeburtstage meistens nur mit Familienangehörigen, denn Kindergartenfreunde gab es nicht, da es keine Kindergärten gab. Mit Beginn unserer Schulzeit wurde das anders. Da hatten wir Schulfreunde, nämlich die ganze Oberdorfbande, das waren die etwa gleichaltrigen Jungs, die im Oberdorf nördlich des Bahnhofs wohnten und meist auch irgendwie von der großen Schneiders-Familie aus der Gründerzeit um 1820 abstammten, wie wir auch, meine Geschwister und ich. Die Jungs aus dem Dorf südlich der Bahnstrecke gehörten zur Unterdorfbande und waren unsere „Feinde", mit denen wir Kämpfe und Schlachten vereinbarten, aber zu größeren Gemeinschaftsaktionen auch zusammenarbeiteten, zum Beispiel beim Wintersport, denn nur wir Oberdörfler besaßen geeignete Abfahrten. Außerdem gingen die Unterdörfler vorwiegend in die Katholische Volksschule nebenan.

Nachdem ich in die Volksschule gekommen war, wollte auch ich meine Schulfreunde einmal zum Geburtstag einladen, denn schließlich wurde ich auch bei ihnen eingeladen. Das Problem war nur, dass mein Geburtstag auf den Heiligen Abend fiel. Die Eltern machten mir bald klar, dass das praktisch unmöglich war. Alle Familienmitglieder, vor allem aber die Mutter, waren an dem Tag beschäftigt, den Weihnachtsabend, die Christvesper und das Festessen mit anschließender Bescherung vorzubereiten. Eine zusätzliche Geburtstagsfeier wäre unmöglich zu organisieren gewesen.

Nicht anders war das natürlich in den Familien meiner Freunde. Da hätte auch niemand Zeit gehabt, an diesem wichtigsten Feiertag des Jahres, zumal ja auch wir Kinder meist noch damit beschäftigt waren, auf den letzten Drücker Geschenke für Eltern und Geschwister zu basteln. Denn das war damals für uns Kinder selbstverständlich: Die Geschenke wurden handgefertigt. Kaufen kam nicht infrage, weil wir erstens kein Geld hatten und weil es zweitens auch kaum Geschäfte für so was gab. Auch die Eltern machten vieles für die Kinder selbst. Unser Papa hatte uns Jungs mal eine ganz tolle Burg Windeck aus Holz gearbeitet, die wir aus einer Kiste heraus aufbauen und wieder zusammenpacken konnten. Damit haben wir jahrelang gespielt und unsere Kinder und Enkel auch noch.

Und so hatte ich rasch kapiert, dass das einfach nicht ging mit den Einladungen! In den Tagen unmittelbar danach ging's auch nicht, da machten alle Familien Verwandtenbesuche und erholten sich von den anstrengenden Feiertagen. Also machte mir die Mutter den Vorschlag, meine Geburtstagsfeier und die meines Bruders Jochen, der am 7. Januar geboren war, zusammenzulegen. Das leuchtete mir ein, weil wir praktisch die gleichen Freunde hatten. Schließlich hatte ich ihn schon in die Oberdorfbande eingeführt, bevor er selbst in die Volksschule musste.

Also wurden fortan unsere beiden Geburtstage immer am 7. Januar gefeiert. Dazu luden wir unsere gemeinsamen Freunde ein: Ada Schneider, Klaus Sprenga, Peter Ewert samt Schwesterchen Annedore, die ihm überall hin folgte, Ernst-Otto Fehn, manchmal auch Peter Koslowsky, wenn er in der Gegend war. Annedore Ewert war die einzige Ausnahme von der Regel, dass Mädchen eigentlich nichts bei uns zu suchen hatten. Aber sie folgte ihrem großen Bruder auf Schritt und Tritt und war im Verhalten von einem Jungen nicht zu unterscheiden.

Alle Gäste kamen am Nachmittag um 15 Uhr gewaschen, geschniegelt und gestriegelt in guten Klamotten anmarschiert und lieferten ihre Geschenke ab, die oft genug zu unserem Leidwesen Gemeinschaftsgeschenke für uns Brüder zusammen waren. Dann folgte die Kuchenschlacht. Die Mutter hatte gebacken wie eine Weltmeisterin: neben zwei Blechen mit Streuselkuchen und Apfelkuchen gab es Gugelhupf, Sandkuchen, Kalter Hund, Käsekuchen, Zitronenkuchen und dergleichen. Dazu heißen Kakao, der am Anfang aus Care-Paketen aus den USA stammte.

Das erste Spiel begann sofort und hieß: Wer kann die meisten Kuchenstücke verdrücken? Der Gewinner bekam einen Preis, eine Glasmurmel zum Beispiel. Ich war meist unter den ersten drei mit bis zu 18 oder sogar 20 Stücken Kuchen! Nach dieser Orgie war zunächst eine ruhige Phase angesagt, da alle sich die Bäuche vollgeschlagen hatten und etwas träge wurden. Die Mutter und die Schwestern räumten den Kaffeetisch ab, und es wurden Brettspiele begonnen wie „Mensch ärgere dich nicht", Halma, Dame, Schach. Das wurde uns aber nach spätestens einer Stunde langweilig, weil das nur zu jeweils zweien bis vieren ging und wir doch alle gemeinsam was machen wollten.

Draußen spielen kam bei dem strengen Winter nicht infrage wegen der guten Klamotten, die alle anhatten, und weil es in der Regel tief verschneit war zu der Zeit. Das hätten die Eltern nicht geduldet. Also Plan B, was immer sehr beliebt war: Verstecken spielen im Haus! Nun war das Pickhardts-Haus in der Schulstraße, in dem wir lebten, sehr groß – mit Keller, zwei Etagen und Dachgeschoss –, und natürlich ging das Spiel durchs ganze Haus. Das war mühsam, spannend und aufregend, aber nach einer weiteren Stunde spätestens ging es ins Fangenspiel über, ebenfalls durchs ganze Haus, wie die berühmte „wilde Jagd" durch alle Räume und treppauf, treppab.

Das wurde der sehr duldsamen Mutter irgendwann zu viel, und sie verordnete uns den Rückzug ins Wohnzimmer. Da wir aber schon mächtig angeheizt waren, wurde dort eine zunächst heimliche, dann offene Kissenschlacht daraus. Die endete immer mit großem Geschrei, weil einer von uns verletzt wurde und mindestens blaue Flecke oder eine Beule abbekam und/oder irgendwelche Dekorationsteile des Zimmers zu Bruch gegangen waren, was dann auch noch Ärger mit der Mutter bedeutete. Die griff jetzt endgültig ein, zumal es in der Regel Abendessenszeit war und gruppierte die erhitzte, rotköpfige und kribbelige Bande wieder um den Tisch herum.

Jeder bekam nun einen Teller mit Wiener Würstchen und Kartoffelsalat, die wir manierlich futterten. Die Kuchenladung vom Nachmittag war nämlich schon durch die Tobereien verarbeitet. Dazu gab es Milch. Dann mussten sich alle ebenfalls manierlich verabschieden und wurden mit schönen Grüßen an die Eltern und Kuchengeschenken nach Hause geschickt.

Wir zurückbleibenden Geburtstagskinder mussten natürlich noch zusammen mit Mutter und Schwestern das Zimmer und das ganze Haus wieder aufräumen und sauber machen und uns die heftige Kritik und Schelte der großen Schwestern anhören, die uns ungerechterweise für die vielen kleinen unangenehmen Spuren und Rückbleibsel der Geburtstagsfeier verantwortlich machten. Aber das ließen wir uns den Buckel runterrutschen und wir freuten uns schon auf die nächste Feier bei einem von unseren Freunden, bei denen die Spiele dann meistens in der günstigeren Jahreszeit draußen stattfanden, was uns der Kontrolle durch die Erwachsenen entzog.

Ritterspiele in der Schlossruine

Eine der Lieblingsunternehmungen der Oberdorfbande Anfang der fünfziger Jahre waren Ritterspiele an und in Burg und Schloss Windeck. Damals stand neben der Burgruine der sogenannten „Neuen Burg Windeck“ auch noch die Ruine des Schlosses von 1860. Dieses war im 19. Jahrhundert vom Landrat Danzier aus Waldbröl erbaut worden, wurde von seiner Tochter Arnoldine und ihrem Mann Andrea Caminneci erweitert und Ostern 1945 von der amerikanischen Artillerie von Obersaal aus in Brand geschossen. Es stand als Ruine noch bis 1961 da – und wurde dann leider bei der ersten ziemlich unsachgerecht durchgeführten Renovierung der Burg mit abgerissen. Zur Zeit unserer Ritterspiele war die Schlossruine jedenfalls noch ein wichtiger Bestandteil unserer Mittelalterkulisse.

Stark angeregt worden waren unsere Abenteuer auf der Burg durch die erste Theateraufführung des Stückes „Der Graf von Windeck“ 1950, das der Windecker Lehrer Johann Portugall verfasst hatte. Da waren wir Schulkinder als Statisten und Helfer miteingesetzt worden und hatten danach das Bedürfnis, diese Rittergeschichte mit eigenen Ideen weiter auszubauen und in hundert Variationen nachzuspielen. Dazu rüsteten wir uns natürlich auch als Ritter aus. Klar, die Schwerter, Dolche, Spieße, Hellebarden und Morgensterne bastelten wir uns selber aus Holz. Schwieriger war es mit der Ritterrüstung. Dafür beschafften wir uns aus alten Klamotten der übrigen Familie, die sehr selten waren, weil fast alles weiter verwertet wurde, geeignete Stücke wie verwegene Hüte, dunkle Umhänge, Stulpen für Arme und Beine. Wenn wir Glück hatten, erwischten wir sogar noch originale Uniformstücke aus dem Ersten oder Zweiten Weltkrieg mit Epauletten oder sogar Ordensspangen dran. Das war Spitze, und die so ausgestatteten Ritter wurden Heerführer, Marschälle, Grafen!

Natürlich mussten wir die auf diese Weise akquirierten Requisiten erst in Rucksäcken zum Spielort transportieren und dazu auch noch diverse Futteralien, denn zu Hause erzählten wir, dass wir eine Wanderung mit Picknick machen wollten. Wanderung galt bei den Eltern als was Sinnvolles. Zur Tarnung, um nicht des groben Jungens-Unfugs verdächtigt zu werden, nahmen wir meist noch die kleine Annedore mit, weil mit einem kleinen Mädchen sah alles harmloser aus, und an der Burg angekommen, konnten wir sie prima als Burgfräulein oder Prinzessin gebrauchen. Außerdem wussten wir, dass sie den Eltern gegenüber den Schnabel hielt, egal welchen Blödsinn wir gemacht hatten, denn sie wollte auch weiterhin bei unseren Abenteuern dabei sein.

Am Schauplatz Burg und Schloss angekommen, wurden dann die Rollen verteilt: Zum alten Grafen Konrad, seiner Tochter, der Prinzessin Bertha und ihrem Freier sowie dem Ritter Heinrich kamen natürlich der übrige Hofstaat sowie die heimlichen Helfer des Liebespaares dazu. Allerdings mangelte es uns an leibhaftigen Schauspielern, sodass für so manche Statistenrolle auch mal ein Baum oder Strauch herhalten musste, nach dem Motto: „Und das wäre jetzt der Turmwächter."

Danach wurde die Geschichte des Grafen von Windeck abgespielt mit vielen Ergänzungen und zusätzlichen Dramen. Dann kam es auch zu dem gefährlichen Ritt des flüchtenden Paares Richtung Otterstein, der allerdings am Einschnitt durch die tiefe Schlucht, die der Eisenbahnbau dort erzeugt hatte, unterbrochen wurde. Das machte eine Regie-Änderung erforderlich: statt des tödlichen Sprunges in die Fluten der Sieg, den die Sage vorschreibt, drehten sich bei uns die Verfolgten um und stürmten mit ihren Begleitrittern nun gegen die Verfolger an.

Es kam zur grausamen Ritterschlacht! Die machte auf dem schmalen Grat oberhalb des Einschnittes, wo es nach drei Seiten steil abwärtsging und sehr unsicher war, den meisten Spaß wegen der realen Gefahren um einen herum. Es wurde gefochten, gehauen, gestoßen, gerungen, und auch die Prinzessin Bertha war mittenmang dabei. Das dauerte so eine halbe Stunde, dann stand meist die Siegerpartei fest, nachdem sie ihren Gegnern alle Waffen abgenommen hatte. Und wir trotteten zurück zu Schloss und Burg.

Dort wurde als Nächstes Burgbelagerung und -besetzung durchgespielt. Dabei kam es drauf an, die tollsten Kletterpartien vorzuführen: Auf den Bergfried rauf, die Palastwand hoch, an der Schlossruine auf bröckeligen Mauerresten in die obere Etage klettern, deren finstere Kellergewölbe durchstöbern und schließlich, als größte Heldentat, von der Burgküche aus in die dunkle Höhle reinmarschieren bis an deren Ende, das angeblich nur verschüttet war und ursprünglich der Fluchtweg bis nach Schladern gewesen sein sollte. Das alles ohne Lichter, Taschenlampen oder Kerzen; Mutprobe eben.

Und da zeigte sich dann eine weitere wichtige Funktion für die kleine Annedore: Vor ihr konnte man sich hervorragend produzieren als Held und Ritter, sie bestaunte und bewunderte all die großen Jungens und ihre fantastischen Leistungen. Nach zwei, drei weiteren Kriegsspielen kam dann die gemeinsame Siegesfeier aller Parteien dran. In einem abgelegenen Eckchen im Souterrain der Schlossruine entfachten wir ein kleines Feuerchen, rösteten die mitgebrachten Kartoffeln und Brote, um sie mit großem Appetit zu futtern. Dazu gab's Wasser oder manchmal sogar Malzbier, wenn Annedore und Peter das aus den gastwirtschaftlichen Beständen ihrer Eltern hatten „fringsen" können. Wenn wir dann zum Abendessen zufrieden und müde nach Hause kamen, wunderten die Eltern sich manchmal, dass wir nach so 'ner langen Wanderung nur so wenig Hunger hatten.

Jugend forscht

Die Drogerie Seidel war eine großartige neue Errungenschaft im Dorf Schladern Mitte der 1950er-Jahre. Es gab dort fast alles, was man im ländlichen Haushalt brauchte zum Einwecken, Marmeladekochen, zur Saft- und Obstweinproduktion, zur Schädlingsbekämpfung in Garten und Haus, zur Unkrautvernichtung (wie Unkraut-Ex, womit man auch Bomben basteln konnte), sowie Hunderte von pflanzlichen und anorganischen Volksheilmitteln. Darüber hinaus noch Angler- und Fotografenbedarf, von der Kamera bis zu den beliebten mit Randzacken verzierten Schwarzweißfotos. Ernst Seidel, der Drogist, war ein freundlicher, hilfsbereiter junger Mann, ein sehr begabter Fotograf, der Hunderte von schönen, selbst gefertigten Schladern-Ansichten als Postkarten anbot und der, was mich am meisten für ihn einnahm, dem „Jugend forscht"-Gedanken, lange bevor dieser zum offiziellen Slogan wurde, sehr fördernd gegenüberstand.

Meine Eltern hatten mir nämlich zum zehnten Geburtstag einen Kosmos-Chemie-Baukasten geschenkt. Erst einen Anfängerkasten, und nachdem mich die damit machbaren Experimente sehr begeistert hatten, ein Jahr später auch den für Fortgeschrittene. Den hatte ich bald auch ausexperimentiert und begann meine eigenständigen Forschungen mittels des „Römpp"-Chemie-Lexikons und ähnlichen Büchern, vorwiegend aus dem 19. Jahrhundert, und mithilfe des Drogisten Ernst Seidel. Dem hatte ich nämlich auf der Suche nach bestimmten seltenen Chemikalien von meinen Experimenten erzählt, was ihn sehr interessiert hatte, und wir trafen daraufhin ein spezielles Abkommen: Er versprach mir, aus dem Großhandel alle für meine Experimente notwendigen Chemikalien zum Selbstkostenpreis zu besorgen. Ich sollte ihm als Gegenleistung vor Beginn des Experimentes den Plan dazu aufschreiben und nach erfolgtem und natürlich erfolgreichem Versuch von der Durchführung und dem Ergebnis berichten. Auf diese Weise erhielt ich von ihm im Laufe von etwa fünf Jahren die unglaublichsten Dinge in größeren Mengen zu sehr kleinen Preisen geliefert.

Dazu gehörten unter anderen: Kalium und Natrium als Reinmetalle, die in Verbindung mit Wasser fantastisch gelb und violett brannten, konzentrierte Salzsäure und Schwefelsäure, rauchende Salpetersäure, Flusssäure, die gefährlichste aller Säuren überhaupt, reiner gelber Phosphor in Stangen, ein Kilogramm reines Quecksilber, jede Menge Aceton, Wasserstoffperoxid, Schwefelpulver, Aktivkohle, 96-prozentigen Alkohol, Kaliumpermanganat, Cyanide, Toluol – alles Dinge, die man heute nicht mal googeln darf, wenn man nicht unmittelbar darauf ein Sondereinsatzkommando der Staatsschutzpolizei vor der Türe haben möchte.

Alles bekam ich in Größenordnungen von 100 bis 500 Milliliter zu Preisen, die meist im Groschenbereich lagen und die ich mir auch deshalb gut leisten konnte, weil ich mir das damals magere Taschengeld mit diversen Geschäften aufbesserte. Zwar nicht mit den Chemikalien, die gab ich nicht aus der Hand, aber mit bestimmten Kunststücken wie zum Beispiel dem Austrinken eines ganzen Tintenfläschchens, die wir damals zum Füllen des Füllfederhalters brauchten. Das kostete dem staunenden Publikum zusammen 50 Pfennige, die schnell gesammelt wurden, und machte mir gar nix, weil ich ja als Chemiker wusste, woraus Tinte bestand. Nur am nächsten Tag waren Pipi und Kacke grün, was mich belustigte, aber meine Mutter überhaupt nicht, nachdem ich mal vergessen hatte, das Klo abzuziehen. Ich musste eine komplizierte Geschichte erfinden von Nahrungsexperimenten mit Gräsern und brauchte am nächsten Tag nicht in die Schule zu gehen. Mein Dealer, der Drogist Seidel, hat sich köstlich amüsiert über diese Story.

Eine andere schöne und längerfristige Taschengeldaufbesserung erzielte ich mit der Züchtung von Kupfervitriol-Kristallen. Den Rohstoff bezog ich von der Elmores-Müllkippe am Maueler Teich, wo aus der Galvanik des Kupferrohrwerkes Tonnen von verunreinigtem und giftigem Kupfersulfat-Pulver abgekippt wurden, unmittelbar neben der Sieg. Dort holte ich mir große Mengen in Konservendosen und Einmachgläsern, löste das Pulver in Wasser auf bis zur gesättigten Lösung und ließ diese auf alten Porzellantellern im Sommer in der Sonne verdunsten und auskristallisieren. Dadurch entstanden wunderschöne saphirblaue rhombische Kristalle von bis zu acht Zentimeter Länge. Die gingen in der Waldbröler Hollenbergschule vor allem in der Damenwelt als Edelsteine weg wie warme Semmeln, die größten auch für 50 Pfennige das Stück, die Kleineren entsprechend günstiger.

Ab und zu veranstaltete ich auch Chemie-Zauber-Vorführungen, gegen Eintritt von zehn Pfennigen pro Zuschauer versteht sich, bei denen es vor allem knallte, zischte, dampfte und stank. An ein Experiment erinnere ich mich noch gut, weil es immer sehr beklatscht wurde. Dabei füllte ich ein Reagenzglas in Übergröße zunächst halb mit konzentrierter Schwefelsäure, darauf schichtete ich ganz vorsichtig 96-prozentigen Alkohol, sodass die beiden Flüssigkeiten sich nicht vermischten. Dann ließ ich mit der Pinzette einige Kaliumpermanganat-Kristalle in das schräg gestellte Glas rutschen, sodass sie auf der öligen unteren Schwefelsäure schwammen. Alsdann wurde das Licht ausgemacht und das Reagenzglas ganz leicht überm Bunsenbrenner erhitzt. Jetzt begann in dem Glas, das ich nun dem Publikum vor die Nasen hielt, eine Kettenreaktion von einem Feuerwerk. Sämtliche Kaliumpermanganat-Kristalle explodierten mit grünblauen Funken in der Zwischenschicht zwischen Schwefelsäure und Alkohol, scheinbar unter Wasser. Und das sah wirklich zauberhaft aus, rief Begeisterung hervor und musste meist mehrfach wiederholt werden.

Solche Geschichten begeisterten auch den Drogisten Seidel. Er wiederholte manche Experimente im eigenen Labor und war dann immer gerne bereit, mir neue Chemikalien zu besorgen. Natürlich wurde ich immer besser dabei, und es gelang mir nach einiger Zeit sogar, Nitroglyzerin herzustellen oder Zyankali, womit ich ein paar Ratten erledigte. Ich baute Raketen, die ich von meinem Zimmerfenster in den Hof von der Gaststätte Peter Müller abschoss, die Fensterbrüstung hat heute noch tiefe Narben davon, und ging mit meinen Freunden in Steinbrüche, um Sprengungen zu machen. Von all diesen gelungenen Experimenten erzählte ich meinem Drogisten und er fand alles toll. Aber ich erzählte ihm natürlich nicht von den Sachen, die hie und da auch danebengingen.

Ich hatte in meinem Zimmer unterm Dach einen alten Sekretärschrank, in dem ich meine Chemikalien verstaute und auf dessen Klappe ich die Experimente machte. Darunter stand ein Eimer, in den ich die Abfallprodukte der Versuche hineinschüttete – voll und ganz der meist richtigen Chemiker-Erfahrung vertrauend, dass sich die vielen Verbindungen bei der Mischung gegenseitig neutralisieren würden. Einmal war ich den ganzen Nachmittag und Abend mit hochinteressanten Versuchsanordnungen beschäftigt, als mich die Mutter von unten zum Abendessen rief.

Es gehörte zu ihren Prinzipien, dass immer pünktlich um 19 Uhr gegessen wurde und alle Haubewohner pünktlich zu erscheinen hatten. Ich rief zurück: „Ich komme gleich, muss nur noch den einen Versuch zu Ende bringen!“ Nach fünf Minuten rief sie mich wieder und bekam die gleiche Antwort zurück. Nach weiteren fünf Minuten war ihre Geduld am Ende und sie stapfte wütend die Treppe hoch. Das hörte ich und wusste, jetzt wurde es brenzlig. Gleichzeitig war mein Versuch abgelaufen, und ich konnte erleichtert Schluss machen. Rasch schüttete ich alle Reste in den Abfalleimer. In dem Moment öffnete die Mutter zornig die Zimmertüre und prallte entsetzt zurück, denn im selben Augenblick explodierte mein Abfalleimer, spritze den Inhalt durch den Raum und entfaltete dunkle, stinkende Rauchwolken im Dachgeschoss. Da wusste ich, dass jede Regel auch eine Ausnahme hat.

Ein anderes Mal hatte ich Chlorgas hergestellt durch Elektrolyse von Salzwasser. Das geht recht einfach mit Transformator, Gleichrichter und zwei Elektroden, die in ein Gefäß mit Salzwasser getaucht werden und die das gelöste Salz in Natrium und Chlor zerlegen. Das Natrium verbindet sich mit dem Wasser zu Natrium-Hydroxid und bleibt gelöst. Das Chlor steigt als Gas aus dem Wasser auf, und da es schwerer ist als Luft, schichtet es sich zunächst über dem Wasser auf, bis es über den Rand des Gefäßes wabert und zum Fußboden des Raumes absinkt, und ihn langsam bedeckend ansteigt.

Dieser vorhersehbare Vorgang war mir entgangen, weil ich, während die Elektrolyse lief, gleichzeitig ein anderes sehr wichtiges und spannendes Experiment begonnen hatte. So waberte das hochgiftige Chlorgas aus dem Gefäß immer weiter in den Raum und füllte ihn vom Boden her langsam auf. Als ich das andere Experiment schließlich beendet hatte und aufräumen wollte, stellte ich fest, dass ich bis zur Bauchhöhe in dem gelblichen Nebel von Chlorgas stand. Da wurde mir etwas mulmig zu Mute. Schnell schaltete ich den Strom ab, riss das Fenster auf, stellte meinen Abwasch auf ein Tablett, um ihn ins nahe Badezimmer zu bringen, öffnete die Zimmertüre – und fiel samt Tablett voller Reagenzgläser in den Vorflur auf die Nase. Ich hatte wohl zuvor schon einiges von dem aufsteigenden Gas eingeatmet und war ohnmächtig geworden.

Ich muss einige Minuten da gelegen haben, als ich aufwachte und bemerkte, dass das Chlorgas abgezogen war, der Schwerkraft nach die Treppe runter. Zum Glück war ich allein im Haus. Mir war speiübel, ich hatte Kopfschmerzen und Sehstörungen, aber ich musste mich beeilen, um die Spuren dieses Desasters zu beseitigen, bevor die Mutter wieder heimkam, was auch gelang. Sie hat erst Jahre später was davon erfahren.

Nicht zu verheimlichen war dagegen eine andere Geschichte: Ich wollte mir nämlich Silbernitrat herstellen, um damit Fotopapier für die selbst gebaute Lochkamera zu produzieren. Salpetersäure hatte ich, es fehlte Silber. Da erinnerte ich mich an die Münzsammlung meines Vaters, die er zwar gut verschlossen im Schrank hatte, aber neben der er in der offenen Schreibtischschublade auch noch ein Kästchen mit doppelten Tauschmünzen bereithielt für Besucher. Daraus stibitzte ich mir eine kleine Silbermünze. Die warf ich dann in ein Reagenzglas mit rauchender Salpetersäure.

Nix passierte, also erhitzte ich das Glas überm Bunsenbrenner. Es passierte immer noch nix. Dann verkorkte ich das Glas und erhitzte es erneut. Jetzt stiegen Bläschen auf. Das fand ich gut und erhitzte weiter. Da gab's einen Knall, der Korken flog weg und der Inhalt des Glases ebenfalls und zwar teilweise über mein Gesicht, mein Hemd und meine nackten Arme. Schnellstens rannte ich ins Bad, spülte alles ab, schmiss das durchlöcherte Hemd in den Müll und dachte, dass ich damit alles im Griff hätte.

Die böse Überraschung kam am nächsten Morgen. Als ich am Frühstückstisch erschien, schrien die Mutter und die Geschwister bei meinem Anblick entsetzt auf. Ich rannte zum Spiegel und war am Boden zerstört: Mein Gesicht und meine Arme waren gesprenkelt mit schwarzen Flecken. Es sah aus, als hätte ich die Pest. Als Chemiker wusste ich auch gleich, was los war: Ich hatte tatsächlich Silbernitrat erzeugt, das als heiße Lösung sich in meine Haut eingebrannt hatte und inzwischen durch Lichtkontakt oxidiert und schwarz geworden war, wie auf den früheren Fotopapieren.

Diese schwarzen Flecken musste ich nun sechs Wochen mit mir rumtragen, bis die Haut sich erneuert hatte, und nachdem ich meine Schandtat gebeichtet hatte, war die Mutter so weise, dass sie mich konsequent weiter zur Schule schickte, wo ich allen Mitschülern und Lehrern ebenfalls meine Sünden beichten musste. Zu meinem Chemikerfreund, dem Drogisten Seidel traute ich mich bis zum Verschwinden der Flecke nicht mehr hin, da ich mich furchtbar schämte. Nicht so sehr wegen des Münzdiebstahls, sondern vielmehr wegen des unverzeihlichen Verfahrensfehlers, ein zugekorktes Reagenzglas zu erhitzen! Wer macht denn so was?

Rauchen lernen

Das war für uns Jungs eine genauso ernste und wichtige Angelegenheit wie das Schwimmen- und Fahrradfahrenlernen. Während diese beiden lebensnotwendigen Fähigkeiten uns vorwiegend von den älteren Schwestern schon im Alter von etwa sechs Jahren beigebracht wurden, mussten wir das Rauchen erst im gereifteren Alter von acht bis zehn Jahren von den älteren Jungen in der Volksschule lernen. Der Rauch-Unterricht spielte sich bei mir in der Schule ab, und zwar auf dem Schulklo! Das lag als kleines Ziegelhäuschen ein Stück weit vom Schulgebäude entfernt vor dem Schulgarten und hatte natürlich zwei Abteilungen, eine für Jungens, eine für Mädchen. In der Männerabteilung gab es wie überall einen Vorraum mit den Urinalen oder Pissoirs, wie man damals sagte. Denn Männer mussten ja traditionsgemäß im Stehen pinkeln, alles andere wäre weibisch und undenkbar gewesen!

In diesem Vorraum zündeten sich die größeren Burschen aus der vierten bis achten Klasse demonstrativ ihre Zigaretten an, um damit anzuzeigen, dass sie schon Männer waren. Uns kleineren ab dem dritten Schuljahr wurde hin und wieder, wenn wir brav „bitte, bitte" sagten, gnädig erlaubt, mal vorsichtig dran zu ziehen. Bei mir war es unser Nachbarsjunge Wolfgang Schuhen, der mir die Gnade erwies, meinen ersten Zug zu tun. Der brachte mich gleich zum Husten, und schwindelig wurde mir auch. Aber der Wolfgang hatte mir schon erklärt, dass es einem am Anfang komisch wurde dabei, das man das aber unterdrücken müsse, wenn man ein Mann werden wolle! Und ein Mann wollte ich natürlich werden, also zog ich noch mal kräftig dran und musste husten, bis ich fast kotzte. Der Wolfgang hat mich ausgelacht. Da hab ich mir vorgenommen, das richtig zu lernen – und mit meinen Kumpels von der Oberdorfbande fleißig geübt in unseren diversen Höhlen, Steinbrüchen, Burgruinen und ehemaligen Bergwerken, die wir uns zu unseren geheimen Treffpunkten und Rückzugsfestungen ausgebaut hatten.

Dort drehten wir uns dann selber Zigaretten aus Zeitungspapier und getrockneten Brombeerblättern in Ermangelung von Tabak. Die schmeckten scheußlich, dienten aber wirksam dazu, sich den Husten- und Brechreiz abzutrainieren. Als ich dann später mit meinem Tinte-Trinken und Kristalle-Züchten gelegentlich etwas Geld verdiente, konnte ich mir ab und zu eine Sechserschachtel „Eckstein“ oder „Ernte“ am Automaten ziehen. Die kosteten damals nämlich nur fünfzig Pfennige, und die verteilte ich großzügig unter die Krieger der Oberdorfbande, wenn uns wieder mal eine besondere Aktion oder ein interessanter Waffenfund gelungen war.

Dann, als mein jüngerer Bruder Jochen das Initiationsalter von acht Jahren erreicht hatte, sah ich es als meine Pflicht an, ihn auch in die Mannbarkeitsriten des Rauchens einzuweihen, erklärte ihm den Vorgang und seine anfänglichen Folgen ganz genau und ließ ihn ein paar Mal bei mir ziehen, was ihm gar nicht gefiel. Aber im nächsten Schritt musste er unter meinem Kommando noch eine halbe Zigarette von mir zu Ende rauchen, was er unter Protest schließlich auch schaffte. Dann hustete er fürchterlich, wurde grün im Gesicht und rannte ins Gebüsch, um zu reihern. Danach schwor er mir und sich selbst, nie mehr eine Zigarette anzupacken, woran er sich auch lebenslang gehalten hat. Ich habe dann noch einmal versucht, diesem vermeintlichen Lehrauftrag gerecht zu werden, und habe bei meinem Schulfreund Wolfgang Blumbach aus Waldbröl die gleiche Methode angewendet wie bei meinem Bruder. Das Ergebnis war auch das gleiche. Und beide sind mir noch heute dankbar dafür, während ich rund 60 Jahre brauchte, um zu einem ähnlichen Ergebnis zu kommen!

Azubis

Unser Papa war gelernter Schlosser, Elektriker, graduierter Maschinenbau-Ingenieur und Marine-Offizier gewesen. Und von allen diesen Berufen wollte er seinen beiden Söhnen etwas beibringen. Vom Offizier die Disziplin, vom Ingenieur den Erfindungsreichtum („dem Inschenör ist nichts zu schwör") und vom Elektriker die handwerklichen Kniffe. Außerdem war er von einem Betriebsunfall, bei dem er den linken Arm verloren hatte, und vom Granatenbeschuss im Krieg, bei dem er das rechte Auge einbüßte, ziemlich gehandicapt.

So war er, als er sich Ende 1946 zu Fuß von Schlesien nach Schladern durch alle diversen Militärzonen durchgeschlängelt hatte, heilfroh, dass er hier die ganze Familie ziemlich unbeschädigt wieder vorfand – und ihm zwei stramme Burschen heranwuchsen, die er sich schon zu brauchbaren Handwerkern, und, wie er glaubte, auch zu Ingenieuren und Marineoffizieren heranziehen würde. Diese brauchte der Vater, nachdem er 1948 eine Arbeit als Ingenieur bei Krupp im Stahlwerk Rheinhausen (heute Duisburg) angenommen hatte, auch dringend, wenn er an den Wochenenden nach Hause kam. Er war dann nämlich fast immer sehr beschäftigt mit kleineren und größeren Reparaturen an dem alten Pickhardtschen Haus in der damaligen Schulstraße (heute Falkenweg) – und auf die Hilfe der Söhne, die er als seine Lehrlinge bezeichnete, angewiesen.

Die ein paar Jahre älteren Töchter bei seinen Handwerksarbeiten einzusetzen, war damals Ende der 40er- und Anfang der 50er-Jahre wenig üblich, höchstens zum Nägel-gerade-Klopfen. Die Mädchen hatten ihre Lehre bei der Mutter im Haushalt zu machen: putzen, kochen nähen, usw.

Das mit den Ingenieuren und Marine-Offizieren hat nicht so ganz geklappt, denn der eine wurde Jurist und Diplomat, der andere Arzt, und beide haben den Militärdienst verweigert. Aber von der handwerklichen Fähigkeit und Begeisterung ihres Papas haben sie bis heute profitiert und vor allem sein Improvisationstalent im Recyceln und Wiederverwerten von Altmaterialien und den Gebrauch „antiker" Werkzeuge übernommen. Ein schönes Beispiel ihres diesbezüglichen Könnens ist das Gartenhäuschen im Paradiesgarten am Friedhof, das sie mit ihrem Papa zusammen dort errichtet, ausgebaut und später erweitert haben. In all seiner Pracht war es doch vorwiegend aus Abfällen gefrickelt worden.

Der Beginn von Jochens und Frieders Ausbildung bei ihrem Vater bestand aus zwei wichtigen Funktionen: Erstens waren sie verpflichtet, während der Schulwoche, wenn der Papa selbst zur Arbeit weg war, nach seiner Aufgabenliste, die er ihnen sonntagsabends anfertigte, eine bestimmte Menge Steine, Draht, Bauhölzer und metallische Kleinteile wie Winkel, Schrauben, rostige Nägel, die natürlich auch noch alle gerade geklopft werden mussten, aus den ums Dorf herum verteilten Müllkippen, Abfallhaufen und Abbruchruinen zusammenzuklauben, was man damals auch organisieren oder fringsen nannte. Zweitens waren sie am Samstag, wenn der Papa dann da war und Hand anlegte, eingeteilt in den Springer und den Anhalter. Der Springer musste auf kurze militärische Kommandos hin die benötigten Werkzeuge und Materialien in Windeseile herbeischaffen, wobei es keine Ausreden gab wie „Hab ich nicht gefunden".

Der Anhalter musste dem Boss den fehlenden Arm ersetzen und die Winkel, Latten und Bauhölzer beim Schrauben und Nageln in der richtigen Position halten, bis sie festgedreht oder geklopft waren. Das war besonders beim Nageln sehr heikel, weil mancher Hammerschlag des einäugigen und einarmigen Lehrherren auch daneben ging auf die gehaltene Latte drauf, was dem Halter höllisch in den Händen brannte. Der clevere Bruder Jochen stellte sich deshalb beim Anhalten besonders dumm an, sodass der Papa ihn lieber als Springer einsetzte und sein größerer Bruder den fieseren Job übernehmen musste. Überhaupt hatte der Kleinere schon früh eine wunderbare Ausredemöglichkeit entdeckt, um den Lehrlingseinsätzen öfters zu entgehen. Er war nämlich bereits als Erstklässler in die Jugendabteilung des Fußballvereins eingetreten und hatte dadurch samstagnachmittags meistens Training, was der Papa als höherwertige Gemeinschaftsaufgabe guthieß, um dann mit dem älteren Sohn alleine weiterzumachen, der dann Springer und Anhalter gleichzeitig spielen musste.

Die Lerneffekte bei den Lehrlingen waren beachtlich. Zum Beispiel lernten die Springer erstens gut aufräumen, damit sie alles sicher und schnell wiederfanden, sonst gab es Kopfnüsse. Zweitens hatten sie bald kapiert, dass man, wenn man nach einem Schraubenzieher geschickt wurde, am besten alle mitbrachte, die da waren, damit sich der richtige darunter befand, sonst gab es auch Kopfnüsse. Und der Anhalter lernte, die Latten oder Eisen aufgelegt anzuhalten, sodass sie nicht in der Hand schmerzhaft vibrierten, oder wie man den Dorn richtig einsetzte, um mit der Handbohrmaschine ein Loch in ein Flacheisen zu bohren. Und beide lernten sie auch, bei nicht abgeschaltetem Strom an den Lampen und Steckdosen Reparaturen vorzunehmen, mit zerbröselnder Guttapercha-Isolation der uralten Kupferleitungen. Und wenn man sich dabei einen 220-Volt-Schlag eingehandelt hatte, gab es noch ein paar Kopfnüsse als Zugabe!

Solche feinmotorischen Übungen, die mit Pawlowschen Reflexen einprogrammiert worden waren, kamen dem Älteren bei seiner Mediziner-Ausbildung, vor allem bei den chirurgischen Tätigkeiten sehr zu Gute. Und der Jüngere übte für seine Diplomatenlaufbahn bereits früh mit ständigen, glaubhaft klingenden Ausreden, warum er zu den und den Zeiten, wenn Papa-Projekte anstanden, leider anderweitig unabkömmlich engagiert war. Sehr effektiv waren für beide lebenslang die Arbeitslisten, die der Vater ihnen für die Woche hinterließ. Die begleiteten sie durch alle Zeiten als heute sogenannte To-do-Listen, die sie einfach zur Selbstausbeutung übernommen hatten und die unverändert wirkungsvoll geblieben sind.

Paradiesgarten

Der Schöpfer unseres Paradiesgartens in Schladern war unser Opa mütterlicherseits, Friedrich Wilhelm Pickhardt, der das Grundstück gegenüber dem Schladerner Friedhof von seiner früh verstorbenen Frau Wilhelmine, geborene Peters, aus der Schneiders-Linie, geerbt hatte. Er machte daraus in den ersten Nachkriegsjahren zunächst einen Gemüsegarten, der auch anderen Schladerner Familien zur Selbstversorgung diente – und später einen Obstgarten mit vielen Apfelbäumen, in den er ein hübsches grün-weißes Gartenhäuschen bauen ließ. Dorthin kam er gerne Sonntagsnachmittags im Sommer zur Kaffeejause und hatte es dazu mit gemütlichem Sofa, Sesseln und Tisch ausstaffiert.

In der übrigen Zeit blieben die Häuschen-Türe und das Gartentor offen, wie fast alle Türen damals in Schladern. Das sprach sich in der Schladerner Jugend schnell herum, und da man die Tür auch von innen verschließen konnte, entwickelten sich sogar gewisse Belegungsabsprachen unter den Jungens über die Reihenfolge der Besuchszeiten mit der Freundin dort, vorzugsweise in der Dämmerung. So kam in Schladern sehr schnell der Name „In Pickhardts Paradies“ auf, oder kurz „Im Paradies“. Auf kleinen Zettelchen, die anschließend zu vernichten waren, erhielten die Mädchen Einladungen wie: „20 Uhr Im Paradies“ – und wussten dann, dass es dabei um ein besonderes Kapitel von „Jugend forscht“ ging. Die Bibelfestigkeit war damals erstaunlich: Garten, Apfelbäume, Erkenntnis und sogar der nahe Friedhof zur Mahnung nach dem Sündenfall waren versammelt. Bloß die Schlange schien zu fehlen. Stattdessen gab es damals viele Feuersalamander im Paradies. Heute sind sie verschwunden. Die Schlange haben wir aber später auch noch entdeckt mit ihrer ganzen Familie: Vater, Mutter und drei Ringelnatter-Kinder sonnten sich häufig im Sommer auf der Steinterrasse vor dem neuen Gartenhaus, das wir dann gebaut haben.

Nachdem der Opa 1952 gestorben war, kam unser Vater auf die Idee, den Paradiesgarten und das Gartenhaus mehr für die Familie als für die Dorfjugend zu nutzen. Also baute er es mithilfe seiner Söhne vom Standort im oberen Garten ab und im unteren Teil wieder auf, wobei wir es durch einen „Pi mal Daumen“ konstruierten Anbau auf die doppelte Grüße brachten. Unser Papa hatte zwar wenig Ahnung vom Hausbau, war aber Ingenieur. Und dem „Inschenör ist nix zu schwör“! Also wurden Fundamente gegossen, Hölzer, Balken Bretter aufgesetzt und vernagelt und verschraubt. Und wenn der Samstagsarbeitstag zu Ende war, schrieb er uns eine lange Liste auf von Materialien, die wir während seiner Arbeitswoche im Stahlwerk Rheinhausen hier zu beschaffen hatten, damit wir sie am nächsten Samstag mit ihm weiterverarbeiten konnten.

Das waren, Steine, Hölzer, Draht, gebrauchte Nägel und Schrauben, Eisenschrott als Beton-Armierung und vieles mehr, von dem uns einfiel, dass es brauchbar sein könnte. Und das alles hatten wir nicht etwa zu kaufen, sondern es wurde requiriert, wie das im Soldaten-Jargon hieß. Das heißt, wir klapperten mit unseren Langen-Handwagen erst die vielen kleinen illegalen, aber damals üblichen privaten Müllkippen in der Umgebung ab, dann die großen Kippen der Industrie – wie von Elmores, Messerschmidt oder Krause –, dann die Abfallhaufen der Handwerker und Kleinindustriellen – und schließlich noch die abbruchreifen oder abgebrochen Häuser.

Bei Letzteren mussten wir ordentlich betteln, oder kötten, wie man das nannte. Unser Papa war sich sehr bewusst, dass wir Kinder dabei die besseren Chancen hatten, denn damals waren alle hinter Altmaterial her, unter anderem die „Klüngelskerle“, die mit Pferdewagen und Handglocke durch den Ort zogen und unsere größten und skrupellosesten Konkurrenten waren.

Am nächsten Samstag wurde dann unser gesammeltes Baumaterial verarbeitet, wobei der Kreativität und Fantasie kaum Grenzen gesetzt waren. Ein schönes Beispiel für den Einfallsreichtum unseres Papas war der Kaminbau. Nachdem wir das Dach mit großem Dachüberstand und auch mit aus Brettern selbst gefertigten Dachrinnen komplett fertig hatten, fiel ihm ein, dass wir in der Hütte auch einen Ofen brauchten und für den Ofen einen Außenkamin. Den nun durch den Dachüberstand und die montierten Dachrinnen nach oben rauszumauern, kam ihm zu kompliziert und zu aufwendig vor.

Also haben wir den Kamin mit vorkragenden Ziegelsteinen kurvig um den Dachüberstand und die Dachrinne herum hochgemauert, bis er genügend über das Dach hinausragte. Und so hat diese ungewöhnliche Konstruktion nicht nur rund 65 Jahre treu und anstandslos ihren Dienst versehen, sondern wurde sogar zum Alleinstellungsmerkmal des neuen Gartenhäuschens. Gleichzeitig hatte uns der Papa wieder mal demonstriert, dass es für alle Probleme mehrere Lösungen gibt und dass man sich nicht scheuen soll, seine Fantasie zu gebrauchen, auch wenn man dann öfters von den konventionelleren Menschen belächelt wird.

Als wir dann nach zwei Sommern im Großen und Ganzen mit dem Prachtbau fertig waren, wurde er – wie vorher das kleine Häuschen für den Opa – zum Lieblingsaufenthalt der Eltern und Tanten fürs Kaffeetrinken am Sonntagnachmittag, wenn das Wetter einigermaßen danach war. Aber richtig fertig wurde unser Papa zu seinen Lebzeiten nicht mehr damit, und die frühere paradiesische Funktion der ersten Laube hat es auch ab und zu noch mal erfüllen dürfen in der Enkel- und Urenkelgeneration. Doch davon gleich mehr! Jedenfalls behielten mein Bruder und ich unseren Job, unaufhörlich weitere Baumaterialien anzuschleppen und im Paradiesgarten abzulagern. Denn unser Papa hatte noch viele Pläne zum Ausbau der Gartenvilla.

Als wir dann im fortgeschrittenen Jugendalter waren, entzogen wir uns diesen Pflichten zunehmend mithilfe von tatsächlichen oder fiktiven Terminen in Sportvereinen, zum Geigen- und Klavierunterricht oder dem Lernen mit Schulkameraden. Unser Papa fand schnell Ersatz für uns unter der Dorfjugend, vor allem unter den Acht- bis Zwölfjährigen, die er mit Bonbons und Groschen bestach, damit sie ihm halfen. Besonders nach seiner Pensionierung widmete er sich ganztätig dem weiteren Ausbau seines Traumschlosses im Paradies. Immer umgeben von einer Schar Kindern wirkte er, wenn er da hochzog, von weitem wie der Rattenfänger von Hameln.

Als er älter geworden war, nahmen seine handwerklichen Aktivitäten immer mehr ab, nicht jedoch die Materialsammlung mit seinen Hilfstruppen. Dadurch gab es bald im ganzen Paradies verstreute

Häufchen von diversem Baumüll: Drahthaufen, Steinhaufen, Holzhaufen und allerlei Undefinierbares.

Da wir Kinder inzwischen alle außer Haus waren, die Mutter mit ihrem Blumengarten in der Schulstraße genug zu tun hatte und der Papa mit seinem einen Arm auch die Sense nicht schwingen konnte, verwilderte der Paradiesgarten ein paar Jahre auf schaurig schöne Weise und wurde zum Paradies der Kleintiere. Schließlich hatte ich mein Staatsexamen geschafft und wollte das mit einer Gartenparty im Paradies feiern. Da die Eltern in diesem Sommer meinen Bruder in Marokko besuchten, hatte ich die drei Wochen genutzt, vom Examensende bis zum Antritt meiner ersten Stelle mit Frau und Kindern ins Gartenhaus zu ziehen und den ganzen verwilderten Garten aufzuräumen, zu mähen, Sträucher zu entfernen und vor allem den angesammelten Baumüll zu entsorgen. Für Letzteren hatte ich zwei besondere Plätze ausgesucht.

Zum einen hatte ich mit den überschüssigen Steinen einen großen Terrassenhügel vor dem Gartenhaus aufgebaut, mit Erde überhäuft und dann plattiert. Das wurde der neue Kaffeeplatz und ist es bis heute. Zum anderen hab ich mit allem Draht, Eisenschrott und sonstigem Material einen weiteren Hügel aufgeschüttet am unteren Ende der Einfahrt, ihn ebenfalls mit Erde und Platten bedeckt, um darauf ein Auto abstellen zu können. Nach den drei Wochen Arbeit bei Sommerwetter, in denen die Kinder sich herrlich hatten austoben können, sah alles blitzsauber aus mit Blumenrabatten, feinen Rasenflächen und frisch grün gestrichenem Gartenhaus, ein Paradies eben. Dann kamen die Eltern zurück, wir holten sie vom Bahnhof ab und schleppten sie, weil es Kaffeezeit war, gleich rauf ins Paradies zum Überraschungsempfang dort. Die Mutter war hellauf begeistert über den schönen Anblick.

Der Vater aber zog ein langes Gesicht, rannte von einer Ecke des Gartens zur anderen und fragte mich dauernd, wo seine Steine, sein Draht, seine Eisenteile hingekommen seien. Nun gut, ich hab ihm das erklärt. Also die Steine unter der Terrasse als Unterbau, was er noch hinnahm. Und der Draht und die Eisenteile unter dem Autoparkplatz da vorne. Da wetterleuchtete sein Gesicht und schließlich grinste er, zog mich mit zu dem Schutthügel und zeigte dann auf den Boden. „Hier“, sagte er, „genau hier drunter befindet sich im Boden der Wasseranschluss fürs Gartenhaus, den ich vor Jahren hab legen lassen. Und wenn du da dran willst, musst du das alles wieder aufbuddeln. Dann trank er zufrieden seinen Kaffee.“

In den nächsten Tagen war ich tatsächlich unter seiner Aufsicht beschäftigt, den ganzen Eisenschrott wieder abzutragen, den Wasseranschluss freizulegen und mit einem Wasserhäuschen aus Beton zu überbauen, bevor ich den Parkplatzhügel rekonstruieren konnte. Inzwischen hatte mein Papa alle ihm lieb gewordenen Metallteile aus dem Wust wieder rausklamüsert und damit schöne neue Baumüll-Häufchen in entfernteren Gartenbereichen angelegt.

Die ganze Garten-Aktion hatte vor allem den Vorteil, zu erleben, wie wohl sich die Kinder hier fühlten, sodass wir ein paar Jahre lang danach viele Sommer- und Herbsturlaube mit ihnen im Paradies verlebten. Und nach uns taten das meine Geschwister mit ihren Familien auch noch lange Jahre so. Als die Enkel unseres Papas, die Urenkel unseres Opas, dann größer geworden waren, entdeckten sie auch wieder die anderen Qualitäten des Paradieses und machten ihre „Jugend forscht“-Erfahrungen mit ihren Freundinnen und Freunden dort – wie ehedem die Schladerner Jugend in der Nachkriegszeit!

Feuerteufel

An einem schönen trockenen Märztag, das muss so Mitte der Fünziger gewesen sein, hatten sie die Idee, etwas Nützliches zu tun. Sie, das war der harte Kern der Oberdorfbande: Ada, Peter, Klaus, Jochen und Frieder. Damals war es üblich, dass die Bauern im Frühjahr die nicht gemähten Wiesen mit dem trockenen Wintergras abflämmten, also kontrolliert abbrannten, um sie zu düngen. Nun war Opa Pickhardts Paradiesgarten oben am Friedhof schon lange nicht genutzt also auch nicht gemäht worden. Das trockene Gras stand dort über einen Meter hoch. Und sie waren sicher, ein gutes Werk zu tun, wenn sie das Gelände wie gestandene Landwirte ebenfalls abflämmen würden.

So zogen sie an dem schönen Märznachmittag mit stibitzten Streichhölzern bewaffnet fröhlich zum Paradies hoch. Das Tor war damals immer offen. Sie stellten sich am unteren Wiesenrand in Reihe auf, jeder zündete ein Bündel Trockengras mit einem Streichholz an und warf es in den Grasdschungel vor ihm. Was sie nicht registriert hatten, war der kräftige Westwind an dem Tag. Der blies in die aufzischenden Flammen und entfachte in Sekunden eine Feuerwand vor ihnen, die meterhoch anstieg und mit gewaltigem Geprassel und enormer Geschwindigkeit den Hang hinaufraste. Sie hatten jegliche Kontrolle über das Geschehen verloren und machten sich fast in die Hosen vor Angst.

Das Feuer schoss auf das Gartenhäuschen zu, sie sahen es fast in Rauch aufgehen. Aber schon waren die Flammen daran vorbeigerast, die Holzwände hatten keine Zeit gehabt, Feuer zu fangen. Doch jetzt raste die Flammenwand weiter nach oben auf den Straßenzaun zu. Hinter der schmalen Straße zum Sportplatz lag der Friedhofswald, und dessen große Bäume ragten mit ihren Ästen weit über Straße und Zaun in die brennende Wiese hinein. Es war höchsten zwei-drei Minuten vergangen seit dem Zünden des ersten Streichholzes. Sie, die Feuerteufel, standen immer noch völlig verdattert am Ausgangsort und mussten mit Tränen in den Augen zusehen, wie die Äste der Waldbäume nun Feuer fingen. Eine komplette Katastrophe!

Jetzt erhoben sich aber ringsum von den Feldern und aus den Gärten in der Nachbarschaft laute Stimmen und Rufe. Das riesige prasselnde Feuer war natürlich nicht unbemerkt geblieben, da es damals selbstverständlich war, dass an jedem schönen Frühlingstag viele Menschen draußen arbeiteten. Und diese hatten die Feuergefahr für den Wald sofort erkannt und rannten – mit Schaufeln, Gabeln und Äxten bewaffnet – zu Hilfe. Die ersten Zweige brannten schon lichterloh, doch es waren genug Helfer da, die die Flammen niederschlagen, die brennenden Äste abhacken und die Feuernester im Laub austreten konnten. Nach zehn bangen Minuten war das Feuerwerk beendet. Nun löste sich auch die Schockstarre der fünf Schuldigen und sie rannten hoch, um ihren guten Willen zu zeigen und auch noch beim Löschen zu helfen.

Die Gartenwiese war abgebrannt und schwarz, der Waldrand angekokelt und die Oberdorfbande stand ebenfalls schwarz verfärbt mit gesenkten Köpfen am Gartentor umringt von ziemlich schwarzen und entschlossen aussehenden Männern. Es fiel kein unnötiges Wort, als sich jeder der vorderen Männer jeweils einen der Feuerteufel packte, ihn übers Knie legte und ihm gründlich den Hintern versohlte. Dann wurden alle zur Säuberungsaktion nach Hause geschickt mit schönen Grüßen an die Eltern, sie hätten ihre Strafe schon erhalten. Und das war's! Keine Polizei, keine Versicherungsmeldungen, kein Nachkarten zu Hause. Die Strafe war der Untat auf dem Fuß gefolgt, die Sache war abgeschlossen. Nie waren sie für Prügel so dankbar gewesen, wie damals, als sie die Feuerteufel waren.

Sprengmeister

Das waren spannende Jahre, als sie sich in den fünfziger Jahren in den Nutscheid-Wäldern rund um Burg und Schloss Windeck, das Ostern 1945 von der amerikanischen Artillerie in Brand geschossen worden war, herumtrieben und nach Beute suchten. Kriegsbeute vor allem: Waffen, Munition, Uniformteile – und sie fanden davon reichlich. Die drei Kanonenrohre aus dem Dreißigjährigen Krieg, die an der Südwand der Schlossruine hingen, schleppten sie nicht ab, die waren zu schwer. Mit den anderen Beutestücken spielten sie natürlich Krieg. Alle Arten von Kriegen: Ritterschlachten, Dreißigjährigen Krieg, Indianerkriege, Kolonialkriege, Weltkriege. Meist die Oberdorfbande gegen die Unterdorfbande. Die Waffen konnten sie natürlich nicht mit nach Hause nehmen. Die wurden in ihren Baumhäusern und Erdbunkern oder Höhlen gelagert, wo sie auch ihre rituellen Sitzungen veranstalteten, bei denen die ersten Zigaretten geraucht und das erste Bier getrunken wurde.

Als sie etwas älter wurden, waren die Kriegsspiele unattraktiv geworden und die Abenteuer der Technik und Wissenschaft wichtiger. Über meine Vorübungen mit den Kosmos-Baukästen und mit den Chemikalien, die mir der Schladerner Drogist Ernst Seidel für ein paar Groschen besorgte und darüber die Klappe hielt, habe ich ja schon berichtet. Da waren dann auch reines Quecksilber, Natrium, Kalium, gelber Phosphor, rauchende Salpetersäure, konzentrierte Schwefelsäure und ähnliche schöne Sachen dabei.

Aber das fertige Schießpulver aus den Patronen unserer Kriegsbeute war doch viel brisanter als das selbst gebastelte. Also spannten wir, das heißt meine Freunde Klaus und Albert und ich, die Fundstücke in einen Schraubstock, schlugen ihnen mit dem Hammer die Geschosse ab, und schütteten die Pulverplättchen in vorher einseitig platt geklopfte Kupferrohre aus dem Elmores-Abfall, legten, wenn sie voll waren, in das andere Ende eine selbst gebastelte Zündschnur aus mit Unkraut-Ex getränkter Kordel oder selbst hergestellter Schießbaumwolle. Dann wurde auch das obere Ende plattgehauen, fertig war die Bombe und ab ging's in den Steinbruch.

Mit dem Poppel-Steinbruch am Otterstein zwischen Schladern und Dreisel hatten wir uns natürlich einen der damals abgelegensten Brüche ausgesucht. Wir radelten mit unseren Rohrbomben dorthin und schoben erst mal die kleinste in einen Felsspalt. Die Zündschnur wurde in Brand gesetzt, und wir rannten schleunigst zu einer dicken Tanne in 15 Metern Entfernung. Unterwegs knallte es heftig, und unser Bombenrohr schoss an uns vorbei in den Baum. Wir guckten uns um. Der Felsen war unbeschädigt, aber unsere Bombe war wie eine Rakete herausgeschossen. Nun schoben wir die übrigen zwei Sprengsätze zusammen in einen Felsspalt, hämmerten sie tief fest, drehten die Zündschnüre zusammen und blockierten die Öffnung des Spaltes mit Steinen, bevor wir sie zündeten. Jetzt starteten wir im Sprint und waren schon weit über den Zielbaum hinaus, als es heftig knallte und blitzte und es um uns herum Steine regnete. Der Albert bekam einen Streifschuss an der Backe ab und ich einen an der Wade, der Klaus blieb heil, und wir lachten nur drüber. Die Klamotten waren zum Glück unbeschädigt, denn das hätte Ärger bedeutet zu Hause.

Im Felsen hatte sich ein riesiges Loch aufgetan, wir waren mit dem Ergebnis unserer Arbeit sehr zufrieden und feierten den Erfolg natürlich zünftig mit einer Flasche Bier.

Fahrschüler

Neben solchen spektakulären Ereignissen war es in unserem Alltag der Schulbus, der zu den interessantesten und spannendsten Dingen der Gymnasialzeit in Waldbröl zählte. Denn der war damals in den 1950er-Jahren keineswegs ein Bus nur für Schüler, sondern ein planmäßiger Postbus für jedermann, den wir Schladerner Schüler jeden Morgen um 6.20 Uhr besteigen mussten, um rechtzeitig zum Unterrichtsbeginn um 7.30 Uhr in der Schule zu sein. Morgens stiegen in diesen Frühbus tatsächlich vorwiegend Schüler ein, außer an Waldbröler Viehmarkts-Tagen. Mittags, wenn wir wieder nach Hause fuhren, war der Bus rappelvoll mit Frauen, die vom Einkaufen zurückkamen. Und das hieß, dass wir Schüler stehen mussten, denn es war damals selbstverständlich, dass alle Jüngeren vor den Älteren im Bus aufstanden. Passierte das mal nicht spontan und schnell, wurde man von den Erwachsenen an den Ohren vom Sitz hochgezogen.

Das morgendliche Schulbusritual vollzog sich bei uns Döring-Geschwistern regelmäßig wie folgt: Um 5.30 wurden wir von der Mutter geweckt. Da ich immer Hunger hatte, erschien ich eine Viertelstunde später als erster am Frühstückstisch, dann folgte mein Bruder Jochen, dann die Schwester Inge und zum Schluss die älteste Schwester Anne. Vom Frühstückstisch weg zum Schulbus ging's andersrum: Zuerst rannte die fleißige Anne die 100 Meter zum Bahnhof, danach der kleine Jochen hinter ihr her, danach ich mit dem

Butterbrot im Mund und zum Schluss die Inge, die sich die Jacke noch auf dem Weg überzog, während der Bus zur Abfahrt hupte und oft schon langsam anfuhr.

Waren wir einmal drin, kannten wir Geschwister uns nicht mehr. Im Bus herrschte dann ein strenges Regiment: Die Oberstufenschüler saßen in der letzten Reihe. Hinter ihnen war der vergitterte Gepäckraum, da der Postbus auch Gepäck vom Schladerner Bahnhof nach Waldbröl transportierte. Hinter dieses Gitter wurden die kleineren Schüler von den größeren gesperrt, wenn sie mal nicht gehorchten oder wenn der Bus mittags zu voll wurde. Auch der Busfahrer war streng autoritär. Wenn ein Schüler sich danebenbenahm oder nicht parierte, wurde er auf offener Strecke rausgeschmissen und durfte zu Fuß nach Hause laufen. Ja, es gab einzelne Fahrer, die auch das Kartenspielen streng unterbanden, da es im pietistischen Waldbröl als Sünde galt.

Meine Hauptbeschäftigung im morgendlichen Bus war lange das Erledigen der restlichen Hausaufgaben, die ich am Mittag davor nicht mehr geschafft hatte, weil ich ganz dringlich wichtigere Aufgaben erledigen musste, wie mit den Kumpels angeln oder sprengen gehen und ähnlich Unaufschiebbares! Dazu wurde erst mal ein Vergleich gezogen mit den Klassenkameraden Klaus aus Rosbach und Albert aus Gierzhagen, die zustiegen und die jeweils andere Aufgabenteile bereits fertig hatten. Die fertigen Aufgaben wurden untereinander abgeschrieben und die noch nicht fertigen wurden gemeinsam gelöst. Wenn dazu die Zeit im Bus nicht mehr reichte, blieb uns noch eine gute halbe Stunde im Aufenthaltsraum der Schule übrig, die alle Fahrschüler dort gemeinsam verbrachten, bevor der Unterricht anfing. Und natürlich waren fast alle dabei mit den Hausaufgaben vom Vortag beschäftigt. Und das war auch gut so und wurde vom Aufsichtslehrer eher gern gesehen, denn wenn wir Jungs sonst nichts Wichtiges zu tun hatten, fingen wir an, uns zu prügeln.

Auf der Rückfahrt im Mittagsbus spielten wir, wenn wir nicht gerade dicht gedrängt stehen mussten, mit Vorliebe heimlich Skat um Klicker oder Knöpfe. Das war streng verboten, was den Spaß daran enorm erhöhte. Aber leider kam es während des Spiels regelmäßig zu Streitereien über Pfuschen und Kiebitze und dergleichen, wodurch die Stimmen lauter und die Entdeckungsgefahren größer wurden. Meist griffen dann die Oberstufenschüler von der Hinterbank ein und beförderten zwei, drei Schreier von uns ruckzuck in den vergitterten Gepäckraum ganz hinten. Dann war wieder Ruhe. Wenn wir aber im Gang stehen mussten, machten wir uns einen Spaß daraus, uns zu schubsen oder bei den vielen Kurven der Westertstraße uns übertrieben weit auf die Seite zu legen, sodass wir den dicken Hausfrauen mit ihren dicken Einkaufstaschen fast auf den Schoß flogen. Die zeterten dann mit uns rum, und wir hatten was zu lachen.

Das änderte sich alles, als wir in die Mittelstufe kamen. Wie durch ein Wunder stellten wir plötzlich fest, dass es auch Mädchen gab und dass solche äußerst merkwürdige Wesen tatsächlich auch in unserem Bus mitfuhren und oft ganz interessant aussahen. Jetzt verlor das Skatspiel seinen Reiz und das Ärgern der Mädchen sowie allerhand Clownerien, um ihre Aufmerksamkeit zu erhaschen, drang in den Vordergrund unserer Bemühungen. Das nahm zeitweise unsere ganze Kreativität in Beschlag, sodass selbst das Erledigen der Hausaufgaben im Bus in Vergessenheit geriet. Diese Entwicklung schlug sich allerdings recht schnell auf die Noten und Zeugnisse nieder, was uns in diesem Alter jedoch wenig kratzte, die Eltern dafür umso mehr. Und so schlidderten wir nach und nach und mehr oder weniger holprig in die Oberstufe und damit auf die Hinterbank des Schulbusses und übernahmen unsererseits die Aufgabe, die Kleineren unter Kontrolle zu halten und notfalls im Gepäckraum einzusperren.

Christa

Die Sonne war herausgekommen, besonders in ihm selber. Er fühlte sich benommen und hastete mit der Schultasche durch den Wald. Später wusste er nicht mehr, wie und wann er nach Hause gekommen war, und was er der Familie als Erklärung für seine Verspätung auftischte.

Die Welt war verändert, die Zeiten, als er früh morgens im Bus meist eine ruhige Ecke für die Hausaufgaben gesucht hatte, längst vergessen. Jetzt besetzte er fiebernd einen vorderen Platz zum Gang. Den freien Platz daneben verteidigte er grimmig, bis die Angebetete erschien. Sein Gesicht war erwartungsvoll, dann sah er ihren suchenden Blick. Der Himmel öffnete sich und die übrige Welt ging unter, als sie sich zu ihm auf den freien Platz durchgequetscht hatte. Das war jetzt so und blieb für lange! Vielleicht für immer?

Von nun an waren sie ein Paar und hatten kaum noch Verständnis für die Denk- und Sichtweisen der übrigen Menschen. Im Bus saßen sie zusammen, stiegen aus, wanderten Händchen haltend zur Schule, wickelten die Unterrichtsstunden ab wie im Tran und waren in den Pausen wieder in ihrem wirklichen Leben: Händchen haltend, im Kreis auf dem Schulhof flanierend. Sie staunten und lächelten sich an, erzählten sich alles, was sie zu erzählen hatten. Sie bemerkten nicht die spöttischen Kommentare der Mitschüler und die besorgten Blicke der Lehrer. Mittags standen sie im Bus wieder eng beieinander und hatten nach dem Abschied das Gefühl, dass das Tageslicht ausgeknipst worden sei. Ihre Hausaufgaben und familiären Verpflichtungen wickelten sie automatisch ab, zogen sich sobald wie möglich auf ihre Zimmer zurück und schrieben sich lange Briefe, die sie sich morgens zusteckten und später auch mit der Post schickten, unabhängig davon, ob sie sich am nächsten Tag sahen oder nicht.

Natürlich war die übrige Welt noch da und nahm amüsiert bis bedenklich Anteil an dem Geschehen. Natürlich hat's von allen Seiten an gutmütigen bis bösartigen Kommentaren nicht gefehlt, aber er war vollständig erfüllt von seiner wirklichen Welt, vom Leben auf ihrem gemeinsamen Planeten, auf dem es nur sie beide gab und die Wälder mit deren jubelnder Natur.

Nachmittags wanderte er zügig über die Berge, umrundete das Dorf mehrfach und hatte schon bald ihr Haus ausgemacht, in das er telepathische Grüße und Küsse sendete. Abends schrieb er ihr lange Briefe und nachts Gedichte und Geschichten für sie. Die Abenteuerausflüge mit den Freunden – mit Sprengungen in Steinbrüchen und anschließenden Erfolgsfeiern in abgelegen Dorfkneipen – gab es nicht mehr. Seine interessanten chemischen Experimente mit dem Bau und Abschießen von Raketen – gab es nicht mehr. Schule gab es schon lange nicht mehr, er erinnerte sich später nicht, wie er das Abi geschafft hat. Es gab nur noch sie und ihre gemeinsame Welt.

Mit einigen Tricks und hilfreichen Freunden hatten sie sich einen wunderbaren Halbtag pro Woche für ihr Zusammensein freigeschaufelt. Den verbrachten sie nun zwei Jahre lang sommers wie winters spazieren gehend und wandernd in ihren Wäldern und drumherum: Stundenlanges Laufen, Händchenhalten, Erzählen, Lachen, Träumen im Regen, bei Sonne im Tiefschnee, auf Eis und im Nebel – im Glücklichsein.

Für kurze Zeiten des Zusammenseins nach der Schule, wenn mal Stunden ausfielen, hatten sie sich ein abgelegenes Eckchen im großen Stadt-Café ausgesucht, weil da keine anderen Schüler hinkamen. Dort war es plüschig-gemütlich, man versank in den Sesseln, wurde kaum gesehen und beachtet. Dort tranken sie dann langsam einen heißen Kakao, schauten sich in die Augen und sprachen über die gemeinsame Zukunft. Er wollte studieren, wenn möglich Medizin. Sie hatte noch drei Jahre Penne vor sich, es würde ihr schwer werden ohne ihn, aber sie wollten sich heimlich verloben nach seinem Abi, das würde es leichter machen. Und wenn er mit dem Studium fertig wäre, wollten sie natürlich sofort heiraten und mindestens zwölf Kinder haben – na ja, sagen wir mal sechs – aber die auf jeden Fall! Und das würde eine tolle, wunderbar chaotische Bande, da würde es immer rundgehen und wuselig sein, und alle diese miefigen kleinbürgerlichen Regeln und Gebote ihrer jetzigen Familien, die würde es dann nicht mehr geben. Ihre Augen glänzten und der Kakao schmeckte so süß!

Unter der Woche konnten sie so zumindest stundenweise herrlich glücklich sein. Doch die Wochenenden waren lang und einsam. Auch darin ging es Christa ganz wie ihm.

„Weißt du was, mein Herz?“, hörte er sie eines Tages fragen. „Ich melde mich im Turnverein an, in der Mädchengruppe. Da haben meine Eltern nix dagegen. Dann komme ich immer samstagsnachmittags mit dem Bus, du holst mich ab und bringst mich zum Turnsaal. Dann holst du mich nach der Turnstunde dort wieder ab, und da dann kein Bus mehr zu uns fährt, mache ich mit den Eltern aus, dass ich im Haus meiner Schwester bleibe. Und der sag ich, dass die Turnstunde wesentlich später endet. Dann haben wir noch viel Zeit miteinander, und wir spazieren durch die Wälder auf weiten Umwegen gemütlich zu meiner Unterkunft.“

Das war eine perfekte Planung, wurde prompt umgesetzt und hat auch lange bestens funktioniert. Damit war das ganze sonst so elende Wochenende gerettet und von der Sonne überstrahlt, egal bei welchem Wetter. So ging das über zwei Jahre, die glücklichsten ihres Lebens. Zumindest ihres bisherigen Lebens.

Aber da kamen auch Tiefwasserzonen: die Ferien, die Schulausflüge – Trennungen, die unerträglich waren. Er war für Work-Camps angemeldet, ohne Rückzugmöglichkeit. Sie für die Sommerferien bei ihrem geliebten Onkel in Berlin. Die Trennungszeiten wurden überbrückt mit täglichen seitenlangen Briefen, in denen die Welt auf dem eigenen Planeten lebendig blieb. Dann die Wiedersehensfeier am Ende der Ferien mit Händchen halten, lachen, erzählen, tanzen, picknicken – draußen in ihrem Wald-Wohnzimmer. Dann schon wieder eine Trennung: ihre Klassenfahrt in den Odenwald. Der Abschied herzzerreißend. Sie stand bis zuletzt in der Bustür, er davor, alle Mitschüler saßen drin und guckten mitleidig auf „ihr“ Schulpaar. Selbst der Klassenlehrer, jener Thomas, der noch vor einem halben Jahr der Christa Vorhaltungen gemacht hatte wegen der zu engen Beziehung mit einem Jungen, sah beklommen drein.

Die Trennungen und die Wiedersehensfreuden riefen aber neue Dimensionen ihres Zusammenseins hervor. Waren sie bisher mit ausgestreckten Armen ihre Hände haltend oft hüpfend, springen, fast tanzend und wirbelnd durch die Wälder getobt, so waren sie jetzt eher langsam geworden, gingen nah beieinander und suchten die Berührung nicht nur der Hände, sondern auch der Arme und Schultern. Ihre Gespräche wurden ruhiger, ernster und waren von langen Pausen des sich tief in die Augen Schauens unterbrochen. Alles war nicht mehr so ausgelassen kindlich wie bisher, als zog jetzt eine romantisch-melancholische Melodie durch ihre Köpfe und Herzen. Die Wanderungen waren frühlingshaft erwartungsvoll, obwohl jetzt tiefer Winter war mit sehr viel Schnee, der mühsam durchstapft werden musste, aber auch zum nahen Zusammengehen und viel Berührung beitrug.

Christa trug meist ihren dicken grünen Norweger-Pullover mit weißen Rentieren drauf, den er so liebte. Er hatte oft das Gefühl, wenn er ihr wieder mal über einen umgestürzten Baum half und sie dabei nah an sich zog, dass sie noch etwas von ihm erwartete. Eine Umarmung vielleicht? Oder gar einen Kuss? Ob das möglich wär?

Bisher war ihm die Idee nur flüchtig durch den Kopf gegangen. Klar wusste er, was alles zur Geschlechterbeziehung dazugehörte, er las seit seinem zehnten Lebensjahr alles, was er in die Finger kriegen konnte. Aber ihre Liebe zueinander war doch ganz was anderes! Zwei Jahre lang waren sie überglücklich gewesen mit ihrem Beieinandersein, Reden, Lachen, Händchenhalten, Sich-in-die Augen-Schau'n, Briefeschreiben, Träumen. Warum sollte sich das geändert haben?

Es hatte sich aber geändert!

Sie waren eine Runde ums Städtchen gewandert, hatten anschließend eine Tasse Kakao im Café getrunken und über ihre Zukunft gesprochen. Bevor er sie nach Hause begleitete, wollten sie noch eine Runde im winterlich-mystischen Wald wandern. Fast feierlich schweigend und eng beieinander. Der Mond sichelte, die Venus grüßte. Da dämmerte ihm etwas: Du musst sie küssen hier und jetzt, sonst ist der weihevolle Augenblick vorbei. Als sie an einem Kaninchenbau stolperte, lag auf einmal sein rechter Arm auf ihren Schultern, um sie zu halten und zu stützen, und er spürte, wie sich der warme Körper darunter wie Schutz suchend an ihn drückte. Und sie gingen eng umschlungen weiter, bis sie an eine Lichtung kamen, auf der Holzfäller arbeiteten. Das störte sie, und sie drehten um.

Auf halber Strecke zurück dachte er, gleich sind wir wieder an der Haltestelle, und dann ist alles vorbei. Er blieb stehen, sie hatten noch kein Wort gesprochen. Er drehte sie zu sich, guckte ihr in die Augen. Sie schaute unergründlich tief und schweigend zu ihm hoch. Da fasste er mit beiden Händen ihren blondgerahmten schmalen Kopf und presste seine Lippen fest auf ihren Mund, bis ihnen beiden der Atem ausging.

Als uns die Mondin

Als uns die Mondin auf die Schliche kam
Waren wir gerade dabei, uns zu erkennen
Im Dunkeln dieser Winternacht sahen die Hände manches
Mehr als wir gedacht, dass es zu sehen gäbe
Mondin kam und schaute uns, blinkernd über Gliedern
Hob der warmen Decke Zipfel, glitzerte auf nackter Haut
Zwinkernd mit gesenkten Lidern, lichtreflexend uns verhexend
Als wir fast verkrochen waren, ineinander eng und fest
Tasteten die Schimmerfinger uns in jeder Biegung ab
Bis uns wohlig dieses Streicheln kühlte überhitztes Blut
Mondin bleib, bist jetzt willkommen
Nichts mehr zu verbergen hier
Hast das in die Hand genommen
Mach nur weiter während wir
Liegend und genießend
Uns verwöhnen lassen
Von der Fülle zarter Lichter
Auf der hell behauchten Haut
Als uns die Mondin auf die Schliche kam
Hat sie uns gleich getraut

Heute wohnen wir in dem schönen und in Schladern wohl ersten Winkelbungalow „Auf der Teichhardt“, den Harald Röhrigs Vater 1965 gebaut hat und von dem Setzers Heinz sagte: „Wenn man vor dem Haus steht und ruft: ‚Alles, was zu Elmores gehört, raus!‘, dann bricht das Haus zusammen.“

In meiner Kindheit war hier auf dem Grundstück hoher Fichtenwald, und der war einer unserer Lieblingsspielplätze. Wir nannten ihn damals Schroeders Wald, andere nannten ihn Poppels Wald, und unsere Tanten hatten uns erzählt, dass er ganz früher Schneiders Wald hieß, weil er im 19. Jahrhundert unserem Ohm August Schneider gehörte. Von ihm kaufte ihn der Ziegelei-Unternehmer Eduard Schroeder, und von diesem übernahm ihn der Bauunternehmer Franz Poppel, als die Ziegelei insolvent wurde.

Der Wald erstreckte sich von der Teichhardt bis zum Friedhof. Inzwischen ist er durchgehend bebaut mit Einfamilienhäusern. Das untere Stück an der Teichhardt, die ursprünglich Deichhardt hieß, also Deich-Felsen, weil ihr Prallhang das Schladerner Feld vor dem Sieghochwasser schützte, dieses untere Waldstück war für meine Geschwister und mich das von unserem Großeltern-Elternhaus in der Schulstraße (heute Falkenweg) am schnellsten erreichbare Waldstück im Dorf. Wir brauchten nur auf der Kleins-Wiese vor unserem Haus unterm Zaun durch, den Abhang zur Lehmbergsenke runter, am gegenüberliegenden Hang hoch und am Lehmbergstollen und der Kupferschmiede vorbei über den Weg „Zum Sprietchen“ – und waren drin im Wald.

Damit wir nicht von Vorübergehenden gesehen wurden, gingen wir tiefer rein bis etwa zu dem Stück, auf dem jetzt unser Haus steht. Wenn ich beim Schreiben aus dem Fenster schaue, blicke ich auf unsere damalige Wegstrecke von etwa 150 Meter Luftlinie und auf das ehemalige Pickhardts-Haus, in dem jetzt mein Bruder und seine Frau leben. Die Spiele hier im Wald fanden in einer Zeit statt, als mein Bruder und ich noch ziemlich klein waren, so etwa drei bis fünf Jahre der eine – und fünf bis sieben der Ältere. Wir wurden jedenfalls von unserer Mutter den großen Schwestern an die Hand gegeben, damit sie mit uns spielen sollten nachmittags. Das taten sie auch gerne, denn sie spielten am liebsten Familie und da waren ihre kleinen Brüder die willkommenen Babys und Kleinkinder, wie lebendige Puppen.

Im Wald angekommen, bauten die älteren Mädchen zusammen mit ihren Freundinnen Strauch-Häuschen an der Stelle, wo jetzt unser Haus steht. Und da drinnen wurde Familie exerziert mit strenger Erziehung der Kinder, und das waren wir, die kleinen Brüder! Es wurde von den „Eltern" und „Tanten" natürlich auch was gekocht in alten Konservendosen aus den sehr gesunden Fichtenspitzen, gestampften Moos, und in Ermangelung von Wasser wurde auch schon mal Pipi zum Anrühren des Gemüsebreis genommen. Wenn der ein bisschen auf dem Tannenzapfen-Feuerchen geköchelt hatte, riefen die Köchinnen „Essen kommen!", der Brei wurde auf den Blättern des wilden Rhabarbers serviert, mit Holzspänen, die als Löffel dienten, gefuttert, und dann hieß es am Schluss „Teller leer!"

Da wir in der Zeit immer hungrig waren, hatten wir auch kein Problem damit. Und so lernten wir, dass man (fast) alles essen kann, wenn man hungrig ist, dass man alles aufisst und nix verkommen lässt. Nach dem Essen mussten die „Kinder", also wir kleinen Jungs, Mittagsschlaf halten, wurden auf Fichtenzweigen gebettet und mit Laub zugedeckt und schliefen meist auch ein. Und das hab ich, seit ich als Rentner wieder hierhin gezogen bin, an der gleichen Stelle wie damals auch wieder aufgenommen als gute alte Gewohnheit. Gelernt ist gelernt!

Anne: Schule in unruhigen Zeiten

Nach meiner Einschulung in Bad Salzbrunn (Schlesien) im Herbst 1943, das heißt kurz bevor ich sieben Jahre alt wurde, erlebte ich ein geregeltes, ruhiges erstes Schuljahr, da Schlesien von den Fliegerangriffen im Westen verschont blieb. Nach den Sommerferien 1944 wurde der Unterricht stark verdünnt – teils, weil viele Lehrer eingezogen waren und Lehrerinnen abgezogen wurden, um leere Stellen in „wehrerhaltenden" Betrieben zu füllen. Uns wurden Unterrichtszeiten nur von Tag zu Tag bekannt gegeben, für mich anfänglich einige Male ein Schamerlebnis, weil ich nur die Zeitbenennung „viertel nach" und „viertel vor" kannte, aber nicht zum Beispiel „viertel zehn", womit viertel nach neun gemeint war. Nach der Jahreswende 1944/45 fiel der Unterricht überwiegend aus. Ich durfte öfter mit meiner jüngeren Schwester in den Kindergarten gehen, weil meine Mutter durch die Geburt unseres Jüngsten und durch alle Sorgen vor den heranrückenden Russen sehr belastet war – und mein Vater trotz seiner Behinderung mit verlorenem Auge und Arm zum „Volkssturm" eingezogen wurde.

Unsere „Ella", die Hausgehilfin Else aus Jauer (heute Javor), die später mit nach Schladern kam und dort heiratete, betreute uns liebevoll, war aber selbst erst knapp 18 Jahre alt. Ende Januar traf unsere „Tante Leni", die ältere Schwester meiner Mutter ein, um uns drei ältere Kinder zu den Großeltern in Schladern zu bringen. Die abenteuerliche Flucht begann am 11. Februar auf einem Militärlastwagen und endete elf Tage später bei dem glücklichen Großvater, den Tanten Käthe und Minchen. Das umsorgte Kinderdasein ließ uns die Mutti nicht zu sehr vermissen. Aber zum Schlafen gingen wir bis fast zur Kapitulation abends in den „Oberen Hof" zu Onkel Wilhelm Schneider aufs Matratzenlager, um möglichen Tieffliegern zu entgehen, die wir abends öfter mit Schauern brummen hörten. Tags darauf sahen wir dann, zum Beispiel neben dem Ronneburg-Haus in der damaligen Schulstraße (heute Falkenweg), die Trümmer des Hauses Sand, das von einer Fliegerbombe getroffen worden war.

Da ich allmählich ja überlange „Ferien“ gehabt hatte, fühlten sich unsere pädagogisch denkenden Tanten für meinen Schulbesuch verantwortlich und organisierten nach dem Einmarsch der „Amis“ mit bekannten Eltern einen Ersatzunterricht in „Höffers Saal“, der zu der Zeit ja keine andere Verwendung fand. Wer uns unterrichtete, ist mir entfallen, aber ich ging mit Vergnügen morgens mit einem Dutzend Schladerner Kinder verschiedener Klassen in „die Schule“ – diesen, für mich riesigen halbdunklen Raum voller gestapelter Tische und Stühle, in dem eine Ecke für uns, so gut es ging, eingerichtet war. Eine Tafel gab es, Bücher und Schulmaterial in spärlichster Form, möglicherweise mit Beständen aus der evangelischen und katholischen Volksschule.

Der Unterricht war schon deshalb lebendig, weil alle Jahrgänge eingebunden wurden, es Stillarbeit gab, aber auch „gegenseitiges Lernen“, viel lockerer als in der überfüllten, streng autoritär gehaltenen Klasse in Schlesien, und wir durften auf Papier schreiben – dem wichtigsten Symbol, kein „i-Dötzchen“ zu sein. Wer Papier und Stifte organisierte, weiß ich nicht mehr, es wurde alles zusammengekratzt, was auffindbar war. Wir hatten immer Hausaufgaben zu erledigen, sollten lesen und das Einmaleins üben. Unsere Tanten halfen mir gerne, später meine Mutter.

Meine Mutter war erst Mitte Juli endgültig wieder bei uns, von Sommerferien wurde nicht gesprochen, aber im Herbst 1945 begann irgendwann regulärer Unterricht bei dem ukrainischen Lehrer Ross in der evangelischen Volksschule. Das Klassenzimmer für die acht Jahrgangsstufen war voll erhalten. Wir wurden natürlich wieder nacheinander unterrichtet, hatten viel Gelegenheit, bei den „Großen“ zuzuhören, durften und sollten uns gegenseitig bei Stillarbeit helfen. Nach meiner Erinnerung waren wir insgesamt zwischen 25 und 30 Schüler. Margret Schuhen, Käthe Jasser und Marlies Haas, alle ein bis eineinhalb Jahre älter als ich, wurden meine großen Vorbilder. Meine beste Freundin war Lotti Müller, in meinem Jahrgang. Aber auch Betti Pickruhn aus Ostpreußen, die neben uns mit ihrer großen Familie einquartiert war, gehörte dazu.

Dass es ein paar Buben meines Jahrgangs gab, wurde mir erst bewusst, als wir später gemeinsam im Bus zum Gymnasium fuhren. An Hausaufgaben kann ich mich in dieser Zeit kaum erinnern, sie waren im Nu gemacht und konnten auch darin bestehen, „ein Gedicht" zu schreiben oder ein Bild zu malen. Am liebsten war mir aber der wöchentliche Handarbeitsunterricht bei „Tante Helene" Moritz, wo wir an „Sticktüchern" alle möglichen Sticharten, Hohlsaum und Verzierungen lernten, natürlich auch stricken und häkeln. Handarbeiten und lesen wurden meine liebsten Beschäftigungen.

Einen Umbruch gab es 1946, als Lehrer Schier für uns alle an die katholische Volksschule beordert wurde. Er war schon älter und sehr streng, Stockschläge auf die Finger inbegriffen. Außerdem mussten wir wieder auf Schiefertafeln schreiben, ein gefühltes „Drama", denn davon wurde man eigentlich mit dem Ende der zweiten Klasse befreit. Wie viel Schmiererei, Tintenflecken und Ärger mit den Federn und Federhaltern uns Griffel und Wischlappen eigentlich ersparten, konnten und wollten wir nicht wahrnehmen in unserer Sehnsucht, „groß" zu sein.

Für meine Mutter und die Tanten, mein Vater war ja noch in Schlesien, war es selbstverständlich, dass ich zum Gymnasium gehen sollte, deshalb meldeten sie mich zur Aufnahmeprüfung am Hollenberg-Gymnasium in Waldbröl an, die im März 1947 an zwei Tagen für den Schuljahrsbeginn nach Ostern stattfand. Die Fahrt dorthin wurde von den Eltern der anzumeldenden Schüler organisiert – den Familien Höffer, Schroeder und Neubert – auf einem offenen Lastwagen mit Holzvergaser bei sehr winterlichem Wetter. In der nur schlecht beheizten Aula und den Klassenzimmern des Hollenberg-Gymnasiums wurden 276 Schülern geprüft, von denen 100 angenommen werden sollten. Da war es wohl natürlich, dass ich als „noch sehr jung" auf das folgende Jahr vertröstet wurde. Im Laufe des Sommers erfuhren meine Mutter und Tanten, dass man in Wissen, in der französischen Zone, auch aufs Gymnasium gehen konnte, sogar ohne Schulgeld, das in der englischen Zone erhoben wurde.

Das Schuljahr begann im Herbst, an eine Aufnahmeprüfung kann ich mich nicht erinnern. Die Fahrt mit dem Zug in den alten schmalen Einzelabteilen auf Holzbänken war fast noch kürzer als mit dem Bus nach Waldbröl. Es fuhr zwar kein anderes Kind aus Schladern mit mir, aber in der neuen Sexta lebte ich mich schnell ein. Eine besondere Chance war die Schulspeisung für schlecht ernährte Kinder. Dazu gehörte ich nicht, weil meine Haut aufgrund einer angeborenen Krankheit immer eine „frische Farbe" hatte. Aber wir alle durften einen Becher am Riemen des Schulranzens mitführen und uns abwechselnd anstellen, wenn berechtigte Kinder krank waren. Ab und zu eine Erbsmehlsuppe zu ergattern, war wie ein Lottogewinn.

Im Herbst 1947 war dann endlich mein Vater wieder bei uns, und meine Eltern erfuhren, dass das Schulgeld nun auch in der englischen Zone gestrichen war. Sie hielten das Hollenberg-Gymnasium in unserer englischen Zone, mit Latein als erster Fremdsprache, für wichtiger – und ich durfte auch gleich in die Quinta wechseln, die dort aber schon Ostern begonnen hatte. Das bedeutete, eineinhalb Jahre Latein nachzuholen. Dafür fand sich Karlheinz Schönberg, der Sohn einer guten Bekannten, der die Oberprima besuchte und bereit war, dreimal wöchentlich mit mir Latein zu „pauken".

Zuerst fiel mir der Wechsel schwer, weil ich meine beste Freundin verloren hatte und mich in der neuen Klasse, die schon zusammengewachsen war, einsam fühlte. Ich konnte nur langsam Fuß fassen, denn es gab ja auch keine Möglichkeit, sich nachmittags zu treffen. Wir waren fast alle Fahrschüler aus den umliegenden Dörfern, und die Busse nach Waldbröl fuhren nachmittags zu spärlich. Die Mitschüler im Bus waren alles Buben – also damals eine andere Welt. Meine Freundin Lotti und die älteren Mädchen sah ich kaum noch, weil die Nachmittage mit Aufgaben ausgefüllt waren. Zum Glück war ich eine Leseratte und liebte alle Handarbeiten.

In den folgenden Schuljahren fühlte ich mich wohl, liebte den Schulchor, der Freizeiten organisierte, fuhr im Sommer immer wieder nachmittags ins Waldbröler Freibad. In der Sieg war mir das Baden wegen der Wasserverschmutzung und meiner Hautprobleme nicht empfohlen worden. In der Oberstufe waren wir nur noch sechs Mädchen und damit eine gut befreundete Gruppe, soweit das bei Fahrschülern aus lauter verschiedenen Orten möglich ist. Mit dem Abitur im März 1956 endete ein sehr glücklicher, reicher Lebensabschnitt.

Inge: Fröhliche frühe Jahre

Die beiden Schulgebäude, katholische und evangelische Volksschule, standen nebeneinander, nur durch ein Gartengelände mit Zaun getrennt. Sie sahen gleich aus, waren gleich eingerichtet: Der Eingangsflur mit Kleiderhaken, ein großer Klassenraum und oben drüber die Wohnung des Lehrers. Durch diese getrennte Schulerziehung hatten Katholiken und Protestanten auch später wenige Verbindungen miteinander.

Ostern 1946 wurde ich eingeschult in der katholischen Schule. Es gab keine Lehrer mehr, und so musste sich der alte Lehrer Schier mit einer Horde ziemlich verwilderter Kinder abmühen, zwischen sechs und vierzehn Jahren, katholisch und evangelisch. Das gelang nur mit größter Strenge. Nach kurzer Zeit zogen wir evangelischen Schüler mit einem Aushilfslehrer in unser Gebäude, wir wurden beaufsichtigt. Ab 1948 kam Ordnung in die Schulverhältnisse. Lehrer Hoppe, der mit seiner Familie aus Pommern geflohen war, wurde unser Lehrer, Klasse eins bis acht in dem einen Klassenraum.

Mittendrin stand ein dicker Ofen, drum herum die Schulbänke mit Klappsitzen und vorne das erhöhte Lehrerpult und eine Tafel. Morgens brachte jeder ein Brikett mit. In der Pause bekamen wir ein Süppchen und Salzkekse, die von amerikanischen Baptisten gespendete „Schulspeisung“. Dafür musste natürlich jeder eine kleine Schüssel und einen Löffel mitbringen. Zum Ärger unserer Eltern gingen die immer wieder verloren.

Foto: I. Holtmann.

Lehrer Hoppe in der Ev. Volksschule Schladern.

Der Unterricht von Lehrer Hoppe machte uns glücklich. Er war streng, verlangte Disziplin und Fleiß und gutes Benehmen. Es war immer interessant. Wenn wir Kleineren unsere Schreib- oder Rechenarbeiten erledigt hatten, konnten wir bei den Großen zuhören: vorgetragene Geschichten, Erdkunde oder Pflanzenkunde. Es wurde auch oft gesungen, Lehrer Hoppe spielte Geige, und wir mussten viele Gedichte lernen, besonders für die Weihnachtsfeier. Dann konnten wir uns und das Gelernte vor den Eltern präsentieren.

Am Nachmittag durften wir auf dem Schulhof spielen. Einmal brachte jemand Reststückchen von der weißen Tafelkreide mit. Begeistert bemalten wir die roten Ziegelsteine des Schulgebäudes. Am nächsten Morgen ließ uns Lehrer Hoppe antreten und beichten. Jeder bekam mehrere Hiebe auf die rechte Hand. Man bemalte keine Wände und man klaute schon gar keine Kreide. Die war richtig wertvoll.

Highlights für alle waren die Wanderungen und Ausflüge in die Wälder rund ums Dorf: Über den Bodenberg nach Höhnrath, bis zu den drei Eichen, nach Alt-Windeck, Schöneck und über den Steiner Berg. Heimatkunde wurde erwandert. In den ersten Jahren nach Kriegsende wiederholten sich die Wanderungen oft: Wir sammelten Bucheckern für die Ölpressung und Brombeerblätter und Brennnesseln für Tee. Die wurden auf dem Schulspeicher zum Trocknen ausgebreitet und mussten immer wieder gewendet werden. „Blätterwenden“ war eine Belohnung für gute Mitarbeit.

Der Abschied aus dieser Schulfamilie beim Wechsel zum Gymnasium fiel uns schwer, etwas versüßt durch den Triumph, die mehrtägige Aufnahmeprüfung bestanden zu haben. Das Leben danach wurde beschwerlicher. Früh um 6.20 Uhr zum Bahnhof rennen, um den Bus zu bekommen, mittags spät zurückkommen, eine Menge neuer Hausaufgaben erledigen müssen und gute Noten heimbringen. Glücklicherweise gab es in dem alten Schulgebäude des Gymnasiums in Waldbröl nicht genügend Klassenräume. So kam es, dass die fünfte und sechste Klasse jede Woche einen Tag frei hatten. Ich wurde die beste „Kundin“ in der noch aus Vorkriegszeit vorhandenen Bücherei in unserer „Dorfschule“.

„Kläpperchen“, Schuhe und Frostbeulen

Viele „Kriegskinder“ haben im Alter gekrümmte und knubbelige Zehen. Jahrelang trugen sie zu enge, zu kurze, zu schmale, zu weite Schuhe. Im Sommer war das Schuhproblem leichter zu lösen und weniger schmerzhaft. Barfuß oder Kläpperchen. An die Holzsohlen, oft nur Brettchen, wurden aus Autostreifen geschnittene Gummistreifen angenagelt. Fertig. Es klapperte beim Laufen, und ewig rissen die Nägel raus und verschwanden. Das Suchen von rostigen Nägeln auf den Straßen und am Bahndamm – und später die gesammelten Schätze geradeklopfen –, das waren vom Vater gern verordnete „Strafarbeiten“. Unsere Finger haben sehr gelitten.

Jedes Kind besaß ein einziges Paar Schuhe. Wenn die zu klein wurden, mussten sie jedes Jahr aufs Neue die der älteren Geschwister auftragen, egal, ob sie passten oder nicht. Es gab nichts anderes. Im Winter war das hart. Allerdings ertrugen wir die drückenden oder schlappenden Geschwisterschuhe ohne jammern und vergaßen beim Spielen die Schmerzen. Wenn wir aber am Nachmittag oder Abend nach Hause kamen und die klatschnassen Schuhe und Socken von den eiskalten Füßen zogen, wurden sie spürbar, besonders an den Zehen. Überall bildeten sich Frostbeulen, rote, dicke schmerzhafte Knubbel. Zu gerne steckten wir dann die Eisfüße in den geöffneten Backofen, was Mutter manchmal erlaubte.

Aber das blieb nicht ohne Folgen. Die Frostbeulen fingen an, entsetzlich zu jucken und zu kribbeln. Wenn wir dann im eiskalten Bett in den ungeheizten Schlafzimmern warm geworden waren, ging die Juckerei weiter. Trotzdem wollten wir nicht auf den am Ofen angewärmten Ziegelstein im Bett verzichten, der von oben nach unten geschoben wurde, um jede Stelle zu erreichen. Allerdings verursachten die scharfen Kanten trotz umgewickelten Handtuchs manche Wunde.

Im Winter: Schlittschuhlaufen ...

Wenn es einige Tage so kalt gewesen war, dass sich die Frostbeulen an den Zehen wieder bemerkbar machten, dann wussten wir, bald ist „Höffers Teich“ zugefroren. Dieser grüne Kreis unterhalb vom Bergischen Hof war tatsächlich ein kleiner See im ehemaligen alten Siegbett. Und weil zu unserer Zeit das ganze Gelände mit dem Hotel und dem schönen Wohnhaus der Familie Höffer gehörte, war das eben „Höffers Teich“.

Also mussten wir im Keller nach den mittlerweile verrosteten Kufen suchen. Das waren wirklich nur stumpfe Kufen mit zwei Klemmen obendrauf, in die wir die Schuhe steckten und mit, sofern vorhanden, Lederriemen oder Paketschnüren festbanden. Die rissen natürlich immer wieder, sodass wir unbedingt Ersatzkordel in der Tasche haben mussten. Die mussten wir aber erst mal im Haus suchen und klauen (oder fringsen), denn Kordel war rar und begehrt. Dann mussten wir die Kufen entrosten – die Klemmen bewegten sich sowieso nicht mehr, wie das mal im Neuzustand gewesen war. Auch für das Entrosten brauchten wir „Material“, Sandpapier, noch wertvoller als Kordel, und darum nur besonders heimlich im Werkzeugschrank zu „finden“. Diese Vorarbeiten an den Schlittschuhen mussten auch möglichst heimlich ausgeführt werden, denn die Mütter waren nicht begeistert von unserem Vorhaben. Aber die Nahrungs-, Kleidungs- und Wohnfürsorge für die Familie lenkten sie meist von den Unternehmungen der Kinder ab. Sie konnten sich nicht um alles kümmern.

So trafen wir uns mittags am Teich. Die Kufen unter die Schuhe binden – mühsam –, die ersten rutschigen Schritte – aufregend –, dem an den Ufern hochschwappenden Wasser ausweichen –, nicht ungefährlich. Aber dann – es ging wieder – es rutschte, und schließlich glitten die Kufen kratzend auf die Eisfläche raus. Mit jeder Runde, immer in der Mitte, wo das Eis hart, dunkel und glatt war, wurde das Gleiten leichter und genüsslicher. Nur die Jungens ärgerten uns. Sie spielten mit Stöcken und leeren Konservendosen Eishockey und rasten am liebsten quer durch unsere Bahnen, wo wir Mädchen unentwegt Kreise und Achter übten. Die unvermeidlichen Stürze und das Gelächter sowie das bedenkliche Knacken der Eisfläche ertrugen wir möglichst lässig. Das gehörte zu unserem Vergnügen. Für die nassen Hosen und Schuhe zu Hause eine Erklärung zu finden, das war dann weniger vergnüglich.

... Skifahren ...

Mühsam begann dieser Spaß, denn zunächst mussten wir unsere vom Schreiner Klüser angefertigten Bretter auf der Schulter durch das Dorf tragen, durch den Unteren Hof, durch die Hähn, über den ausgefahrenen Kuhweg hoch bis zum oberen Ende des Sonnenhangs. Alle Versuche, die mit Kerzenwachs geglätteten Bretter schon vor dem Haus anzubinden und per „Langlauf“ durchs Dorf zu gleiten, scheiterten an den kratzenden Steinen. Die Straßen waren ja nicht asphaltiert, im Frühling nannten wir den Sonnenhang „Veilchenswiese“ und im Juni „Margeritenwiese“, dann war sie nicht mehr blau, sondern weiß.

Ein besseres Gelände für unsere Versuche, Ski-Asse zu werden, konnten wir uns nicht wünschen. Diese lange, leicht abfallende Weide ohne Zäune war ideal. Also Skier und Stöcke rauftragen, mit Lederriemen oder Kordel an den Schuhen festbinden, von der Klemme vorne einen Riemen quer über die Schuhe und einen Riemen hinten um die Ferse, und losrutschen. Die ersten Abfahrten waren holprige Rutscherei. Zunächst mussten wir die Maulwurfshügel einebnen und uns durch häufiges Runterfahren auf der gleichen Bahn eine glatte Piste erarbeiten. Der Mutigste war unser kleiner Bruder, fünf oder sechs Jahre alt. Wie ein Ball sauste und flog er sogar über die kleinen Sprungschanzen, die wir uns mit festgeklopftem Schnee in die Bahn bauten.

Wenn wir sehr unternehmungslustig waren und das Wetter gut, kletterten wir den steilen Berg über dem Sonnenhang hinauf, um die „Zeppelinwiese“ zu erreichen. Dort war unsere Piste kürzer, aber viel steiler. Auch der Rückweg am Abend erforderte Können und Mut. Der lief über den Bodenberg, durch den Wald und über ausgefahrene Wege, bis wir am Fußballplatz ankamen, oder auch nicht. Meine Freundin Annemarie Höffer und ich hatten an einem Abend echt viel Pech mit gerissenen Riemen und Stürzen in den Kurven, so dass es spät und dunkel war, als wir am Fußballplatz von einem älteren Bruder der Freundin wütend und schimpfend in Empfang genommen wurden. Die Familie hatte voller Sorge die Brüder als Suchmannschaft ausgeschickt. In den nächsten Tagen verrichteten wir freiwillig häusliche Arbeiten. Einen Unfall hat es meines Wissens nie gegeben.

... und Schlittenfahrten

Auch beim Schlittenfahren hatten wir meist einen Schutzengel. Nach dem ersten Schnee „bauten“ wir uns immer eine Super-Rodelbahn. Sie begann am oberen Ende der Bergstraße (heute Bodenbergstraße) vom „Zum Sprietchen“ aus, lief die lange Straße runter, durch den Unteren Hof – und wenn der Schnee hoch genug lag, neben der dicken Eiche die steile Wiese runter bis in die Wiesen an der Waldbröler Straße hinein. Fantastisch! Der lange Weg zurück und das Raufziehen der Schlitten waren es weniger. Von der Einmündung der Bodenbergstraße in die Straße Zum Sprietchen war die rechte Straßenseite für unsere Bahn beschlagnahmt, am Oberen Hof vorbei bis zum Unteren Hof, dort an der großen alten Eiche entlang über die Steilhangwiese bis ins Sumpfgebiet an der Waldbröler Straße gegenüber dem Haus Schladern.

So eine lange und schnelle Bahn gab’s nirgendwo sonst! Und das Erstaunlichste war, sie wurde von allen Anwohnern meist geduldet und trotz starker Vereisung meist nicht zerstört durch Salz- oder Aschestreuung, sondern blieb bis zu sechs Wochen intakt und heftig frequentiert. Natürlich rammte der Zug schon mal einen Gartenzaun, natürlich kippte alles schon mal um und natürlich schimpften doch gelegentlich manche Anwohner. Und wenn dann doch jemand einmal Asche auf unsere Bahn streute, mussten wir eben warten, bis es wieder schneite.

Die Plätze auf der Schlickerpost waren heiß begehrt, besonders von denen, die kein Anrecht darauf hatten, weil sie ohne Schlitten gekommen waren. So bat mich eines Tages, als wir nach einer rasanten Fahrt wieder oben angekommen waren, eine Klassenkameradin, ihr nur einmal meinen Platz zu überlassen. Ich erinnere mich mit schlechtem Gewissen, dass ich mich schwergetan habe. Man stand halt lange oben am Start und wartete und langweilte sich, es sei denn, es gab Mitspieler für eine Schneeballschlacht. Gab's aber nicht. Die Zeit wurde mir sehr lang und die Füße sehr kalt. Schließlich lief ich die Bodenbergstraße runter und traf bald auf einen aufgeregten Menschenauflauf, unsere Schlickerpost mittendrin. Große Empörung bei den Erwachsenen. „Wir haben euch immer gesagt, das geht nicht!" Der Schlickerpostlenker hatte Probleme gehabt, der Zug war gegen einen Zaun gefahren, und meine Schulkameradin hatte sich ein Bein gebrochen, ausgerechnet sie.

Im Sommer: Freiheit im Dorf ...

Im Sommer lebten wir Kinder draußen: im Dorf, im Wald, auf dem Fußballplatz, an und in der Sieg und auf unserer „Rennbahn". Die „Chaussee" nach Dattenfeld (heute Waldbröler Straße) war die einzige asphaltierte Straße in Schladern, und zwischen der Einmündung der Burg-Windeck-Straße und Fredebeils Hof (Haus Schladern) leicht abschüssig und gerade. Wenn mal eins der seltenen Autos zu sehen war, konnten wir früh genug ausweichen.

Zuerst übten wir Rollschuhfahren. Auch die banden wir uns mit Kordel oder Riemen an die Schuhe. Das Tauschen der Rollschuhe unter Geschwistern oder Freunden wurde mit einigen Zankereien und

Tricks hinausgezögert, war aber eigentlich selbstverständlich. Ebenso die „Lernhilfe“ durch Ziehen oder Bremsverstärkung. Begleitet wurde unsere rollende Stolperei von fachmännischen Diskussionen über „Kugellager“: je mehr, desto höher die Qualität der Rollschuhe, wobei keiner genau wusste, was damit eigentlich gemeint war. Die ersten Exemplare nach dem Krieg waren schlicht, aber stabil. Ebenso die Fahrräder.

Für die evangelischen Kinder war es selbstverständlich, konfirmiert zu werden – genauso wie für die katholischen die Kommunion. Nur mussten wir zwei Jahre lang den wöchentlichen Unterricht bei unserem Pastor in Rosbach besuchen. Also musste ein Fahrrad angeschafft werden, wenn die Älteste in der Geschwisterreihe zwölf Jahre alt wurde. Diese klobigen schweren Nachkriegsräder wurden von uns geliebt und gehütet, aber dauernd gab es einen Platten. Selber reparieren war nicht leicht, zumal wir zunächst überhaupt kein Flickzeug besaßen, und die Auto- und Fahrradreparaturwerkstatt von Gustav Jasser weigerte sich, alle Platten der Schladerner Jugend zu reparieren. Mit Recht: Oft stand ein dicker Stapel Fahrräder in der Werkstatt, wenn wir demütig angeschoben kamen und um Hilfe baten.

Auf der Dattenfelder Chaussee lernte jeder durch Nachahmung der Älteren, hüpfend und hinkend einen Fuß auf einem Pedal und den anderen auf der Straße, das Fahrradfahren.

... und an der Sieg

Sommer, das bedeutete Freiheit im Dorf, rundherum und an der Sieg. Besonders an der Sieg. Mit Schilfbündeln unter dem Bauch brachten wir uns das Schwimmen bei. Wer dann einmal quer durch den Fluss zum anderen Ufer schwimmen konnte, gehörte dazu. Wer das nicht schaffte, wurde unbarmherzig gehänselt. Wir waren nicht unbedingt „liebe“ Kinder. Als endgültige Mutprobe galt der Sprung von der Brücke. Nur von einem bestimmten Pfeiler trauten wir uns, dort war das Wasser tief genug. Allerdings verlangte das Raufklettern auf den Pfeiler, das Runterspringen und wieder Raufklettern wirklich Mut und Geschicklichkeit. Meist kletterten wir auf der Brücke über das Geländer und sprangen auf den Pfeiler. Die Ufer der Sieg waren sehr verschlammt, und dicke Schilfwände ließen kein Rauskommen zu. Nur an unserer Badestelle konnten wir über den kiesigen Uferstreifen ins Wasser und wieder raus. Dort lagen natürlich all unsere Sachen, und der größte Spaß für die Jungen war das Verstecken unserer Klamotten. So ergab sich manche wüste Rauferei.

In heißen, trockenen Sommerperioden, wenn wir zu Fuß durch den Fluss laufen konnten, lockte das Abenteuer Wasserfall. Felsen und kleine und größere Tümpel boten uns viele Möglichkeiten. Hier hieß die Mutprobe: Auf der abgerundeten Sperrmauer quer rüber balancieren. Meine dauerhafte Erinnerung an diese Klettereien ist ein gebrochener Zeh. Das haben meine Eltern nie erfahren.

Jochen – und Frieders Erinnerung an dessen Prophezeiung

Mein Bruder Jochen war und ist erstaunlicherweise immer noch zwei Jahre jünger als ich und wir waren eigentlich eine verschworene Gemeinschaft. Denn wir hatten ja einen gemeinsamen Feind, als wir klein waren: unsere beiden großen Schwestern! Inge, drei Jahre älter als ich, und Anne Maja, schon sechs Jahre älter. Besonders die Letztere spielte sich gerne als Über-Mama auf, und beide wollten uns wilde Nachkriegs-Jungs unbedingt erziehen. Das schweißte uns zusammen. Außerdem schliefen wir einige Jahre im gleichen Dachzimmer und hatten uns zur Gewohnheit gemacht, nach dem Gutenachtkuss der Mutter kurz abzuwarten, bis sie die Treppe runter war, und dann fleißig die Betten umzubauen, die wir in Piratenschiffe verwandelten, um darauf und da drinnen mindestens noch ein, zwei Stunden heftige Piratenkämpfe und Seeabenteuer zu zelebrieren, bis wir vor Müdigkeit umsanken.

Auch draußen waren wir bis zur Pubertät unzertrennlich zusammen und meist mit der Oberdorfbande unterwegs. Es gab allerdings auch Ausnahmen von dieser brüderlichen Harmonie. Besonders, wenn der kleine Bruder beim Spielen gegen mich verlor, konnte er ziemlich giftig werden und manchmal auch ausrasten. Oder wenn er sich gelegentlich kategorisch weigerte, meine Autorität als älterer Bruder anzuerkennen und ich ihn dann selbstverständlich zurechtweisen musste, wurde er pampig und schlug zurück, was ich wiederum nicht auf sich beruhen lassen konnte.

So entwickelten sich gelegentlich kleinere Prügeleien zwischen uns, natürlich nur, wenn keine Erwachsenen in der Nähe waren, die sofort eingegriffen hätten mit so blöden Argumenten, wie, dass man als Älterer doch den Jüngeren, oder als Größerer nicht den Kleineren, oder als Stärkerer nicht den Schwächeren verhauen durfte. Das war in unserem Fall alles Quatsch, weil ich zwar etwas größer und wohl auch stärker war als er, aber dafür war er sehr viel schneller und um ein Vielfaches gemeiner als ich. Er hatte Dutzende hinterhältige Methoden drauf, um mich reinzulegen, und wandte die auch hemmungslos an. Irgendwann hat er mir in seiner Not sogar einen Stein an den Kopf geschmissen.

Einmal hatten wir, wie öfters, nur so ein Spaß-Kämpfchen angefangen, bei dem er mich wieder mal mit fiesen Tricks, wie „Häkchen" mit den Füßen machen, Ellenbogen in die Rippen reiben, kneifen und ähnlichem Pfuschen fast zu Fall gebracht hatte. Da musste ich dann, um meine Autorität zu bewahren, selbst energischer werden und ihn solange und so fest im „Schwitzkasten" packen, bis er um Gnade winselte. Ich ließ ihn lachend frei und meinte, das würde ihm wohl eine Lehre sein und den Respekt vor dem großen Bruder wieder herstellen. Da meinte er fast heulend vor Wut: „Ich hasse dich! Das kriegst du wieder! Warte nur, bis du mal 80 bist, dann bin ich nämlich erst 78! Und dann bist du bereits so altersschwach, dass ich dich locker besiegen kann!" Und ich antwortete: „Das werden wir ja mal sehen! Ich nehme deine Duellforderung an. An meinem 80. Geburtstag machen wir unsere letzte und endgültige Prügelei. Wer dann der Sieger ist, ist auch der Chef!"

Archiv F. Döring.

Jetzt bin ich 79 Jahre alt und nähere mich langsam diesem ominösen Stichtag. Und wenn ich an die Prophezeiung meines Bruders denke, und das tu ich immer häufiger, wird mir ganz komisch. Er ist jetzt schon deutlich fitter als ich. Aber ich hab ja noch ein bisschen Zeit. Im Sommer fang ich mit dem Konditionstraining garantiert an!

Frieder (r.) will sich für die Prophezeiung seines Bruders Jochen wappnen.

Jochens Hammerwurf

Nicht ganz so gerne erinnert sich Jochen an seine nur sehr kurze Karriere als Hammerwerfer:

„Einige von uns waren natürlich auch sportbegeistert. In erster Linie waren wir Fußballer. Wenn wir keinen Ball hatten – einen Lederball hatte nur der TuS – nahmen wir alles was rund war. Bevorzugte Stadien waren Müllers und unser Hof. Den Krach der Bälle, wenn sie von den Torflächen, besonders Müllers Blechwand, abprallten, habe ich noch heute im Ohr. Die Nachbarn hatten damals viel Geduld mit Kindern!

Wir betrieben aber auch gerne Leichtathletik. Einmal – wir hatten wohl gerade entsprechende Bilder gesehen – wollten wir auch unbedingt Hammerwerfen üben. Mangels richtigen Geräts, aber ohne Mangel an Fantasie, spießten wir mit Dreck gefüllte Konservendosen auf Stöcken auf, wirbelten sie herum und ließen sie mit beachtlichem Erfolg fliegen. Eine Richtung ließ sich dabei nicht vorhersagen, aber 20 Meter erreichten wir leicht.

Nun hatte ich gerade einen besonders schönen Wurf unternommen, der vom „Sportplatz“, unserem Garten, dummerweise Richtung Schulstraße flog. Just da kam der alte Herr Jasser mit seinem schönen schwarzen Mercedes 170D vorbeigefahren. Mein „Hammer“ traf sehr genau den vorderen Kotflügel und hinterließ eine deutliche Schramme. Das war wirklich der Hammer! Das Geschrei war groß, meine Sportsfreunde waren natürlich weg.

Am nächsten Sonntag musste ich an der Hand meines Vaters einen Canossa-Gang zu den Jassers antreten, um mich zu entschuldigen und Schadensersatz zu leisten. Zuvor war meine Spardose geleert worden, und mein Vater hatte die Summe auf 100 DM erhöht. Damals viel Geld. Schlimmer noch als der Verlust meines Vermögens war der schamvolle Bußgang, der aber die Angelegenheit zur Zufriedenheit der Erwachsenen beilegte. Sport haben wir begeistert weiter betrieben.“

Muttis Blumengarten

Nach Jochens Hammerwurf hat unser Vater eine Haftpflichtversicherung besorgt. Er dachte dabei sicher nicht an unsere Mutter und ihre heiß geliebte Gartenarbeit, die im Folgenden gewürdigt werden soll:

Unsere Mutti war eine exzellente Köchin, eine sehr gründliche Hausfrau und eine weitherzige Mutter. Sie hatte drei Leidenschaften: Dichten, Geige spielen und gärtnern. Letzteres hatte sie sogar eine Zeit lang gelernt in einer Gartenbauschule im Siegerland. Unentwegt bestellte sie über einen Gartenversandhandel neue Blumen, Stauden oder Zwiebeln auch ziemlich exotischer Art – und pflanzte diese nach sorgfältiger Planung so geschickt ein, dass zu fast jeder Jahreszeit eindrucksvolle Blumen und Büsche erblühten. Das fanden sogar wir Jungens bemerkenswert, obwohl wir uns sonst für solchen „Frauenkram" nicht so interessierten. Natürlich mussten wir mithelfen, diese Gartenlandschaft zu gestalten. Weniger begeistert waren wir über die gelegentlichen Aufträge zum Umgraben und zum Unkrautjäten. Doch das kam nicht so oft vor, da sie das lieber selber machte. Sie wusste sehr genau, dass wir das ungerne und darum schludrig machten. Außerdem arbeitete sie selbst viel lieber draußen, weil sie das auch als Therapie gegen ihr Rheuma benutzte und brauchte.

Sehr gerne hingegen halfen wir ihr beim Beschaffen von Dünger. Das waren zum einen die Pferdeäpfel, die die diversen Fuhrwerke damals auf der Straße liegen ließen, und die immer sofort Abnehmer fanden: Die waren speziell für die Rosen. Und zum anderen waren es immer wieder mal Schubkarren voll Kuhmist, die wir beim letzten aktiven Landwirt der Familie, unserem Onkel Wilhelm Schneider, im Oberen Hof abholen durften. Außerdem waren wir zuständig für die Beschaffung von Steinplatten für die Gartenwege, die wir aus den verlassenen Steinbrüchen der Westert und am Otterstein anschleppten. Zum einen bewirtschaftete sie gegenüber von ihrem Elternhaus in der Schulstraße einen Gemüsegarten, auf den sie auch großen Wert legte, da sie ihre vier Kinder sehr gesundheitsbewusst zu ernähren versuchte. Zum anderen ließ sie ihrer Sehnsucht nach blühenden Blumen in den beiden Gartenanlagen ums Pickhardts-Haus herum freien Lauf. So blühten im Frühjahr massenhaft die Schneeglöckchen und Krokusse auf der Gartenwiese neben Zaubernuss und Kornelkirschen an den Rändern, dann kamen die Narzissen in diversen Farben und Formen dran, der Flieder und bald auch die Tulpen, die Rosen, die Malven, der Hibiskus, die Schwertlilien, die Feuerlilien, der Akanthus, das Johanniskraut, der Storchenschnabel, die Kalla, die Fuchsien und Funkien, schließlich die Hortensien und Astern. Eine einzige Blütenpracht, die immer wieder dazu führte, dass Vorübergehende stehen blieben, „Ah“ und „Oh“ riefen, Fotos machten oder die Gärtnerin auf ihren grünen Daumen ansprachen, die dann auch gerne Tipps und Ratschläge verteilte oder Ableger weitergab.

Im Winter blätterte unsere Mutti furchtbar gerne in Gartenbaukatalogen und ließ sich inspirieren zu weiteren Käufen von immer selteneren Blumen- und Straucherarten, mit denen sie ihre private Gartenschau noch erweitern und verschönern konnte. Das betrieb sie bis ins hohe Alter – und sie war für ihre Blumengarten-Kulturen im ganzen Ort Schladern bekannt und beliebt. Die Lust und die Freude daran hat sie auch mal in einem kleinen Gedicht festgehalten:

In meinem kleinen Garten
Ich doch so gerne bin
Das Herz mir so froh wird
So leicht der Sinn
Das Erstarrte sich löst
Und das Quälende flieht
Wenn die Seele
Das tröstliche Leben sieht.
Der Wind mich umfächelt
Die Sonn’ mich erwärmt
Die Blum’ mir erblühet
Die Bien’ mich umschwärmt.

Wie nun die Haftpflichtversicherung ins Spiel kam, daran erinnert sich Jochen auch noch viele Jahre später:

„Der Sommer war heiß. Unsere Mutter stand in ihrem geliebten Garten mit dem Wasserschlauch in der Hand und bewässerte in hohem Bogen die Blumen und Sträucher. Da kam auf der Schulstraße Frau Schönberg vorbei, mit der sie sich gerne unterhielt. Das Gespräch über den Gartenzaun dauerte länger, und der Schlauch entglitt ihrer Aufmerksamkeit. Der Strahl ging zielgenau in das offene Schlafzimmerfenster unserer Mieterfamilie Lenz und setzte die Daunendecken und Betten unter Wasser. Der Schaden war erheblich.

Kurz darauf stellte uns in der Quinta, dem sechsten Schuljahr, unsere Deutschlehrerin, Fräulein Mockert, als Klassenarbeit die Aufgabe, statt des üblichen Aufsatzes einen Sachbericht, ein amtliches Schreiben oder Ähnliches anzufertigen. Unter dem Eindruck der häuslichen Katastrophe habe ich die Schadensmeldung an unsere Haftpflichtversicherung mit allen Details verfasst. Ich bekam eine Eins und ein freundliches Zwinkern auch anderer Lehrer. Fräulein Mockert hatte die Geschichte natürlich auch im Kollegium zum Besten gegeben.

Meiner armen Mutter, auf deren Kosten sich alle amüsiert hatten, habe ich meine Eins, und wofür ich sie erhalten hatte, erst später mit schlechtem Gewissen gebeichtet. Sie war nicht erfreut, hat aber gute Miene zum bösen Spiel gemacht."

Frieders Rückblick nach gut sieben Jahrzehnten

Inge, Frieder, Anne und Jochen Döring, 1947.

Beide Fotos: Archiv F. Döring.

Auf der Hochzeit von Inge 1962 in Mülheim an der Ruhr.
Oben (v. l.): Anne, Inge, Frieder, Jochen; unten: Anni und Fritz Döring.

Frieders Rückblick nach gut sieben Jahrzehnten

Wir vier Döring-Geschwister hatten eine schöne Kindheit trotz Kriegs- und Nachkriegszeiten, trotz zeitweisem Mangel an Nahrung, Kleidung, heutiger Art von Spielzeugen und Konsumgütern und trotz allerlei Krankheiten, die meist mit Hausmitteln behandelt werden mussten, wie zum Beispiel den nicht seltenen Läusen, die einzeln abgezupft und mit Läusekamm abgekämmt oder in schlimmen Fällen durch das Abrasieren der Haare oder die Petroleumkappe bekämpft wurden, bei der man das Haar mit Petroleum einschmierte, ein Tuch um den Kopf wickelte und das Petroleum über Nacht einwirken ließ.

Aber wie wir, inzwischen im Großeltern-Alter, jetzt erst richtig erkennen können: wirklich schwer war die Zeit nur für unsere Eltern, die neben teilweise heftigem Mangel und neben schrecklichen Kriegseinwirkungen und Schwerstarbeit über Jahre von morgens bis abends auch die ständigen Sorgen um die Versorgung und das Wohlergehen der Kinder mit sich rumschleppten! Dass es ihnen gelungen ist, uns trotz allem so eine schöne und komplette Kindheit zu verschaffen, kommt uns heute wie ein Wunder vor!

Fritz Döring, unser 1895 geborener, Vater hatte selbst keine leichte Kindheit. Sein eigener Vater hatte in Essen-Kray ein Milchgeschäft neben der Zeche gegründet – viele Kohle-Kumpels tranken Milch als Schutz vor Staub und Ruß – und seine Frau aus dem hessischen Schlitzerland als 19-jährige vom elterlichen Hof mit einem Pferdewagen dorthin entführt. Als er im Jahre 1907 früh verstarb, musste die Mutter die fünf Söhne alleine großziehen und das Milchgeschäft als einzige Lebensgrundlage weiterführen. Das schaffte sie nur mit Disziplin und Strenge. Die Söhne haben sie bis an ihr Lebensende 1955 dafür geliebt und verehrt.

So verlor Fritz im Alter von zwölf Jahren seinen Vater und musste mit seinen vier Brüdern der Mutter bei der Fortführung des Geschäftes helfen. Beim Milchaustragen las er die Tageszeitungen an den Haustüren. Er machte eine Schlosserlehre, schloss die Abendschule mit der Mittleren Reife ab und besuchte die Ingenieurschule, die ihm der jüngere Bruder dank seiner Arbeit im Pütt finanzieren konnte. Umgekehrt finanzierte Fritz dessen spätere Ausbildung.

Unsere Mutter, Anna Pickhardt, war zwar 1904 in Schladern geboren worden, wuchs aber auch in Essen-Kray auf, da ihr Vater, Friedrich Wilhelm Pickhardt, dort ein Tiefbauunternehmen betrieb. Sie hatte drei Schwestern, besuchte wie diese das Lyzeum und erhielt Geigenunterricht.

Bereits 1910 hatten sich unser Vater und unsere Mutter in Kray kennengelernt, nachdem unser Opa Pickhardt in diesem Jahr mit seiner Familie und der Tiefbaufirma dorthin gezogen war. Die Dörings wohnten in der Nachbarschaft, die Familien kannten und besuchten sich – und obwohl Anni neun Jahre jünger war als der 1910 bereits 15 Jahre alte Fritz, wurden die beiden früh miteinander vertraut. Die Freundschaft überdauerte auch den Wegzug der Pickhardts, die 1919 nach Schladern zurückkehrten. Man verstand sich und besuchte sich. Das war wichtig für unsere Mutter, die sehr ängstlich war und schon zweimal ihre auswärtige Ausbildung im Sauerland und in Kaiserswerth wegen Heimweh unterbrochen hatte, um unter die elterlichen Fittiche zurückzugelangen.

Vater Fritz, der eine Schlosserlehre gemacht und es im Ersten Weltkrieg als U-Boot-Fahrer zum Kapitänleutnant gebracht hatte, hatte danach noch ein Ingenieurstudium angeschlossen. Eine erste Anstellung fand er mithilfe seines Bruders Franz in der zu Klöckner-Humboldt-Deutz gehörenden Carlshütte in Waldenburg in Schlesien. Als er dann 1929 um die Hand von Anni Pickhardt anhielt, war diese durch die langjährige Vertrautheit nicht nur bereit, ihn 1930 zu heiraten, sondern ihm auch direkt nach Schlesien zu folgen. Dort sollte es allerdings lange dauern, bis sie sich zurechtfand, etwas heimisch und dann 1936 mit der Anne Magdalena auch schwanger wurde und sie im November dort entband. Ein Jahr später verlor der Vater bei einem Arbeitsunfall den linken Arm. 1939 kam die Tochter Ingeborg auf diese „heile“ Welt, und kurz danach brach der Zweite Weltkrieg aus. Der Vater wurde wieder eingezogen und die Mutter reiste mit den Töchtern nach Schladern ins Elternhaus zurück, wo 1942 auch der erste Sohn, Hans Friedrich Heinrich Franz Georg, genannt Frieder, zur Welt kam. Kurz danach verlor der Vater durch Bombensplitter auch noch das rechte Auge. Dadurch war er nicht mehr kriegsverwendungsfähig und musste zurück in die Carlshütte zur Arbeit, wodurch seine mittlerweile schon recht große Familie wieder zu ihm nach Bad Salzbrunn in Schlesien ziehen konnte.

Anfang 1945, als die Russen vor Breslau standen, kam Tante Leni dorthin und holte die älteren drei Kinder nach Schladern ab, während der Vater zum Volkssturm eingezogen wurde und die Mutter mit dem gerade geborenen jüngsten Sohn Jochen zunächst dort blieb. Als Anfang März auch Niederschlesien evakuiert wurde, packte sie den Säugling in den Kinderwagen und fuhr mit dem letzten Zug von Breslau nach Prag mit. Unter schrecklichsten Bedingungen schaffte sie es, sich mit ihm nach Esslingen in ein Kinderheim durchzukämpfen, in dem ihre jüngste Schwester Helmi arbeitete. Dort nahm man ihr den halb verhungerten Säugling ab zum Aufpäppeln, während sie sich ins Elternhaus nach Schladern durchschlug und das Baby bald nachholen ließ. Der Vater war zunächst verschollen, meldete sich aber Ende 1945 wieder aus Schlesien, wo er von den Polen als kommissarischer Leiter der Carlshütte eingesetzt worden war.

Im Herbst 1946 machte er sich heimlich über die gebirgige Grenze zur Tschechoslowakei zu Fuß und per Anhalter nach Schladern auf, wo er Anfang 1947 ankam. Dort nahm ihn der Schwiegervater in sein Tiefbaugeschäft auf. 1948 bekam er ein Angebot, als Ingenieur im Krupp-Stahlwerk Rheinhausen zu arbeiten, das er annahm, obwohl das bedeutete, dass er nur noch zum Wochenende nach Hause kommen konnte. Aber er war der Überzeugung, dass es für uns Kinder besser war, hier auf dem Land aufzuwachsen. Und dafür sind wir ihm bis heute noch dankbar!

Für unsere Mutter war es natürlich schwer, die ganze Woche alleine mit den Kindern, ihren Sorgen, Krankheiten, Schulproblemen und pubertären Anwandlungen fertigzuwerden – und oft genug ging das an die Grenzen ihrer Belastungsfähigkeit. Aber sie schaffte es immer wieder, sich mit ästhetischen, musischen und naturverbundenen Aktivitäten – wie Gartengestaltung, wandern, Geige spielen, Musik hören, singen oder Gedichte schreiben – zu regenerieren. Für ihre Tapferkeit, ihre Kreativität und ihr Vorbild sind wir ihr ebenfalls sehr dankbar!

Wenn wir derzeit durch die Corona-Pandemie und in den kommenden Jahrzehnten durch die Folgen der Klimaveränderungen noch öfters unter erheblichen Einschränkungen unseres gewohnten komfortablen Lebens in unserem reichen Land zu leiden haben, dann könnte die Erinnerung an die zum Teil schweren, aber auch immer wieder schönen Zeiten in unserer Nachkriegskindheit – und der zweimaligen Kriegs- und Nachkriegszeiten für unsere Eltern und Großeltern – eine Hilfe sein, den Mut nicht zu verlieren, sondern im Sinne Martin Luthers auch am Tag vor einem scheinbaren Weltuntergang noch ein Apfelbäumchen zu pflanzen!

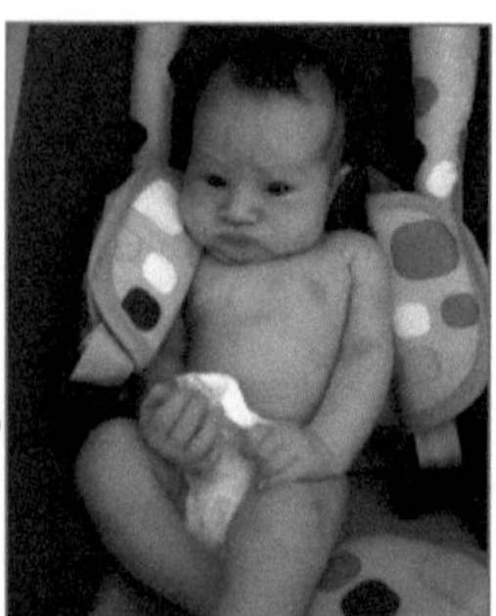

Foto: F. Döring dos Santos.

Und so ist am Tag, an dem ich dies schreibe, im krisen- und pandemiegeschüttelten Brasilien gerade unsere Urenkeltochter Charlotte Gomes Döring geboren worden – unser Apfelbäumchen!

Charlotte Gomes Döring,
****25.01.2021 in Natal, Brasilien.***

Und damit fängt dann auch schon wieder eine neue Geschichte an!

***

Ahnentafel

(teilweise rekonstruiert aus dem Familienbuch Rosbach)

I Sybertus vame Hoove *1324

II Sebracht von der Hoven *1369

III Margarete von der Hoven *1409 oo Heinrich von der Hoven genannt Pampus *1407

IV Bertram vom Hofe *1451

V Johann vom Hofe *1498

VI Henrich vom Hofe *1525

VII Moritz vom Hofe *1558

VIII Henrich zum Hoff *1590

IX Agnes zum Hoff *1620 oo Wilhelm Öttershagen genannt Schneider *1610

X Wilhelm Öttershagen *1651 oo Gertraud Heimann *1670 genannt Schneider

XI Wilhelm Öttershagen *1698 oo Maria Thomas *1702

XII Johann Wilhelm Öttershagen *1732 oo Anna Katharina Bestgen *1737

XIII Anna Katharina Öttershagen *1774 oo Johann Bertram Schneider *1779

1. Anna Katharina Schneider *1812 oo Wilhelm Busch
2. Wilhelm Schneider *1809 oo 1. Anna Clara Katharina Öttershagen *1804,

   2. Anna Schneider

XIV 3. Heinrich Martin Schneider *1808 oo Anna Clara Wilhelmine Öttershagen *1813

   1. Wilhelm Christian Schneider *1834
   2. Christian Schneider *1835 oo Katharina Eschmann *1848 oo Carl Schneider *1850

      1. Friedrich Heinrich Schneider *1869
      2. Karl Schneider *1871 oo Adele Schneider
      3. August Schneider *1872
      4. Christian Schneider *1874
      5. Anna Schneider *1876 oo August Halscheid

6. Wilhelm Schneider *1877 oo Emilie Wengeroth *1880
   1. Friedrich Schneider
   2. Margarete Schneider *1920 oo Horst Schumacher *1918
      1. Helga Schumacher *1949 oo Hermann Meierhenrich *1947
         1. Holger Meierhenrich *1981
         2. Arne Meierhenrich *1975
   3. Setta Schneider *1910 oo Johann Euler
   4. Emilie Schneider *1908 oo Krämer Willi
      1. Hans Krämer *1941 oo Hannelore Ottersbach *1944
      2. Manfred Krämer *1937
   5. Wilhelm Schneider *1907 oo 1. Klein Ilse *1913
      2. Engelbert Ilse *1919
      1. Adalbert Schneider *1943 oo Doris Schmidt *1946
         1. Claudia Schneider *1968 oo Hans Dieter Schober *1968
            1. Jule Schober *2005
7. Emilie Schneider *1879
8. Auguste Schneider *1880 oo Karl Peters *1878
   1. Karl Christian Peters *1911 oo Ilse Krickel
   2. Dorothea Peters *1912 oo Willi Brökelschen
   3. Fritz Peters *1914
9. Wilhelmine Schneider *1884
10. Martin Schneider *1889
11. Friedrich Schneider *1891 oo Elisabeth Oberdörfer
   1. Helmut Schneider *1915 oo Irmgard Augustin *1918
      1. Monika Schneider *1945 oo Werner Link *1943
      2. Wolfgang Schneider *1947 oo Claudia Holschbach *1954
      3. Doris Schneider *1951 oo Jürgen Blaum *1944
         1. Jens Blaum *1977 oo Nadine Evers *1981
12. Maria Margarete Schneider *1892

13. Emma Schneider *1897 oo Max Hagedorn
1. Emmi Hagedorn
3. Maria Katharina Schneider *1837
4. Martin Schneider *1839
5. Lisette Schneider *1842 oo Friedrich Wilhelm Müller *1834
6. Heinrich Schneider *1846
7. Friedrich Schneider *1848 oo Rosalie Werner oo Wilhelm Peter

1. Johanna Schneider	1. Emma Peter
2. Otto Schneider	2. Willi Peter
3. Friedrich Schneider	3. Friedrich Peter
4. Ida Schneider	
5. Adele Schneider	
6. Berta Schneider	
7. Hanna Schneider	
8. Emil Schneider	
9. Albert Schneider	

8. Karl Schneider *1850
9. Wilhelmine Schneider *1854 oo Heinrich Gottlob
10. August Schneider *1858
XV 11. Katharina Schneider *1841 oo Wilhelm Karl Peters *1834
1. Maria Peters *1870
2. Karl Peters *1878 oo Auguste Schneider *1880 (s. o.)
3. Heinrich Peters
4. Katharina Peters
5. Anna Katharina Peters *1893 oo Peter Müller *1873
1. Karl Müller *1903
2. Wihelmine Anna Müller *1904
3. Hans Heinrich Müller *1906 oo Friedel Fricke
4. Peter Wilhelm Müller *1909 oo Friedel Fricke
5. Annemarie Müller *1916 oo Franz Otto Ewert *1917
1. Peter Franz Ewert *1943 oo 1. Gertrud Busch, 2. Erika Vogel

2. Malte Ewert *1956
3. Annedore Ewert *1946 oo Jürgen Baldus *1941
1. Alexandra Baldus *1966
2. Peter Baldus *1967 oo Daniela Bakker *1978
1. Emely Baldus *2002

XVI 6. Wilhelmine Peters *1878 oo Friedrich Wilhelm Pickhardt *1873
1. Katharina Pickhardt *1900 oo Helmut Förster
2. Magdalene Pickhardt *1902 oo Walter Koslowsky *1902
oo Thea Hasse
1. Gerhard Koslowsky *1931
2. Albrecht Koslowsky *1933
3. Helmut Koslowsky *1935
4. Karin Koslowsky *1937
5. Ulrich Koslowsky *1940
6. Peter Koslowsky *1942 oo Ruth Hermo *1952
1. Marciano Koslowsky *1984
2. Rosalina Koslowsky *1985
3. Marlene Koslowsky *1987
4. Peter Koslowsky *1989
3. Wilhelmine Pickhardt *1906

XVII 4. Anna Pickhardt *1904 oo Fritz Döring *1895
1. Anne Magdalena Döring *1936 oo Norbert Matern *1942
1. Thomas Matern *1968 oo 1. Bernadette Thomas *1969
2. Sabine Jüchzer *1975
1. Jule Matern *2002
2. Jonas Matern *2005
2. Volker Matern *1968 oo Iris Woyte *1954
1. Laura Matern *1994
3. Christoph Matern *1969 oo Michaela Schwarzer *1966
2. Ingeborg Döring *1939 oo Wilhelm Holtmann *1928

1. Martin Holtmann *1963 oo Oxana Pavlenko *1965 oo Andrei Schreiber
    1. Alina Holtmann *1987
    2. Jonathan Holtmann *1998
    3. Benjamin Holtmann *2001
2. Matthias Holtmann *1964
3. Annegret Holtmann *1966 oo Detlev Mares *1966
    1. Jakob Mares *2001
    2. Rebecca Mares *2006

3. Ernst Joachim Döring *1945 oo Lenore Böcking *1943

XVIII 4. Hans Friedrich Heinrich Franz Georg Döring *1942 oo Christa Maus *1944

1. Alexander Döring *1963 oo Susanne Kneutgen *1962
    1. Caroline Döring *1992
    2. Constance Döring *1994
2. Katharina Döring *1964 oo Marcelo dos Santos
    1. Miro Feliciano Döring dos Santos *1995 oo Thabita Sofia Gomes Barbosa *1996

XXI **1. Charlotte Gomes Döring *2021**

    2. Janaina Luanda Döring *2000
3. Michaela Döring *1966 oo 1. Paul Schaaf 2. Heiner Baerecke
    1. Lucas Döring *1989
    2. Jonas Döring *1996
4. Sebastian Döring *1967 oo Stephan Müller
5. Constantin Döring *1973 oo Seema Gupta *1971
    1. Larissa Döring *2006
    2. Vanessa Kala Döring *2010

XIX 6. Felicitas Döring *1981 oo Mathieu Daboudet *1981

    1. Maxcence Daboudet *2007

XX 2. Nolann Daboudet *2010

Über den Autor

Frieder Döring, geboren 1942 als Hans Friedrich Heinrich Franz Georg Döring in Dattenfeld an der Sieg (heute Ortsteil von Windeck), wurde schon von Kindheit an Frieder genannt und hat diese schlesische (friederizianische) Abkürzung dann als Autorenname beibehalten. Er wuchs in Windeck-Schladern auf, machte sein Abitur in Waldbröl und studierte in Freiburg, Bonn und Düsseldorf Medizin; Promotion 1970 in Aachen. Nach der Facharztausbildung in Düsseldorf ließ sich Döring 1973 in Troisdorf als Hautarzt nieder und arbeitete dort bis Ende 2005. Dann zog er mit seiner Familie wieder nach Windeck-Schladern. Frieder Döring ist verheiratet, Vater von sechs Kindern, Großvater von zehn Enkeln und seit 2021 Urgroßvater.

Neben seiner Praxistätigkeit in einer großen Gemeinschaftspraxis arbeitete Döring von 1992 bis 2002 aktiv in Urlaubseinsätzen im Komitee „Ärzte für die Dritte Welt“ (heute „German Doctors“) mit: zweimal auf den Philippinen und siebenmal in Paraguay.

Als Autor widmete sich Döring sowohl zahlreichen wissenschaftlichen Publikationen wie auch einer Reihe von literarischen Werken (Erzählungen, Romane, Gedichte, Theaterstücke und Krimis), die er im Wolkenstein- sowie im Roland Reischl Verlag veröffentlichte.